本书获得河南省重点研发与推广专项（科技攻关）（项目批准号：2021023\10
河南省教育厅人文社会科学研究项目（项目批准号：2020-ZZJH-040）资助

经济管理学术文库·管理类

中国建筑节能政策体系评价及优化策略研究

Performance Evaluation and Promotion Strategy Research on
Policy System for Improving Building Energy-efficiency in China

何 贝／著

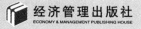

经济管理出版社
ECONOMY & MANAGEMENT PUBLISHING HOUSE

图书在版编目（CIP）数据

中国建筑节能政策体系评价及优化策略研究/何贝著. —北京：经济管理出版社，2020.11

ISBN 978-7-5096-7572-4

I. ①中… Ⅱ. ①何… Ⅲ. ①建筑—节能—能源政策—研究—中国 Ⅳ. ①F426.9

中国版本图书馆 CIP 数据核字（2020）第 169995 号

组稿编辑：杨　雪

责任编辑：杨　雪　陈艺莹

责任印制：赵亚荣

责任校对：陈晓霞

出版发行：经济管理出版社
　　　　　（北京市海淀区北蜂窝 8 号中雅大厦 A 座 11 层　100038）

网　　　址：www.E-mp.com.cn

电　　　话：(010) 51915602

印　　　刷：唐山昊达印刷有限公司

经　　　销：新华书店

开　　　本：720mm×1000mm /16

印　　　张：14.25

字　　　数：263 千字

版　　　次：2020 年 12 月第 1 版　　2020 年 12 月第 1 次印刷

书　　　号：ISBN 978-7-5096-7572-4

定　　　价：65.00 元

前　言

　　建筑业是中国三大高耗能行业之一。随着城镇化速度加快、居民生活水平提升及建筑工业化不断推进，建筑领域节能减排工作的意义变得更为重大，该项工作可以在极大程度上缓解中国能源供应不足的问题，改善资源环境状况。节能减排具有较强的经济外部性，因此需要政府在推进建筑节能过程中采取一系列行之有效的经济、法律、行政等方面的政策，建立一套完整有效的建筑节能政策体系。但社会各界关注的热点往往集中于政府在建筑节能领域的多种类型政策制定上，对政策体系的完备性和政策实施的效果评价方面关注甚少。因此，本书关注中国建筑节能现有政策发展历程，从政策本身出发，研究分析自 1986 年以来建筑节能政策供给演进过程，分析政策实施效果，探索影响政策落实、推进的障碍，借鉴美国、德国、英国、法国、澳大利亚、日本、新加坡等主要发达国家已有成功经验，尝试挖掘建筑节能政策的供给演进规律及未来优化路径。

　　本书的主要结论如下：

　　（1）中国建筑节能政策经历从"研究准备→试点示范→机制建立、研发投入→体制完善、成果转化"这一过程，说明中国建立并逐步完善了建筑节能政策体系。不同阶段建筑节能政策工具、目标侧重点不同，但政策工具的具体化程度，政策目标的明确性程度，均随着建筑节能政策的不断发展逐年加深。政策力度也在不断加强，虽然还未有针对建筑节能领域的专项立法，但也不断出台了部分行政性规章、管理条例。

　　（2）本书通过对建筑节能政策群的实施效果进行测算，可以发现建筑领域节能减排成效明显，对整体节能减排目标贡献较大。但由于城镇化发展及居民生活水平提升，导致家庭用电设备种类及数量明显增加，从而使能耗增加。大型公共建筑数量激增，也导致了建筑运行能耗的增加。因此，短期内建筑节能政策的效果可能出现波动。长期来看，建筑节能领域的节能任务仍较为繁重，中国应根据建筑不同阶段的能耗表现，结合政策效果波动情况，制定更具针对性的政策。

　　（3）本书通过史密斯政策执行模型及问卷调查分析，挖掘出影响建筑节能政策体系实施效果的 15 个关键障碍因素，如"执行主体组织机构设置不合理""资源投入不足""现行政策缺乏持续稳定性"等障碍因素之间具有相关关系。

（4）本书通过梳理主要发达国家建筑节能政策类型、特点、发展过程及成功经验，对比分析国内外建筑节能政策体系的现状，发现可以重点关注完善建筑节能政府管理体系、健全建筑节能法律制度、优化经济激励机制设计等方面。

综合全书的理论研究和实证分析，本书提出的政策建议如下：①全面提升现行建筑节能政策体系质量。设计科学可行的政策体系目标，识别控制建筑能耗的关键环节，并且强调建筑节能政策工具组合模式。②完善现行建筑节能政策网络。明确建筑节能政策网络构成要素（如政策社群、生产者网络、专业网络、议题网络），优化建筑节能政策体系网络结构（如结构优化、部门间协作机制完善、区域间协作机制配合、参与式政策管理格局构建等）。

目　录

中国建筑节能政策体系评价及优化策略研究

第一章 绪 论

第一节 研究背景、目的和意义

一、研究背景

18 世纪工业革命以来，全球城镇化进程已发展了 200 多年。在过去很长一段时期，资源枯竭、能源紧张、环境恶化、生态失衡等现象频发，导致地球整体生态环境质量持续下降。不断频发的重大生态环境事件及全球性生态危机，使得人类与自然的冲突频现。在全球范围城镇化进程加快的历史时期，中国也实现了快速城镇化进程，综合经济实力表现出"奇迹式"增长的特征。然而，现阶段中国城镇化进程生态环境面临诸多复杂形势及崭新挑战。中国是世界上主要的能源消费国之一。一直以来，中国都处于资源能源稀缺的状态，人均资源能源占有量和使用量均远低于世界平均水平。随着能源供应出现阶段性宽松，能源发展不平衡、不协调、综合效率不高等问题逐渐显现。中国政府一直重视经济社会与生态环境之间协调有序发展，始终把节能减排、环境保护放在工作首位。党的十八大报告明确指出，"要实行能源总量和强度双控制，也是推进生态文明建设的重点任务"，《能源发展"十三五"规划》提出"到 2020 年把能源消费总量控制在 50 亿吨标准煤以内"。

工业、交通运输业、建筑业为中国三大高耗能行业。中国建筑节能协会发布的《中国建筑能耗研究报告（2018）》中指出，2016 年中国建筑总面积为 635 亿平方米，其中城镇人均居住建筑面积为 34.9 平方米。中国建筑能源消费总量为 8.99 亿标准煤，已占全国能源消费总量的 20.6%，建筑碳排放总量为 19.6 亿吨，占全国能源碳排放总量的 19.4%。根据该报告研究测算，2012~2016 年全国城镇建筑碳排放增加 1.52 亿吨。其中，人均建筑面积增长带来 2.34 亿吨碳排放量增加，城镇化水平提升带来 1.28 亿吨碳排放量增加。可见，未来随着人们生活水平的提升、城镇化不断发展及建筑工业化的推进，中国的建筑能耗及碳排放形势会更为严峻，建筑领域的节能减排工作对全社会的节能减排工作意义重大。

节能减排是实现经济可持续发展的必然途径，具有较强的经济外部性。因此，需要政府在推进建筑节能减排活动中，采取一系列行之有效的经济、法律、行政等政策措施进行调控和规范。自 1986 年中国实施第一个建筑节能标准——《民用建筑节能设计标准》以来，中国政府制定并实施了大量促进建筑节能减排的政策措施。中国政府在推进建筑节能活动的过程中，必然伴随着建筑节能政策的演进。只有建筑节能政策的不断供给，建筑节能活动才能更为活跃。但目前建筑节能政策体系发展还不尽完善，未能形成较为完整、互补的政策体系。

因此，本书关注中国建筑节能现有政策发展历程，从政策本身的内容出发，分析建筑节能政策供给演进过程及政策实施效果，探索影响政策落实、推进的障碍，尝试回答中国建筑节能政策的供给演进规律及未来优化路径等问题。

二、研究目的

本书的研究目的是：研究分析 1986 年以来中国建筑节能政策的供给演进过程，测算政策实施的效果，探讨影响政策实施的障碍，有针对性地为提升建筑节能政策的制定和实施提供理论依据和实践途径。

为实现上述研究目标，本书将重点从以下五个问题进行深入探讨：

（1）建筑节能政策体系的基本情况及演进历程是怎样的，是否可以通过建立量化分析框架，来描述分析建筑节能政策的供给特征。

（2）是否可以量化分析建筑节能政策的实施效果，现在政策的实施效果具体表现是什么。

（3）影响建筑节能政策实施效果的障碍因素有哪些，影响因素之间的关系和规律怎么刻画。

（4）主要发达国家在建筑节能政策的制定和实施方面有哪些成功经验可被借鉴。

（5）未来应从哪些途径来提升建筑节能政策体系。

三、研究意义

本书立足于建筑节能减排方面严峻的现实问题，借鉴已有研究成果，从政府层面出发，关注建筑节能政策演进过程，探究建筑节能政策的实施效果，并挖掘未来可能的政策制定及实施的优化路径，具有一定的理论及现实意义。

1. 理论意义

现阶段，学界针对建筑节能这一领域的研究成果有很多，但多为从技术或管理层面关注建筑能耗降低、能源利用效率提升等方面，专门针对建筑节能政策的研究成果仍然不足，且多局限于对政策实施的效果评价、建筑能耗的影响因素等进行量化研究。鲜有从政策文本出发，综合探讨中国建筑节能政策的演进规律的。本书从多个角度全面探讨政策实施效果，综合分析现有政策推进所存在的障碍，从一定程度上完善建筑节能政策领域研究的理论及方法体系，拓展了研究内容。

2. 现实意义

本书通过梳理 1986 年以来中国建筑节能政策文本，分析建筑节能政策的研究规律，测算建筑节能政策的实施效果，研究契合全球范围内绿色转型及可持续发展的本质要求，对建筑节能政策的制定及实施具有重要意义，可为政府在建筑节能减排领域提供决策依据及政策参考。

第二节　研究对象及概念界定

一、建筑节能

自从 20 世纪石油能源危机以来，西方各国纷纷开始提出"建筑节能"这一概念，并逐渐在全球开始推广。建筑节能的内容及含义也随时间的发展与时俱进，大致经历了三个发展阶段：第一阶段，Energy saving in building，即建筑物节约能源使用量，表述为能源节省是建筑节能的最初含义；第二阶段，Energy conservation in building，即在建筑物中减少能源的损失量，已达到能源保存；第三阶段，Energy efficiency in building，即提高建筑中的能源使用效率，也就是"能效"的概念，是我们现阶段意义上的"建筑节能"概念。现阶段，基于可持续发展理念，很多学者把"building energy efficiency"发展成"building energy sustainability"（Shaikh 等，2016），提倡实现建筑领域能源可持续发展。

正如节能一样，建筑节能也有广义与狭义之分。广义的建筑节能是考虑建筑宏观全生命周期内的能源流动情况，即一栋建筑物从最初的规划设计，到建筑材料的采集、生产加工、运输，构部件的组合、加工，再到建筑建造、改造、运行使用，直至最后建筑的拆除处置、建筑废弃物的回收处理等一系列过程。具体而言，是指在建筑物规划设计阶段、新建（改建、扩建）阶段，既有建筑改造阶段，建筑运行阶段等过程中，又能执行建筑节能标准，采用建筑节能的技术、方法、工艺、设备、材料及产品，提高建筑物保温隔热性能，降低采暖供热系统、空调制冷制热系统的能源消耗，加强建筑物用能系统的运行节能管理，增加可再生能源的使用比例，在保证室内热环境质量的前提下，减少供热系统、空调系统、照明系统、热水供应系统的能耗（康艳兵，2008）。在中国建筑专业领域工程研究和数据统计时，通常将建筑节能这一概念，界定为在建筑材料生产、房屋建筑施工及使用过程中，能源使用合理，能效利用有效，以达到在满足同等需要或达到相同目的的条件下，尽可能地消耗较少的能源（徐占发，2006）。简单来说，建筑节能是指，在建筑中持续提升能源利用效率，合理有效地利用能源。狭义的建筑节能，通常是对建筑构部件的组合、加工、建造及建筑运行过程中的能耗进行控制，节约能源，尤其重点关注建筑运行过程中的能源消耗。

本书所关注的建筑节能，是广义上的建筑节能，即是指在建筑材料生产阶段，建筑物施工阶段及建筑物运行阶段，在满足同等需要或达到相同目的的条件下，尽可能提高能源的使用效率，降低能耗的过程。在此过程中，既包含建筑材料生产过程和建筑物施工过程中的能源节约及有效利用，也涵盖了建筑物运行过程中的节能行为及表现。本书讨论的建筑节能不等同于建筑物节能，这里探究的建筑节能的范畴，应该涵盖建筑物节能的范畴，包含建筑物节能，建筑中各种终端用能系统或设备节能及用户的行为节能等方面。

二、建筑节能产业

当我们针对"建筑节能产业"这一概念进行研究时，通常发现学术界无论从理论研究层面，还是管理实践层面，都未形成统一的、确定的概念。陆余华（2010）从国内外建筑节能行业界定、发展规模与现状分析出发，指出"建筑节能行业，是指以保证建筑物使用功能及室内环境为前提，用以降低能源消耗的经济活动"。宋春华（2015）认为，建筑节能产业是"与建筑全寿命周期密切相关的，以降低建筑物能源消耗，提升建筑物能效表现为目的的经济活动"。王玲等（2011）指出建筑节能产业是"在重视建筑物本身舒适性及经济性基础上，以节能、节水、节材、节电、环保为目的，以期最大程度上达到建筑物能效效应的经济活动"。

基于上述学者对"建筑节能产业"这一概念的界定，本书认为，建筑节能产业是指，在保证建筑物使用功能及室内环境质量的前提下，以降低建筑物全寿命周期内能源消耗为目的，提供相关产品、设备、材料、服务及管理的经济活动，其涉及建筑材料、建筑设计、建筑构造、建筑物理、建筑施工、暖通空调、物业管理等诸多方面。建筑节能产业链包含上游行业、中游行业及下游行业，其中上游行业主要包括太阳能、空气能、生物质能、地源热能、水源热能在内的新能源和清洁能源技术开发及应用在内的建筑领域信息产业、化工产业、新能源产业等；中游行业主要为建筑节能整体方案的提供商，包括建筑节能软硬件的产品提供与系统设计、集成等；下游行业主要为商业建筑、公共建筑及住宅建筑等建筑用能单位。

三、产业政策

20 世纪 60 年代中期，日本由于广泛推行产业政策，迅速实现"二战"后的经济复苏，这使产业政策问题备受世界瞩目。伴随着产业政策在不同国家以不同形式被广泛应用，学界对产业政策的理解与认知不断发展，主要有两类代表性观点：一类观点认为产业政策是一切用以鼓励经济增长及竞争力提升的宏观经济战略与微观经济手段。例如，李伯溪（1990）在《产业政策与各国经济》一书中指出："产业政策是一整套包含补贴、税收、贸易、市场等多种经济调控手段在内，以改革与发展为目标的政策体系。"另一类观点认为产业政策是政府针对某一产业为弥补市场失灵问题、鼓励产业发展、实现产业经济增速等目的而采取的一系列支持、干预、协调、管理等政策措施。小宫隆太郎（1988）在《日本的产业政策》一书中指出，"产业政策是用以针对资源配置中存在的市场失灵现象进行的主动干预"。青木昌彦（2003）在其著作《模块时代：新产业结构的本质》中指出，"产业政策以鼓励民间部门、企业等政策作用对象发展自身能力，从而解决市场失灵问题"。下河边淳等（2004）认为"产业政策是政府通过行政管制、经济激励、市场机制等措施，直接或间接干预某一特定产业的发展，对该目标产业全产业链进行支持、保护、干预、调整、完善"。周叔莲等（1990）在《我国产业政策研究》一书中指出，"政府通过设立政策目标调整产业结构演变路径，通过政策工具发展产业市场活动，产业政策是二者的有机结合统一"。

结合上述专家学者针对产业政策的概念表述，本书把建筑节能产业政策定义为"中国政府各级行政管理机构为培育引导、鼓励支持、调节及保障建筑节能产业发展而制定的一系列法律法规、部门规章、标准规范、专项规划、发展战略及行政性文件等"。具体来说，从政策颁布主体来看，主要为人大及其常务委员会、国务院、各部委、地方各级党委及政府等权威部门；从政策形式上来看，主要包括法律法规、部门规章、标准规范、专项规划、行政性文件、示范性项目等；从政策目标来说，主要关注政策的投入能力、资源配置能力、支撑能力、管理能力及产出能力；从政策目标群体来讲，主要针对与建筑节能产业发展相关的各类主体及主体之间的作用关系。

第三节　研究方法

本书基于多学科研究视角，通过选择多个宏观数据库、问卷调查等方式作为研究的数据来源，综合运用多种计量方法，使得研究工作更科学、更系统，保证研究结论的稳健性和可靠性。具体而言，本书采用的主要研究方法有：

一、文献研究法

本书针对建筑节能减排政策的演进规律、实施效果及相关问题进行研究，涉及经济学、公共管理学、社会学等多个学科，现有研究成果较少。因此需要进行大量经典著作及相关参考文献数量，归纳现有研究成果，明确研究方向，理清研究脉络，发现知识缺口。

二、定性分析与定量分析相结合

本书通过文献归纳法、理论分析法、专家访谈法等定性分析方法，构建全面有效、可操作性强的政策文本分析框架，设计影响建筑节能政策实施障碍因素的调查问卷，运用倍差法、因子分析法等进行政策实施效果测算、障碍因素分析等。

三、规范分析与实证研究相结合

本书通过建立研究理论基础，综合借鉴多学科研究成果，在实证研究中，利用宏观数据库统计数据及微观调查数据，较为系统地刻画中国建筑节能政策的供给演进规律，使得规范分析得到更为有利的经验数据支撑。

第四节 研究的创新点

本书可能的创新点主要体现在以下三个方面：

一、研究视角上的创新

本书从建筑节能政策整体角度出发，重点关注政策文本，创新性地构建建筑节能政策 I-O-S 量化分析框架，并采用政策文本统计分析法对 1986~2015 年中国建筑节能政策进行梳理分析，同时采用倍差法对建筑节能政策群进行节能效果测算。研究选题超越了传统公共政策学的研究视野，进一步丰富了现有针对建筑节能政策的研究。

二、研究方法上的创新

本书用经济社会宏观统计数据和问卷调查微观数据作为研究样本，采用定性与定量相结合的方法，全面梳理 1986~2015 年中国建筑节能政策的供给演进情况，进行政策效果测算，以期发现可能存在的优化路径。

三、跨学科的研究成果借鉴

本书借鉴了公共管理学、社会学等多学科关于公共政策领域的研究成果，并运用经济学多种方法及工具，分析建筑节能现有政策效果，为解决城镇化过程中建筑节能减排效率提升问题，提供新的分析角度和研究方法。

第二章　理论基础与文献综述

第一节　建筑节能政策研究的理论基础

建筑节能产业政策作为较为复杂的研究对象，需要综合运用公共管理学、公共政策学、产业经济学等理论进行研究。本书结合建筑节能产业政策研究的需求和建筑节能产业政策发展的特点及规律，借鉴上述学科中适合本书研究所需的政府干预理论、产业政策理论、政策执行过程理论及协同创新理论作为理论基础，为后续研究提供借鉴。

一、市场失灵理论

关于"公共产品"最具代表性的定义中，得到最广泛认同的是美国经济学家保罗·萨缪尔森（Paul A. Samuelson）在1954年提出的定义——"公共产品是具有消费的非排他性和非竞争性等特征的产品"。而后，美国经济伦理学家乔治·恩德勒（George Enderle）（2000）从经济伦理的角度，以非排斥性、非敌对性等原则，定义了"公共产品"，指出可以把其理解为"社会和个人生活以及追求经济活动的可能性的条件"。这一阐释，是针对保罗·萨缪尔森关于公共产品理论的延伸与发展，使社会大众可以更为全面且清晰地从技术、效率、伦理等因素剖析公共产品的内涵与外延（秦颖，2006）。从公共产品的经典定义来看，公共产品的属性导致了私人很难对其定价和收费，因此，公共产品市场难以形成，导致公共产品供给不足。同时，公共资源的非竞争性，会带来公共资源的滥用和浪费。公共产品市场供给不足、公共资源无序浪费，也是自由市场自身无法解决克服的。

外部性（Externality），又被称为溢出效应、外部影响或外差效应。外部性问题的实质，在于公共成本与私人成本的不对等性，私人在生产、消费过程中只会考虑个人成本，忽略社会成本。当外部性现象出现时，即私人成本与公共成本出现不一致时，会产生生产过程、消费过程的过剩与不足，导致正外部性或负外部性现象的发生（沈满洪和何灵巧，2002）。市场失灵为政府参与调控自由市场提供了理论支撑。政府通过积极干预措施纠正市场失灵问题。例如，政府通过对市场存在的负外部性行为进行课税，对正外部性行为进行补贴，以此来解决外部性问题；消费者需要对由政府提供的公共产品进行纳税，这也是政府解决外部性手段之一，通过这种方式，把公共产品的成本分摊到消费者身上用以解决其存在的供给不足的问题。

二、政府干预理论

在市场失灵现象的作用下，"政府干预"这一概念应运而生。自从凯恩斯提出"政府干预市场"这一概念后，理论界一直存在关于政府是否应该干预"自由市场"的争论。中国自 1978 年改革开放以来，确立了以社会主义市场经济制度为基础的经济制度。这也决定了中国经济社会运行发展过程，一方面适用于市场经济原则，另一方面政府对经济的发展具有较强的干预能力。中国学界很多学者也针对政府宏观调控领域问题进行了深入研究。学者潘虹波等（2008）以2001~2005 年发生的地方国有上市公司收购非上市公司的事件为样本，研究地方政府干预对样本公司并购绩效的影响程度，为政府"掠夺之手"和"支持之手"等理论提供了实证支持。学者赵锡斌等（1995）在《政府对市场的宏观调控》一书中指出，政府干预包含了政府对契约自由的一切干预，是为了重新分配利益而对现有法律法规进行修正的一种调节手段。学者荀明俐（2016）通过对政府干预市场的价值边界、领域边界、效率边界的界定，探索政府公共责任与市场干预边界之间的本质联系，创新性探索能够驾驭市场管理的政府治理体系建设。学者郭研等（2016）基于对科技型中小企业创新基金对企业要素生产率影响的实证检验，发现创新基金筛选机制的改变，对其实施效应会产生显著影响，验证了市场失灵条件下政府干预的有效性。学者董微微（2016）通过构建创新集群复杂网络演化模型，分析创新集群演化过程中政府干预与否、政府干预程度差异对其影响程度，说明在不同阶段政府干预对其演化发展存在正向积极作用。学者徐策等（2004）认为，政府应完善基础设施建设，完善政治、经济、法律制度及其具体运行机制，提供必要的公共物品，降低市场交易成本，为经济发展创造良好的硬软件条件。

国内外学者针对政府干预理论进行了广泛且深入的探讨，为建筑节能产业领域的政府干预和公共政策执行研究提供了坚实的理论基础。作为战略性新兴产业，建筑节能产业体现了中国低碳经济发展的核心方向。建筑节能产业的发展，单纯依赖于市场的作用远远不够，需要政府提供大力支持。发达国家已广泛在该产业领域推行税收优惠、财政补贴、银行信贷支持、大宗产品政府采购、技术引进等政策措施来引导产业发展。因此，政府干预理论是本书探讨建筑节能产业政策制定与执行的理论基础之一。

三、产业政策理论

产业政策理论是产业经济学的重要组成部分之一，该理论体系用以指导产业政策制定、选择、执行及评估的全过程。作为政府干预经济的重要形式，学界对产业政策的研究对促进政府与市场在资源配置中提高效率具有重大现实意义。关于产业政策的必要性争论也由来已久，市场不足论和经济发展论是学者支持产业政策干预市场的主要理论依据。可以发现，支持产业政策"市场不足"和"经济发展"理论各有侧重。"市场不足论"站在全局角度，分析不同国家经济发展过程中普遍存在的市场失灵现象，且该现象在不同国家具有差异化的表现形式。"经济发展论"则适用于赶超阶段的具有后发优势的国家，尤其对于发展中国家具有重要的借鉴意义，政府适度干预市场对发展中国家的经济发展具有不可替代作用。反对产业政策干预市场的观点主要集中在政府制定产业政策的能力有限。将难以计划和替代的"前沿创新"与一般的"普通创新"区分开，是作为判断政府具备制定产业政策的能力的依据。政府失灵与市场失灵现象均不可避免。经济发展，尤其是产业结构转型升级，需要"看得见的手"与"看不见的手"共同协作，通力完成。产业政策理论不仅能够为政府决策机构制定产业发展规划、产业结构调整措施提供理论依据，还能够通过资源有效配置、供需关系调整等政策手段干预调控产业发展。针对中国的现实情况，学者对产业政策的存在必要性争议不大，不在于对产业存在价值的笼统判断，而在于政府是否具备能力能够制定出适应本国、本地区经济发展阶段的，切实可行的产业政策。中国作为发展中国家，建筑节能产业发展水平较低，还需将产业结构理论、产业组织理论运用到产业实际发展过程中，研究探索并丰富完善出在社会主义市场经济体条件下，建筑节能产业政策制定与执行的理论基础、政策目标、政策内容、政策工具、政策力度，为政府决策机构提供科学合理、行之有效，符合中国建筑节能产业发展实际与发展需要的产业政策建议。

四、技术开发理论

建筑节能产业发展离不开技术的支持。在产业发展过程中，新技术的研发、投产及推广所创造出来的价值，是无法用市场交易原则来衡量的知识财富。这种财富本身具有独特性：首先，技术开发本身具备公共物品的特征，可以被学习及借鉴；其次，新技术研发与投产，常常伴随着市场和技术带来的双重风险；最后，新技术的推广需要规模效应推动和社会大众认可。因此，新技术开发中存在的各种不确定性因素，会导致开发过程中或开发结果常存在企业效益亏损的状况，企业收益不仅低于成本，甚至低于社会收益。这会削弱企业进行自主创新、技术改革的积极性。在建筑节能产业发展过程中，也需要多项建筑节能新技术、新方法、新材料、新设备的研发与投产，这就需要政府通过相应的产业政策进行大力扶持，促进建筑节能技术开发与应用。

建筑节能产业作为中国环保产业的重要组成部分，是中国战略性新兴产业之一。建筑节能产业发展过程中必然存在诸多新材料、新技术、新方法、新设备的开发，在建筑节能产业链条中的企业进行技术创新和改进时，需要政府部门提供公平合理、行之有效的产业政策，不断改善企业可能面临的收益困境及产品存在外部性的问题。只有不断促进建筑节能产业技术革新与创新，注意保护国内市场，才能提升中国在该领域的市场竞争力，促进产业又好又快地发展。

第二节 建筑节能政策相关研究综述

随着社会对建筑领域的节能减排、能效提高、减少污染等问题的重视，越来越多的学者关注这一领域，大量关于建筑节能产业政策的文章出现在多种学术期刊中。虽然该研究方向的文章呈现逐年递增的趋势，但是还缺乏对该研究领域整体文献的回顾与综述，阻碍学界对该领域总体发展情况的了解与认识。因此，本书通过系统梳理，量化分析当前建筑节能产业政策领域的文献，帮助学者更为深入地了解建筑节能产业政策的研究现状。

一、国外研究现状

现阶段，全球各国均面临能源危机、资源枯竭等形势，节能减排刻不容缓，能源节约也一直是学界研究的重点领域及热点问题。各国学者均十分重视对节能政策研究，力图通过对公共政策、产业政策等的分析，将"看得见的手"与"看不见的手"相结合，努力形成政府作用与市场作用的有机统一，以促进节能减排目标的实现。从"What→Why→How"问题研究的一般逻辑路径出发，将文献划归为三大类方向，分别是建筑节能产业政策发展现状研究、建筑节能产业政策实施效果评价研究，以及建筑节能产业政策提升路径及优化策略研究，下文将结合上述关键词索引针对各研究方向进行详细评述。

1. 建筑节能产业政策发展现状研究

（1）建筑节能产业政策现有政策体系及发展过程。

学者们对建筑节能产业政策现有体系及具体发展过程研究的较多，且对政策发展过程探讨较为深入，注重国家间、区域间建筑节能产业政策体系的比较分析。Broin 等（2013）通过自下而上的建模方式，探讨欧盟 27 国在三种不同政策情景下建筑能源需求量及二氧化碳排放量，经过仿真模拟测算发现，节能目标设定与相应政策设计等，对建筑能耗及碳排放总量的影响较大。Chandel 等（2016）基于对印度等 17 个国家的建筑标准类型、规范结构、建筑节能评价体系、能效措施、经济激励政策等进行回顾分析，并通过案例分析说明不同政策措施的应用效果及存在问题。国际能源署（International Energy Agency，IEA）（2008）组织进行关于全球范围内针对新建建筑领域节能标准规范、经济激励措施、市场化机制的现状及影响因素探讨与分析。Beerepoot（2007）基于内容分析法探讨荷兰现有建筑节能政策工具，发现现行政策工具虽然促使住宅性能的优化与改善，但是并没有对太阳能热能系统、热泵等建筑节能技术创新带来较大促进，说明现行政策的作用效果有限。Zhang 等（2013）通过对中国建筑节能领域的政策现状进行分析，发现中国现行建筑最基本最有效的是政府行政管制及财政补贴，并从法律制度、行政管理机制、金融激励机制、市场机制等六个方面分析建筑节能推广的阻滞因素。Kong 等（2012）对中国"十一五"期间建筑节能发展现状进行回顾，通过建筑节能机制设计、建筑节能行政管理模式、建筑节能财政支持、监督机制等方面对现行政策体系存在问题进行探讨。Vringer 等（2016）针对荷兰现行建筑节能政策进行评估，指出在新建建筑领域中政策组合的效果较好，但对政策目标的贡献度有限；在非住宅建筑实施节能标准及行政法案，将迫使企业采取有效措施，政策效果较好；对于私人业主来说，具有经济刺激的政策会更引人注目。同时，荷兰能源税是现行节能制度的核心，它提供了节能措施的经济效益和节能标准的严格立法。

（2）建筑节能产业政策自身特点。

对建筑节能产业政策的特点研究，主要集中在对建筑节能的外部性、公共产品特征，以及对建筑节能活动参与者的利益博弈分析等方面的研究。Tuominen 等（2012）建立模型估算欧盟十个成员国建筑节能潜力，并指出消除能源使用外部性、提高市场参与度的最有效措施是进行节能宣传及能源补贴。Ruparathna 等（2016）通过对 2015 年建筑节能管理领域核心杂志的文献综述进行研究，从技术、行为、组织等维度对提高建筑能源使用效率进行分析，结果发现行为节能和消费节能是未来建筑节能政策导向的发展趋势。Sun 等（2009）建立两段式Stackelberg 主从博弈模型，分析建筑节能市场中政府与其他投资者的作用关系，分析出影响中国建筑节能市场发展存在的主要障碍因素为融资渠道单一、有效资金供给匮乏，设计出中国现阶段住宅建筑改造的融资模型及政策措施。Decanio（1993）基于经济外部性理论及公共财政理论，分析节能政策作用的目标对象采取节能行为的障碍因素为：信息不充分、资金制约、不确定性未来预期。Mi 等（2013）将建筑节能领域的强制性政策、经济激励政策及市场机制三种主要政策工具进行对比分析，指出强制性政策消除节能行为正外部性的作用最强，但需要辅以经济激励政策。Mcwhinney 等（2005）认为经济激励性措施会对企业或个人进行建筑节能产品、技术投资决策产生作用，促使其进行节能技术投资。

2. 建筑节能产业政策实施效果评价研究

国外发达国家已对建筑节能政策全过程进行了深入探讨及研究，按照政策过程的一般逻辑规律进行分析，对政策制定、政策执行、政策评估、政策监控、政策完结等每一环节给予关注，且重视环节之间的关系分析。同时，发达国家针对建筑政策研究已实现了实证研究与规范研究的有机结合，从多种定量分析的角度分析政策实施效果评价。现主要从政策评价对象、政策评价方法及影响因素等方面进行阐述分析。学者对建筑政策工具关注较多的为"能源管理机制""行政干预措施""能源战略或能源规划""建筑节能法律、法规""建筑节能标准及规范""能耗基准""补贴""专利技术""技术创新""资质认证"等。从建筑节能技术来看，现有政策关注的重点节能重点技术为"智能电网""集中供热""热电联产""暖通空调""照明设备""分布式发电""冷屋面""水能""生物能""太阳能""光伏技术"等。同时，"绿色建筑""零碳建筑""被动式建筑""智能建筑"，也是节能政策推广关注的重点。从建筑物形式来看，针对住宅建筑、商业建筑、学校、医院、办公楼、写字楼等公共建筑的节能政策措施探讨较多。

（1）评价对象。

国外学者从政策选择、政策形式、多种政策工具比较、政策实施效果表现等方面针对现行建筑节能政策进行系统剖析。Atkinson 等（1992）探讨了美国政府在商业建筑与住宅推广照明节能的政策选择，系统探讨了强制性标准、节能认证标识、教育与培训、技术采购等措施对节能灯具的推广作用。Hermelink 等（2013）针对欧盟现行的零能耗建筑技术、经济及政策等方面的应用进行评估，为零能耗建筑推广的政策设计提供一定借鉴。Noailly 等（2010）分析建筑节能规范、资源税、政府节能 R&D 投入等不同政策工具对建筑节能技术创新及应用的作用，通过对 1989~2004 年欧洲 7 个国家建筑节能技术专利在建筑中的应用情况进行实证研究，发现建筑保温隔热最低标准每增加 10%，建筑节能技术专利应用将增加 3%，能源价格对节能技术专业应用没有影响，而政府的节能 R&D 投入略微起到正面影响作用。Beerepoot 等（2007）通过实证分析了荷兰住宅建筑太阳能热能系统与能效政策二者之间的相关关系，统计数据显示，现行能效政策对太阳能热能系统的推广作用不大。Annunziata 等（2013）基于对多个案例及文献的回顾，综述了欧洲各国有关"零碳建筑"法律法规、规范标准的现状分析及存在问题。Chung 等（2005）基于复杂多元回归分析探索建筑物种能源使用强度与影响能源效率的关键因素之间的关系，该模型可以被用于确定建筑节能政策设计的能耗基线值。Chirarattananon 等（1994）通过泰国 4 种大型新建商业建筑能耗数据对一项新建筑节能标准的效果进行测算，结果表示，实施该项标准，公共建筑能耗从 23% 降低至 11%，电费节约 30%，同时降低了空调运行功率和设备初始采购成本。Dodoo 等（2011）基于美国太阳能住宅热水装置数据对税收抵免、能源价格调控等税收政策效果进行实证研究，认为可再生能源在建筑领域的应用不能只依赖于单一税收机制，而应该实施多种经济激励政策，达到更为经济的效果。Shama（1983）指出实现建筑节能需要结合建筑节能技术与消费者行为，通过经济激励政策引导社会公众，提倡行为节能的重要性。Glicksman 等（2001）探讨了中国现行住宅建筑节能现状、机遇及挑战，通过业主入户调查分析，建筑节能的最优模式应为最大限度地利用自然采光及自然通风，进行行为节能。Hirst 等（1980）通过对 270 座包括社区大学、州立大学、政府办公楼、医院等公共建筑的节能改造案例进行分析，发现基于 2010 条节能改造措施的运用及节能改造政策推动，这些建筑自身能耗降低了 32%，并衡量其成本效益。Hou 等（2016）对 2011 年和 2012 年的上海、天津、深圳、重庆 4 个建筑节能试点城市商业大厦节能改造方案进行评估，通过对比各地节能激励政策，发现政府财政补贴水平、分期付款模式、商业模式推广等会影响到节能政策实施效果。

（2）评价方法。

国外学者从评价指标体系、计量模型研究、统计分析、案例分析等方面对建筑节能政策进行多角度的探讨，在针对能源政策、节能减排政策研究中，也会涉及建筑领域研究。Konidari 等（2007）从完善绿色建筑评级系统、评价绿色建筑评级系统的有效性两方面，基于欧洲重点项目的建筑物能源消耗性能实证研究，分析现行欧洲建筑节能政策评价体系。Willett 等（1994）通过对节能政策实施前后能耗表现进行分析，运用比较法、专家评价法、核查表法等对建筑节能政策进行评价分析，利用专家的专业技能与经验，对建筑节能领域难以获取、难以量化的因素进行分析处理。Murphy 等（2012）在对 17 个国家建筑节能措施及技术应用梳理的基础上，建立建筑节能措施方法数据库，并通过分析发现太阳能光伏技术在建筑中的应用取得了较高效率。Beuuséjour 等（2007）运用可计算的一般均衡模型计算节能税收、二氧化碳排放与经济增长三者之间的关系，发现了税收政策在实现节能减排过程中的关键性作用。Mundaca 等（2010）从技术角度构建能源政策分析评价计量经济模型，优化政策评估方法。Drezner 等（1999）从强制性制度、经济激励、市场性工具等方面评价能源政策，并对政策表现做了实证研究。结果表明，经济激励措施取得较好表现，且税收政策是未来能源政策的发展方向。Hasselknippe 等（2003）采用一般线性模型分析方法研究欧洲能源税收政策应用对能源价格变化、节能投资行为表现等变量的影响程度。Nwaobi 等（2004）运用动态 CGE 模型研究节能减排政策与经济发展之间的关系，以尼日利亚为样本进行实证研究。

（3）影响因素。

国外学者们通过对建筑节能政策实施效果进行分析，探讨建筑节能政策作用机理，分析政策过程中主要影响因素，指出政策推行过程中存在的问题及解决方法。这些实施效果的测算分析、影响因素的识别，通常基于多个案例、多年数据或大规模的入户调查及在线问卷等。

Noailly 等（2010）通过测算荷兰建筑节能技术专利在建筑节能过程应用比例、政策促进建筑节能技术创新的政策框架，探索 30 年以来荷兰建筑节能技术创新与政府激励政策之间的关系，指出政府为实现节能目标，引入大量短期内政策措施且频繁更改政策，政策不连续且缺乏稳定影响政策效果。Li 等（2009）通过模型计算、案例分析等方式，探讨分析中国建筑节能减排领域例如建筑节能法规、建筑节能标准、建筑能耗认证和标签、能源服务公司、融资工具创新、碳市场及能源价格改革等多种政策工具的实施效果及推行阻碍因素。Amstalden 等（2007）从业主视角分析运用贴现现金流法进行投资分析，探讨影响进行建筑节能改造投资行为的因素，这些因素包括能源价格预期、节能政策工具（补贴、所得税减免、碳税），节能改造成本下降等，通过对瑞士住宅建筑业主的调查研究，发现成本下降并非最重要的影响因素，而能源价格上涨才是影响投资行为的最关键因素。Iwaro 等（2010）通过在线调查对 60 个发展中国家建筑节能标准发展现状，分析出节能标准在上述国家中实施的主要阻碍因素来自资金困难、缺乏合适的节能产品技术、个人行为及组织行为的约束、信息资源匮乏，提出了相应的政策保障机制设计。Sawyer 等（1984）讨论了建筑节能领域可再生能源税收优惠政策的作用效果，结果表明现行税收优惠政策大部分作用于房地产开发商及施工企业，不直接作用于消费者，因此对消费者影响的弹性偏小，作用有限。Nair 等（2010）基于对瑞典 3059 个家庭的问卷调查，探讨业主对建筑围护结构节能措施实施的敏感性程度及行为表现，从消费者角度探索影响建筑节能技术措施实施的影响因素，发现经济因素、节能技术信息来源等是影响消费者行为的重要因素。Tambach 等（2010）对荷兰及一些欧洲国家既有住宅建筑存量的能源政策实施效果进行实证研究，指出地方执行部门的监管制度、配套机制以及基于财政支持长期有效的经济激励机制等对节能政策效果存在影响。

3. 建筑节能产业政策提升路径及优化策略研究

想要形成一个高效、合理的建筑节能产业政策体系，必须考虑到政策自身质量、不同类型的政策工具的协调、政策执行主体、政策目标群体及政策执行环境等方面。Li 和 Shui（2015）以中国建筑节能政策发展现状为例，着重探讨了新建建筑如何提高能效、既有建筑如何加快节能改造等方面的节能政策工具推广，通过对现有政策工具的评估及作用机理的探讨，结合智能化设备技术，对未来节能政策的发展方向及保障机制的设计进行优化与更新。He 等（2015）通过对 7 个国家及地区建筑节能政策工具的回顾与分析，发现了现行建筑节能政策体系的优化策略及提升途径。Lee 和 Yik（2004）基于发达国家建筑节能成功经验案例，通过多种建筑节能政策工具的对比分析，指出加强建筑节能监管体系、发展基于市场机制为主体的自愿性政策工具，是未来建筑节能政策发展的趋势及重点。建筑能源管理智能化决策系统对现有建筑领域能源管理制度、节能措施进行动态检测和实时监控。Rocha 等（2015）通过建立一套整合优化模型，测算建筑能源管理智能化决策系统的运行效果，基于西班牙和奥地利等地建筑应用实例，发现智能化决策系统的应用将大幅度提升节能措施的实施效果。因此，智能化技术将对政策实施效果的提升具有促进作用。Mcneil 等（2016）采用自下而上建模框架量化分析中国城市建筑领域的节能潜力及政策设计方向，节能政策重点及未来发展在于：第一，加速住宅及商业建筑的建筑节能标准工作；第二，住宅小区供热计量收费改革；第三，北方采暖地区集中供暖；第四，建筑节能认证机制的推广；第五，既有商业建筑节能改造。

二、国内研究现状

从"What→Why→How"问题研究的一般逻辑路径出发，将文献划归为三大类方向，分别是建筑节能产业政策发展现状研究、建筑节能产业政策实施效果评价研究以及建筑节能产业政策提升路径及优化策略研究，下文将结合上述关键词索引针对各研究方向进行详细评述。

1. 建筑节能产业政策发展现状研究

通过近年来不断发展，中国政府也在积极实施和完善适合中国国情、符合本国特点的建筑节能产业政策，初步形成了建筑节能产业政策体系。对于建筑节能产业政策的演进分析研究，把政策放在时间维度观察其变化发展，有助于揭示建筑节能产业政策发展规律和变化特征，探究建筑节能产业政策发展过程中的动力因素和阻滞因素，帮助建筑节能产业政策体系的不断优化与改进。通过对所搜索的中文文献进行梳理，可以发现，针对建筑节能产业政策现状的研究，主要集中在建筑节能产业政策的发展过程和特点上。

（1）政策发展过程。

国内对建筑节能相关产业政策发展过程的研究比较多，很多学者针对建筑节能产业、低碳房地产业、绿色建筑产业等产业发展历程进行梳理分析，着重探讨了产业政策发展对产业自身的作用，但大多停留在定性分析的层面，且研究时间范围较短。学者郑娟尔和吴次芳（2005）运用控制论思维，通过梳理分析中国建筑节能的现状及潜力，评价中国建筑节能政策的内容及实施成效，并指出建筑节能制度体系不完善、传导机制不顺畅，是建筑节能实施乏力的根源所在。学者郭莉莉（2006）从节能理念宣传教育、节能法规体系建设、节能技术推广、节能市场监督管理等方面分析中国建筑节能工作现状，提出现阶段，需新建建筑能耗控制、既有建筑节能改造双管齐下进行建筑节能，大力推广绿色建筑与可再生能源建筑。她还指出，建筑节能标准只是手段，关键在于标准的执行与落实，这需要加强市场监督管理。学者梁境等（2008）通过对中国22个省会城市和重点城市的建筑节能相关单位、新闻媒体、居民等进行调研，从新建建筑节能市场准入制度、既有建筑节能改造市场发展动力、建筑节能技术推广机制等方面，探讨了中国建筑节能市场的现状及未来发展趋势。学者毛义华和蔡临申（2007）从节能政策法规的完善性、公众节能意识强弱等方面剖析中国当前建筑节能中可能存在问题，提出了需要建立适应中国国情、具有中国特色的节能政策体系。学者王怡红和高珂强等（2012）指出未来房地产业的发展方向，是发展低碳绿色建筑和构建生态城市，并以山东省为例分析研究了以完善法律政策体系、加大激励措施、构建科学有效的房地产低碳节能评价体系等，为重点的低碳房地产业发展机制。学者孙红霞（2012）以河南省为例，分析绿色建筑发展目标及其制约因素，指出相关政策法律体系、绿色建筑技术水平、房地产企业的参与积极性、消费者的绿色消费观念，是影响绿色建筑产业发展的重要因素。

（2）政策自身特点。

对建筑节能产业政策的特点研究，主要集中在对建筑节能的外部性、公共产品性的剖析，以及对建筑节能活动参与者的利益博弈分析等方面的研究，进而发现政府在执行建筑节能，鼓励绿色建筑、低碳建筑发展，推动建筑节能产业发展时，应作为市场推动者和领头人。在建筑节能的外部性、公共产品性方面，学者豆志杰和张春颖（2012）指出建筑领域存在着严重的信息不对称。同时，建筑节能外部经济性及明显的公共产品性，是制约建筑节能工作的根本性因素，会直接导致建筑节能市场中利益相关者的积极性不高。因此，在制定及执行建筑节能促进政策，进行建筑节能行为分析时，需要考虑其外部成本及外部收益。学者卢双全（2007）通过探讨建筑节能外部性原理及其福利改进影响，结合中国建筑节能工作开展现状，提出了相应的经济激励政策建立及配套机制体制设计。学者金占勇等（2007）运用经济学原理及方法分析既有建筑节能改造外部性存在的特征，及其对节能工作产生的影响。在此基础上，研究设计北方供暖地区内，针对不同利益主体的既有居住建筑节能改造经济激励机制及实施方案。学者孙鹏程等（2007）运用规制经济学理论分析了建筑节能传统管理模式及该模型造成的"政府失灵"现象，并通过规范分析法研究政府与市场二者之间的关系，指出弥补政府失灵、市场失灵的最佳途径是政府规制与市场机制相结合，从而达到建筑节能市场的最优配置。学者尹波和刘应宗（2005）运用经济学理论研究探讨了建筑节能领域中存在的"市场失灵"问题及建筑节能的外部性原理，通过构建节能建筑与非节能建筑的市场配置模型，提出了消除建筑节能外部性的政策措施。在利益相关者博弈分析方面，学者闫瑾（2008）基于有限理性条件下的进化博弈理论，构建绿色建筑发展政策激励模型，分析政府与开发商之间非对称博弈问题，并根据模型测算结果，提出相应的政策建议。学者王洪波和刘长滨（2009）基于博弈理论及方法，根据激励机制设计基本观点，从激励目标、激励对象及激励力度等方面，分析新建建筑节能激励机制设计，通过政府与开发商群体的进化博弈模型，指出政府应该以环境保护及社会公众利益为出发点，鼓励市场参与者进行建筑节能。学者徐雯和刘幸（2009）运用演化博弈理论及方法，分析了在建筑节能市场中政府与房地产开发商二者之间相互作用时的策略选择行为，并考虑了博弈双方有限理性不均等、开发商群体个体间理性不均等等现实，提出开发商二次演化博弈模型，通过模型测算结果，认为：政府应该坚持推广建筑节能高理性，通过激励政策实施与作用淘汰"短视"者，培养"有远见"者，以达到政府与房地产商群体双赢的目的。学者王素凤（2010）通过研究政府、建筑企业群体、建筑使用者等建筑节能参与主体的相互关系，构建"政府—建筑企业群体非对称博弈""建筑企业—建筑用户博弈"等两类模型，研究结论表明，合理有效的激励约束机制，是实现建筑节能市场化和节能减排目标的关键。同时，她还探讨了国外在建筑节能政策保障机制上的做法与对中国现状的启示。学者邓建英和马超群（2012）通过分析在推进建筑节能过程中中央政府与地方政府的"委托—代理"关系，以及对政令执行模型的构建，明确不同层级政府在推进建筑节能工作中的职能分工，提出中央政府需要加强激励监管措施，以防止政策贯彻执行过程中可能会存在的"异化""走样""变形"的现象。

2. 建筑节能产业政策实施效果评价研究

经济环境及技术条件的变化，会导致建筑节能产业政策需要不断进行更新调整。必须不断对建筑节能产业政策的实施效果进行测量评价，对其进行不断的修正更新，才能达到更好的建筑节能效果。中国学者主要从评价方法、评价对象及影响因素三个方面进行建筑节能产业政策实施效果评价研究。

（1）评价方法。

在建筑节能产业政策实施效果评价方法方面，现有学者大多采用了指标综合评价体系方法进行研究，并都重点关注节能政策实施效果的经济性表现。学者戴雪芝等（2007）建立了建筑节能经济激励政策多指标综合评价体系，通过建立层次分析法和属性数学原理模型对激励政策效益进行了量化分析。学者朱宁宁等（2008）针对中国 16 个省份2003～2006 年社会经济数据，运用"自然实验""双重差分模型"等方法，估算建筑节能政策产生的效应，从而得出节能政策试点城市的人均用电增长率降低 6%～11%，但降低效果会随时间的推移而减缓。学者马岩和杨永会（2010）在借鉴美国节能环保住宅评价指标体系的基础上，提出了一套符合中国现实国情的、具有实践意义的评价指标体系，并通过指标体系评价及应用，对中国节能环保住宅发展提出建议。学者韩青苗等（2010）运用属性集和属性测度理论，从能源利用效用、政策协同性、政策公平性、效率性及可接受性五个方面，建立多指标综合评价模型，对中国现行建筑节能经济激励政策实施效果进行评价。学者杨茂盛和闫晓燕（2012）构建了住宅建筑节能效果评价物元可拓模型，并以西安为例进行了实证研究，旨在为西安市新建住宅建筑实施节能控制、既有住宅建筑进行节能改造提供参考。学者侯静等（2014）通过大量实地调研及访谈，分析识别出中国既有公用建筑节能潜力分布及能效提升过程中存在的问题，分析现有两种市场改造模式的主要特点为：现有自发性节能改造市场，由于公共建筑外部性特征，若无外力驱动，节能潜力难以转为节能改造市场需求；政府引导性市场，能够有效刺激市场，迅速释放节能潜力，但是现有政策导向缺乏稳定性、持续性及针对性。基于以上分析，学者们提出以政府购买节能量为重点的既有公共建筑节能改造市场的构想。

（2）评价对象。

在建筑节能产业政策实施效果评价对象方面，中国学者大多从建筑节能产业政策体系中法律法规、经济激励、市场机制、公众参与等单一政策工具进行评价分析，较少从政策体系角度对产业政策实施效果进行综合评价。

在建筑节能法律法规、标准规范、行政性规定等研究领域，学者仇保兴（2011）分析了中国全面建设绿色建筑的重要意义及现有条件，并基于《中国建筑绿色行动纲要（草案）》政策文本，从建筑单体、社区、城镇、城市等维度，分析绿色建筑新建与改造、可再生能源应用、建筑工业化等方面的发展策略、关键技术及政策研究。学者周珂和尹兵（2010）指出，建筑业的低碳发展离不开强有力的政策支撑与法律保障，而目前中国低碳建筑业还存在专项法律法规数量少、部门规章制度不完善、专门规范等级低等问题，还需通过相关政策与法律进行衔接、及时修订法律法规、定时颁布更新规范标准等形式，完善中国低碳建筑业法律体系建设。叶祖达等（2013）针对建筑节能信息交易成本问题进行探讨，认为政府在推广建筑节能减排强制性政策过程中，政策实施所产生的社会边际效益和个人边际成本，是影响社会资源优化配置的主要因素，建议引入市场机制优化信息搜集途径。学者张仕廉等（2006）通过对节能减排政策的外部性作用机理进行研究，发现政府通过依靠单一强制性手段进行建筑节能的效果不佳，应当把强制性措施与经济激励性措施有机结合，优化节能减排效果。同时学者们也对构建建筑节能监督管理体系进行探讨，以期构建管理机制规范、人员配置合理、以先进技术作为支撑的监管体系。学者金振星等（2007）针对中国大型公共建筑监管制度进行研究，设计建立了以能效公示制度为核心，以能耗统计为数据基础，以能源审计为技术支撑，以用能定额为用能标杆，以超定额加价为价格杠杆的运行节能监管体系，并在该体系中引入了能效公示制度以起到监管效果放大作用。学者蔡文婷等（2008）运用遥感技术实现冬季采暖期建筑节能监管工作，以达到提高建筑节能监管工作效率的目的。

中国学者针对建筑节能经济激励性政策研究较为积极，研究成果较多。学者牛犇等（2011）从房地产开发商的视角研究建筑节能市场机制失灵问题，并提出建筑节能经济激励机制，可以有效提升建筑节能开发主体的积极性与参与度，同时指出需要从建立完善激励与惩罚并举的财政政策体系、税收体系，建立建筑能效标识体系，健全建筑节能服务机制等方面完善建筑节能经济激励措施。学者苏明等（2005）基于福利经济学理论及方法，分析探讨庇古税在解决环境污染问题所存在外部性的积极作用，提出在建筑节能领域运用税收与补贴相结合的方式，提高节能效果。学者王洪波等（2007）运用供求理论及方法，针对建筑节能需求端激励和供给端激励两种方案进行比较分析。结果表明，现阶段根据中国建筑节能市场情况，对供给端运用行政手段及经济激励手段进行推动更为有效。学者康艳兵等（2009）在实证调研的基础上，提出实施消费者契税减征、开发商营业税减征等财税鼓励政策措施，构建基于建筑能效标识的财税激励机制，对上述建筑节能财税激励政策进行了成本效益分析。学者刘玉明等（2010）运用财物评价理论与风险效用理论进行研究发现，财政补贴政策与税收优惠政策，在理论上对建筑节能具有相同的经济激励作用，但应根据建筑节能市场发展阶段合理选择经济激励政策类型，同时提出了建筑节能市场"三阶段"经济激励政策模式，即：在起步阶段，应以财政补贴为核心、税收优惠为补充；在发展阶段，采取财政补贴和税收优惠并重；在成熟阶段，应以税收优惠为核心、财政补贴为补充。学者武涌等（2010）针对中国三北地区农村建筑用能结构的现状及增长趋势进行实地调研分析，通过对三北地区农村建筑用能可持续增长目标及策略分析、建筑节能经济激励政策设计，对该地区农村建筑节能发展提出政策建议。学者孙金颖等（2007）运用动态参与者网络分析（DANA）概念建模工具，建立建筑节能市场投融资环境概念模型，识别建筑节能市场投融资环境的主要影响因素。结果表明，投融资环境演变、发展的关键在于，激励政策的制定、节能运行管理体制的健全、节能服务体系的完善及社会公众对建筑节能认知的提升等方面。

近年来，中国学者开始针对建筑节能市场机制政策进行研究。学者们从清洁发展机制（CDM）、合同能源管理、碳排放交易机制、建筑节能服务市场等方面出发，探索如何推动建筑节能领域引入市场机制，促进资源配置，提升市场效率。学者安烨等（2009）探讨了规划方案下的清洁发展机制（PCDM）的优势及在居住建筑领域的应用局限，分析该机制在中国居住建筑节能领域的发展潜力及节能减排效果，并提出了推进居住建筑领域 PCDM 机制的政策建议。学者李慧等（2008）基于建筑节能证书交易理论，运用新制度经济学的信号传递分析方法，剖析当前建筑节能市场交易过程中激励缺失问题。学者叶凌等（2011）从国际项目支持、国内政策法规和行业统计数据三方面回顾中国建筑节能服务产业发展历程，并重点分析了自 2010 年以来建筑节能服务产业有关的政策、技术标准及实体行为，在此基础上，从政策本身及技术角度对其提出建议与展望。学者韩青苗等（2010）分析了建筑能效审计制度、建筑能效测评标识制度、建筑节能服务市场激励政策等建筑节能服务的交易成本及交易费用，探讨了建筑节能服务发展影响因素和发展条件。学者刘小兵等（2013）研究分析中国建筑碳排放权交易程序和方法学原理，以天津、深圳两地建筑碳排放权交易系统为案例，分析其发展的阻滞因素及存在问题，并借鉴日本东京建筑碳排放权交易市场的成功经验，为中国建筑碳排放交易体系提出政策建议。学者李菁等（2007）分析了既有建筑节能改造产生融资障碍的深层原因，提出构建成本分担机制、有针对性的财税政策、鼓励发展节能服务市场、制定合理能源消费价格、完善节能信息平台等对策措施。学者杨杰等（2010）指出建筑节能管理不能单纯依靠政府推动和市场拉动，需要大力借助第三方的协动作用，并提出通过法律法规等形式确定第三方性质及地位，鼓励发展建筑节能咨询机构及节能服务公司，提高节能服务咨询专业人士水平及相应的信息服务机制等对策建议。学者周鲜华（2010）基于供求均衡理论及方法，分析中国既有建筑节能改造融资现状及问题，提出有效的财税政策，合同能源管理、设备融资租赁等多种融资渠道，使得节能改造市场供求关系均衡，市场有序健康发展。

针对推广建筑节能领域的新材料、新设备、新方法等技术政策，学者们从建筑节能技术、可再生能源利用、新型墙体材料推广、供热计量改革等方面，研究探讨了技术政策的发展现状、特点及经济性分析。学者黄有亮等（2010）基于 TRIZ 理论构建中国建筑节能技术成熟度评价模型，分析预测中国建筑节能技术所处生命周期的阶段，指出现阶段是中国建筑节能产品生产企业扩大生产、参与建筑节能项目的最佳契机。学者何清华等（2016）运用信息可视化软件 Cite Space，针对德温特专利数据库（Derwent Innovations Index, DII）中"建筑业低碳技术"这一主题的文献进行时空分析，通过词频探测技术识别出该领域的研究热点和前沿方向。结果表明，学界对建筑围护结构低碳技术关注度最高，建筑材料低碳技术是最有未来前景的研究方向，学者们结合中国建筑业低碳技术发展现状，提出完善政府引导机制、推行碳税及碳排放交易制度，并强调公众参与监督机制、加强国际交流合作等政策建议。学者王有为（2008）结合《绿色施工导则》从节水、节材、节能及环保等方面界定了绿色施工的含义，从建筑垃圾、模板施工、预拌混凝土、商品砂浆、散装水泥、二次装修等方面，分析施工阶段对资源消耗管理存在的问题，从绿色施工出发提出相应政策建议。学者白胜芳（2002）介绍了国内外建筑节能改造实例及可供采用的建筑节能技术方案，提出既要进行能源节约又要保持建筑的热舒适度，并从经济效益的角度分析了国家支持建筑节能改造的意义及优势。学者何祚庥（2009）指出，现阶段中国太阳能供电、供热技术已经取得技术上突破，太阳能光伏电池技术已经处于领先水平，因此政府如何设计实施相应的技术、产品推广保障性政策措施，积极推动建筑结构节能与再生能源利用相结合，是值得思考的地方。学者孙金颖和刘长滨（2008）将现阶段可再生能源在建筑规模化应用中定额补贴、增量补贴两种财政补贴方案进行对比，讨论分析了这两种方案在不同市场发育阶段所能达到的预期效果。学者苏迎社等（2011）总结了中国新型墙体材料和节能建筑技术应用的发展现状，结合中国现行墙改政策、节能建筑实施政策、绿色建筑推广政策等，提出了与之对应的技术更新方案及企业发展战略等。学者张泽平等（2007）研究分析了中国建筑保温节能墙体材料形式、特点及发展现状，分析了建筑保温材料在建筑节能中的重要作用及中国建筑保温节能政策对墙体材料节能的政策要求。学者温丽（1998）以北京为例重点分析建筑节能过程中出现的障碍因素，并着重就锅炉供暖推节能技术、热量分户计量方法及相应技术，提出了经济、法律法规及保障机制等方面的政策建议。学者邢金城等（2004）以天津为例探究采暖供热计量收费难的问题，探讨供热价格的制定对采暖系统设计等所产生的影响，提出了热价合理制定的迫切性。学者汤小京（2004）在对北京地区住宅采暖分户热计量设计的研究中，分析了不同供热形式的优缺点及设计要点，提出完善配套标准图集、更新相应的设计规程、尽快出台科学合理的采暖热费的收费标准等措施建议。学者华贲等（2007）基于分布式冷热电联供技术，提出建设以该技术为核心的第二代城市能源供应系统，并分析了该系统的建设原则、规模及主要类型，并从技术支持、政策保障、合理规划、市场运作等方面作为系统推广的支撑条件。学者王惠（2015）基于北方某地区办公型建筑和宾馆型建筑，建立了考虑系统碳排放、碳税及电力回购等因素，以运行费用为目标的分布式能源系统和常规系统分析模型，并对影响分布式能源系统经济性的相关政策和激励进行分析，最终得到针对这两种类型建筑的分布式能源系统的气价、碳税激励的控制范围。

学者们在对建筑节能领域的政策研究中，越来越重视公众参与、行为节能、消费节能等方面对建筑节能起到作用及效果。清华大学建筑节能研究课题组（2011）通过对4个城市居民能源消费抽样调查数据发现，居民能源消耗高低与个人主观节能意识、节能需求关系不大，更多是受到居民自身社会经济地位的影响。该课题组从制度建设的角度探讨社会地位结构、资源分配方式等与居民节能行为的关系，从而提出了"制度节能"的节能政策制定思路。学者贺霖龄（2014）指出公众参与建筑节能的意识会影响建筑节能活动的顺利开展，是决定建筑节能实施效果的重要影响因素，并运用因子分析法对西安市公众参与建筑节能意识进行实证研究，发现西安市公众参与建筑节能意识存在普遍偏低情况。学者牛云翥等（2013）通过大量入户调查和定量分析，发现城乡居民家庭用能与人均收入、污染物排放具有良好的交叉二次关系，其家庭有效用能主要取决于收入水平的高低，并提出通过调整能源结构、改善用能技术，以帮助提升能源效率，完善能源公共政策。

（3）影响因素。

对建筑节能产业政策作用机理研究上，学者们主要通过产业政策演进及供给过程中的主要动力因素及阻滞因素，来阐述其变化发展过程及未来发展趋势。学者刘洪玉等（2006）指出，市场信息不对称性、金融政策、税收机制、保险政策等是影响中国节能住宅市场供给和需求的重要因素。在此基础上，学者们构建了中国节能住宅产业政策框架。学者郭理桥（2010）借助模型仿真及应用技术，构建建筑节能与绿色建筑模型系统，并阐述了该系统的作用、意义、组成、构建步骤及方法。学者胥小龙等（2007）论述了北方供暖地区既有居住建筑节能改造中不同利益相关者及参与者之间的责任和义务，构建了中国既有建筑节能组织体系选择路线，用以指导构建组织健全、政策配套、技术进步、执行有效、反馈快速的建筑节能工作组织体系。学者李佐军等（2014）从四个方面分析了中国建筑节能减排工作的阻滞因素，即节能减排成本高、推广难度大，建筑节能监管体制不健全、考核指标设计不合理，建筑节能参与方众多、积极性不高、难以形成合力。基于上述阻滞因素，学者们提出了建筑节能技术研发推广、建筑节能管理部门组织健全、加大经济激励措施、发挥政府监管作用、提升全社会建筑节能减排共识等相关建议。学者康艳兵等（2006）通过分析中国建筑节能当前形势、特点及存在的障碍困难，指出中国当前建筑节能工作的原则及近期应重点关注的建筑节能领域。学者童丽萍（2008）通过对中国与发达国家之间的建筑节能水平对比，基于国内外能源发展现状，探讨了现阶段中国建筑节能存在的弊端及发展的必要性，基于对国家产业技术政策解读，探讨了建筑节能的当前目标及执行措施的可行性。学者陈海波等（2009）通过大量案例调研分析，发现业主节能意识、物业用能调控权与节能绩效的统一，是推进公共建筑节能的内在动力因素，科学有效的节能技术、稳定的融资渠道、灵活的合作模式及政府财税政策支撑等是外部推动因素，在内外因素的共同作用下，才能达到公共建筑节能效果的优化。学者葛继红等（2011）识别了中国建筑节能服务市场中存在的内外部问题及发展特征，基于行业和政府两个层面提出效率评价标准、行业准入门槛、技术创新、人才培养、政策贯彻、经济激励、市场化价格、多元化融资等措施。学者杨杰（2010）指出现阶段中国建筑节能管理机制的完善，不能单纯只依靠技术本身，需要从政策、制度及技术等方面加以考虑，并且需要基于利益相关者的角度，建立政府、市场、第三方"三方合动"的管理模式，以规范建筑节能市场上相关利益主体的行为，从而达到降低建筑使用能耗，提高能源使用效率。学者汪青松等（2008）探究绿色建筑与节能减排推广的阻滞因素，通过对安徽省安庆市绿色建筑市场的实地调研，发现建设管理者、开发商、施工单位和消费者等利益相关者普遍认为绿色建筑居住舒适度较高、节能效果显著，但是由于采用节能环保措施，建设成本增加，这也是导致绿色建筑推广的最大障碍性因素。基于上述研究，学者们提出政府在推广绿色建筑过程中，要加大典型示范、经济激励、标准规范强制执行、税收优惠等措施力度。

3. 建筑节能产业政策提升路径及优化策略研究

建筑节能产业政策体系内部关系比较复杂，涉及不同部门、多种横纵向关系。想要形成一个高效、合理的建筑节能产业政策体系，必须考虑到政策自身质量、不同类型的政策工具的协调、政策执行主体、政策目标群体及政策执行环境等方面。国内学者们对建筑节能产业政策优化策略探讨，主要从政策体系、发展战略整体设计和国外成功实践经验借鉴两方面进行分析。

（1）政策体系、发展战略整体设计。

学者针对建筑节能产业政策体系、发展战略整体设计等方面，从发展现状出发，分析经济政策与建筑能耗、碳排放之间的关系，设计优化建筑节能产业发展战略及具体实施路径。学者江亿（2005）通过实际数据测算及问题现象调研分析，按照北方城镇建筑采暖、长江流域住宅采暖、住宅用能、非住宅建筑用能以及农村民用建筑用能等分类方法，详细探讨了中国建筑运行能耗现状，各类别建筑能耗特点、问题、主要节能路径，通过比对发达国家同类型建筑用能，提出生活方式与建筑用能模式的差异，是导致中国建筑能耗显著低于发达国家的关键性因素。因此，提倡行为节能、消费节能、改善用户用能方式，是节能目标实现的关键措施。学者刘蓓华等（2011）通过比对建筑业经济增长与碳排放总量，发现二者存在脱钩关系，并指出二者之间具有耦合特性，低碳化产业发展受政策影响的作用较大，因此，政府应当积极出台相应政策，鼓励产业低碳化发展，鼓励建筑节能技术创新。学者梁境等（2005）对基于国务院《建筑节能管理条例》的调研，识别现阶段中国公共建筑节能管理与改造中存在的障碍因素，并基于这些障碍因素，优化了现阶段公共建筑节能管理机制及政策执行保障程序。学者江亿（2005）根据用能特点对建筑物及建筑用能进行分类，并按照类别阐述其发展现状、存在问题及预期节能潜力，讨论了实现建筑节能所需要的主要领域、关键技术产品设备、相应政策支持及保障机制，其中详细列出了建筑节能优化设计、新型建筑围护结构材料与制品、通风装置与排风热回收装置等重点关键技术。学者冯悦怡等（2012）基于情景分析法，通过构建LEAP模型分析在基准、政策、低碳三种不同情景下2007~2030年北京市能源需求、能源结构和碳排放的发展趋势，对北京不同发展路径对城市未来能源消耗和碳排放的可能影响进行实证研究，研究表明，未来建筑和交通运输领域将在北京节能减排工作中发挥巨大潜力，对北京未来能源发展及建立低碳城市发挥重要作用。

（2）国外成功经验及实践案例。

学者们对国外建筑节能产业政策实施的成功案例进行引介，介绍分析了大量国外在该领域的成功经验及具体案例，通过分析可以发现，国外建筑节能产业政策的共同特点在于：注重建筑节能立法；重视采用经济手段来鼓励建筑节能发展；进行多种创新性市场机制的探索，这些经验案例可以对中国建筑节能工作提供理论依据及实践经验。

有的学者对国外发达国家的建筑节能政策概况进行了研究分析。王茵和郁建兴（2014）将中国与德国在可再生能源建筑应用的政策工具进行比较，指出中国虽然现阶段已经初步形成必要的政策工具体系，但在相关法律法规及配套措施、经济激励手段、公众参与互动、市场机制设计等方面，还需要借鉴德国已有经验及具体做法。学者张琦等（2012）介绍和分析了德国、法国、美国等国家针对建筑节能领域所颁布的能源政策、法律法规、激励政策等，并从中分析中国在建筑节能发展过程中可借鉴之处。学者陈超等（2002）介绍了日本针对建筑领域能源消耗持续增长所实施的多项政策，包括节能目标及战略设计、节能判定标准、节能措施及实施保障机制等。学者王清勤（2006）介绍了美国、德国、日本等发达国家在建筑节能领域的法律法规制定、标准规范设计、节能标准体系建立、节能技术体系建立等方面的措施及取得的节能效果。学者吴晓（2009）剖析总结北欧生态型城镇的规划特征及建设规律，并根据西方生态城镇建设取得的节能减排经验，针对中国城市建设中被动散点式生态探索进行详细阐释。

有的学者从立法、规划、能效标准及标识、能源审计、筹资渠道等方面详细介绍了国外建筑节能产业政策的具体措施。学者蔡宗翰等（2010）通过比较国内外在建筑节能法律法规、建筑节能市场激励机制、节能减排社会公众意识培养等方面的发展过程，提出了相应的借鉴国外先进立法理念及方法的政策建议。学者杨玉兰等（2007）着重以欧盟国家推行的建筑能效指令 EPBD 为基础，从能耗计算方法、最小能耗强制要求、能耗证书制度设计等方面，分析建筑节能政策实施对欧盟国家建筑节能产生的效果及影响。学者张向荣等（2008）从六个方面比较分析国内外建筑节能标准化发展过程，指出中国建筑节能标准化工作与发达国家存在的差距，并分析其原因。学者程荃（2012）基于欧盟 2011 年能源效率立法提案，分析了节能与能源效率立法涉及的终端使用能效、建筑用能表现、用能产品标签、热电联产及用能产品生态设计五个方面，介绍了欧盟针对建筑节能领域的立法理念及思想，并指出中国应借鉴欧盟经验，立法目标中涵盖能源供应安全，增强节能、能效相关法律的执行力度。学者龙惟定等（2004）从融资机制、技术支持、活动拓展、保障机制等方面介绍了美国联邦能源管理计划在建筑节能领域实施的成功经验及取得的成就。学者刘念雄等（2009）着重介绍了英国政府主导的"为居住而设计"（Design for Manufacture）计划，通过分析具体案例，归纳总结了英国住宅建设在低造价、适应性、节能减排方面所做出的探索及取得的成就。学者李德智等（2015）介绍了美国在提高保障房项目可持续性方面做出的探索及具体成功经验，即机动灵活的管理队伍，多元化、人性化的社区建设，社区节能行动推广，绿色建筑技术的应用等，为中国在保障房项目上的探索提供借鉴。学者卢求（2008）分析了德国生态节能建筑政府资助政策，从法律法规、经济激励措施、"十万太阳能屋顶"计划等方面介绍了德国在生态节能建筑方面取得的成就。学者涂逢祥等（2000）介绍了波兰和丹麦两国在建筑供暖计量收费过程中在政策法规设计、部门管理机制、热网改造、供暖计量收费价格设计等方面的成功经验及具体做法。学者陈小龙等（2013）基于欧盟建筑领域碳税政策 2010 年实际数据，比较分析了碳税、补贴及碳排放交易三种政策的优缺点，及对建筑节能减排的不同实施效果，为中国在推进建筑节能减排过程中实施不同政策工具提供借鉴。学者武涌（2010）重点介绍了欧盟及法国在建筑节能减排目标的制定、建筑能耗的构成、建筑节能的技术标准体系、管理机制、经济激励政策、既有建筑节能改造、节能减排监管检测平台建设等方面取得的进展。学者刘桦等（2012）基于美国、德国、波兰三个国家居住建筑节能绩效保证合约（Energy Savings Performance Contract）服务体系的实施案例，指出合同能源管理服务相关法律法规制定、居民用能补贴设计、社区示范项目、高效便捷的节能信息咨询服务、畅通的融资渠道及有效的担保机制、加强第三方检测机构的规范性等，值得中国在构建居住建筑 ESPC 服务体系过程中进行借鉴。

三、对现有研究评述

国内外学者在建筑节能产业政策领域进行了大量研究，取得了一系列具有理论与实践意义的成果。随着国际社会对能源问题的持续关注，节能减排已成为全社会共识性问题，建筑节能产业政策在推进建筑节能工作过程中的地位及作用日益凸显，产业政策受到越来越多国家及地区的重视和青睐。

虽然中国在建筑节能产业政策研究中已取得不俗成绩，研究内容也不断拓展，研究方法也逐渐完善，但中国目前在建筑节能产业政策的演进过程分析、政策实施效果评价、政策实施效果的影响因素及机理分析、政策体系的优化策略及提升路径分析等问题上还比较薄弱，难以满足进一步推进建筑节能、提高建筑能效的理论需求和现实需要。

建筑节能产业政策体系演进过程有待进行量化分析。通过文献综述可以发现，目前政策文本量化分析方法已经被广泛运用于自主创新产业、环保产业、科技政策、战略性新兴产业等领域，有学者在研究不同领域产业政策发展过程中分析其演进规律。但学界还未从政策文本量化分析的角度，探究中国建筑节能产业政策的供给特征及演化路径，建筑节能产业政策过程研究尚属空白。通过对建筑节能产业政策的供给演进进行研究，不仅能够把握中国建筑节能政策的演进规律和供给特征，还可以为进一步探究建筑节能产业政策实施过程中的影响因素提供一定借鉴。

建筑节能产业政策体系的实施效果研究有待深化。现有大多文献主要针对评价建筑节能减排领域中财政补贴、税收、市场机制、能源政策等单一政策的经济、环境、社会表现，且大多通过构建评价指标体系的方法，借助统计学综合评价方法，对待评价的建筑节能政策及其实施效果进行分析模拟。但对中国近年来所颁布形成的建筑节能产业政策体系的实施效果及运行效率进行评价的研究，较为少见。

建筑节能产业政策体系的实施效果影响因素分析有待进行识别。影响建筑节能产业政策实施的因素是多方面的，但在以往的研究中，缺乏从政策过程角度来讨论分析建筑节能产业政策实施效果的影响因素及影响机理。通过识别政策实施的影响因素及其影响机理，对政策体系的优化发展具有重要理论价值及现实意义。

建筑节能产业政策体系的优化策略及提升路径分析有待进行深化。建筑节能产业政策体系优化是一项复杂的系统工程，需要考虑到系统内部多种因素。目前针对中国建筑节能政策体系优化研究，主要依赖于回顾借鉴发达国家的成功经验及已有做法，但还需从政策全过程角度系统探讨，从而提出适合中国国情民意、具有中国特色的建筑节能产业政策体系的优化策略及提升路径。

第三章 建筑节能政策体系演进规律分析

在推进建筑节能活动的过程中，必然伴随着建筑节能政策的演进。只有建筑节能政策的不断供给，建筑节能活动才能更为活跃和强烈。政府在推动促进建筑节能发展的过程中，其实质就是建筑节能政策的供给演进过程。自1986年，中国实施了第一个建筑节能标准——《民用建筑节能设计标准》以来，中国政府制定实施了一系列推动建筑节能发展的政策手段，本章将从政策量化分析的视角，着重考察中国1986~2015年建筑节能政策的供给演进过程，详细探讨建筑节能政策的供给特征和演进过程，从而为进一步探讨中国现行建筑节能政策体系实施效果奠定基础。

第一节 政策体系演进分析测量方法概述

一、传统政策研究分析测量方法

1. 专家评议法

专家评议法（Experts Grading Method）的应用范围宽，应用领域广，应用时间久。由于应用该方法对被评议对象进行处理，结果可以以专家评分的形式出现，具有一定的量化特性，可见数量统计知识，一早就被用于政策文本的测量中（宋建峰和袁汝华，2006；张江雪，2010；江伟和刘婵，2015）。

专家评议法，是根据专家自身的知识储量、实践经验、意识判断进行结果定量估计的方法，不用依赖大量的可靠数据和历史数据。其评价方法的操作过程也十分简单，首先根据评价对象特性按照其要点罗列出评价指标；其次通过数学方法对指标赋予权重，评议专家仅需要根据自己判断对每个指标点进行评分；最后整理分析这些指标点的分数即可。评价结果的高低，很大程度上说明该政策在这一方面的表现。

专家评议法虽然通过量化分析手段对被研究对象做出评价分析，但是其评估过程太过依赖与专家自身的经验以及逻辑思维，其数据化的参考价值往往取决于专家的知识水平及专业性程度。由于专业人士针对研究问题进行评估判断时，相较于其他人，其结果还是具备很强的专业性、权威性的，因此专家评议法是一种权威形式的评议方法，具有面板数据量需求小、评估过程成本低、评估过程耗费时间少等优点，也存在过分依赖主观性、可供参考的数据资料太少等缺陷。

2. 案例分析法

案例分析法（Case Analysis Method）是哈佛大学 1880 年开发完成的，刚开始被哈佛商学院用于培养高级经理和管理精英的教育实践，后来逐渐推广应用到学术研究中。案例分析法主要是通过社会生活中典型个案进行分析评价，从具体案例中归纳梳理抽象的规律，从而发现研究问题所对应的概念、范畴及其内在运行机理等（刘建生等，2013；黄俊辉和徐自强，2012）。其实质是：①以个别来论证一般。具体来说，就是针对典型个案进行分析，由个别到一般，具体到抽象，采用归纳推理法得出具有普适意义的理论。②以大量的经验事实来论证理论正确与否，这依赖侧重于从经验事实的角度证明某一理论路径。

运用案例分析法针对政策发展过程进行分析时，很难做到量化测算，而且其分析效果依赖于所收集的案例的典型程度、详细程度。虽然通过案例分析，可以详细刻画出政策发展的实际脉络，但由于案例数量及质量的限制，导致该方法不适合去评价多个地区的多政策组合的政策体系研究。

3. 统计分析法

统计分析法根据其数学方法的不同，种类繁多。运用统计方法刻画政策演进发展过程，往往会选择多种统计指标进行测算（郑代良和钟书华，2012；张凌和王为，2008；王再进等，2011）。其结果的准确性依赖于所选指标的合理性和指标评价中面板数据的完整性，评价指标的改变会导致计量结果的改变，统计结果的实际意义会受到影响，弱化实际政策发展趋势判断的指导意义。

二、基于政策文本统计分析的政策测量方法

对某一领域的政策体系演进发展过程的量化分析与文本测量，需要更多行之有效的科学方法，学界针对这一问题也进行了大量研究。1993 年，美国经济学家 Gary D. Libecap（1993）为解决美国内华达州矿产产业政策问题，对此作了大量探索性研究。他通过对与矿产权相关的经济活动进行理性分析，梳理总结出

15 个与矿产权重要性相关的范畴因素进行量化评估。按照范畴因素，量化比较法律条文变动情况，通过对比结果分数的增减，得出政策权值的评估结果，这是已知的最早应用政策测量方法的范例之一。学者 Smits 和 Kuhlmann（2004）在针对创新政策（Innovation Policy）的研究中，运用政策文本量化方法系统探讨了创新政策工具与创新技术协同演化的发展过程，识别出在自主创新产业发展中不同阶段的关键性政策工具。学者 Requate（2005）针对环境政策工具（Environmental Policy Instrument）展开调研，根据政策工具种类的不同，按照政策文本量化分析方法，探讨了政府规制、补贴、税收及金融市场等政策的作用方法及机理。学者 Cubbage 等（2007）、Howlett（2009）、Amstalden 等（2007）、Mickwitz（2003）也运用了类似政策量化方法针对林业、节能改造产业、环保产业等政策体系进行评估与分析。

近年来，随着信息技术和公共政策研究方法的发展，国内开始出现了一些政策量化分析的研究（傅广宛等，2013；傅雨飞，2015），逐渐开展了政策量化分析的研究工作。学者刘凤朝和孙玉涛（2007）针对研究中国 1980~2005 年创新政策演变路径，通过政策文本分析的统计方法进行创新政策测量，采用一般描述性方法刻画了政策演变规律。学者殷华方等（2006）就 1979~2003 年政府外商直接投资政策进行量化分析，从中选择具有代表性的观点，证明了政策演变结果。学者张国兴等（2014）通过梳理中国 1978~2013 年节能减排政策，构建了政策效力与政策协同度度量模型，利用政策量化数据对中国节能减排政策协同演变进行分析。学者李凡等（2016）通过搜集整理金砖国家 1990~2014 年出台的 683 条技术创新政策，从支持创新活动类型、支持形式、完善技术创新制度环境手段、满足产品需求手段、政策颁布机构以及政策出台形式这六个维度，构建技术创新政策文本量化分析框架，对金砖国家技术创新政策布局与演进历程进行比较分析。学者黄萃等（2011）采用内容分析法，对中国中央政府颁布的风能政策所采用的政策工具进行计量分析，解构了中国风能政策在政策工具选择、组织机构建立过程中存在的溢出、缺失及冲突问题，给出未来风能政策优化的政策导向及技术手段。学者朱玉知等（2011）通过政策文本分析探究中国、德国、日本三个国家的光伏发电政策工具，从而发现政策工具的性质及其适用性、政策环境、政策目标群体及其认可度，是政策设计取得预期效果的关键所在。学者陈军等（2013）针对 2001~2013 年中国新能源汽车发展政策文本，从基本政策工具维度和产业价值维度进行量化分析，说明优化新能源汽车产业发展应从政策环境、政策工具等方面加快制度的制定与实施力度。学者胡赛全等（2013）从政策文本来量化分析角度，以中国 31 个省份关于战略性新兴产业发展的政策文本为样本，对政策进行测量分析。研究表明，中国战略性新兴产业政策体系由战略规划类、组织保障类、具体措施类、政策支持类等构成，并对比分析了不同类型省份在不同政策工具种类构成要素上的区别。

通过对国内外大量相关文献的研究与梳理，我们发现，政策文本量化分析方法已经广泛运用于自主创新政策、环保政策、科技政策、战略性新兴产业政策等领域。目前针对以往建筑节能政策研究中，大部分学者关注对一组或者一类的产业政策内容及其效应进行分析（席卫群，2014；张国兴等，2014；冯忠垒，2014），偏重讨论其政策的作用对象、政策措施、政策意义、政策实施效果及政策未来改进方向，并多停留在逻辑分析层面的定性分析与探讨（Miteva 等，2012；Viglizzo 等，2012；Ferraro 等，2011）。部分量化研究主要是基于统计资料指标对现有政策措施进行评估（吕明洁和陈松，2011；李胜会和刘金英，2015）。学界还未有从政策文本量化分析的角度，探究中国建筑节能政策体系的供给特征及演化路径，建筑节能政策演进过程研究尚属空白。通过对建筑节能政策的供给演进进行研究，能够把握中国建筑节能政策的演进规律和供给特征，从中探究影响建筑节能政策发展与推进的阻滞因素（李慧等，2008）。由以上测量方法可以看出，专家评议法，相对来说，较有权威性的说明产业政策自身性质及发展趋势，虽然存在一定的主观性，但不失为针对政策文本量化分析的适用方法。本书在梳理国内外政策测量标准和测量体系基础上，主要基于政策文本统计分析的政策测量方法，建立建筑节能政策量化分析框架，针对 1986~2015 年中国建筑节能政策体系进行测量分析。

第二节　建筑节能政策 I-O-S 量化分析框架

一、建筑节能政策量化分析框架构建原则

1. 针对性

节能环保活动，相较于一般产业活动，具有公共性、外部性、风险性、不确定性等特点（牛桂敏，2014；郭建卿和李孟刚，2016），同时节能环保市场也存在外部性、信息不对称性等缺陷（傅志寰等，2015），这决定了行为主体开展节能减排工作时，需要依靠政府有效的政策驱动（胡仙芝等，2011）。这些有效政

策工具将带来巨大的环境效应、资源效应、经济效应及社会效应。

2. 代表性与系统性相结合

政策量化分析框架，需要具备测量共性及维度通用性。建筑节能政策作为政府促进建筑节能活动发展，提高建筑物能效的重要手段和工具，它不仅是简单一项或者几项政策措施，而是一个有机的政策体系，涉及科研创新、财政投入、税收调节、金融扶持、政府采购、人才培养、教育培训及信息平台建设等多方面，是政府为推动建筑节能发展，提高建筑能效而采取的一系列政策措施和手段的集合。代表性是指需要从各类政策中总结出具有代表性的特征，纳入到量化分析框架中。系统性是指所有要素需要共同作用于一个整体中，要素之间进行明显的、有逻辑性的层次划分，借助这种层级关系进行分析，就不会出现单纯罗列测量结果的现象，使得政策量化分析结果更有说服力及借鉴意义。

3. 独立性与完整性相结合

政策文本量化分析的测量维度，必须具备自身的独立性和完整性，才更具有价值。在独立性原则指导下，把各个测量维度进行独立分析，保证政策量化分析框架的完整性；在相关性原则基础上，探究各个测量维度之间的共生关系，确保政策量化分析框架的统一性。

4. 科学性与创新性相结合

从政策测量维度的选择，到政策分析框架的构建，再到政策量化分析的过程，都必须遵循科学性、严谨性、可行性原则，保证整个过程是科学合理的，这样才能保证分析结果的科学有效性。但就目前研究来看，针对政策量化分析尚无通用测量标准，现有的测量标准并不完全适用于建筑节能政策。因此本书在过去政策量化分析的研究基础上，根据建筑节能政策的自身特点，加以创新，使得设计出来的政策量化分析框架更具有针对性，更符合现实情况及实践意义。

二、建筑节能政策 I-O-S 量化分析框架构建

在推动中国建筑节能活动发展的过程中，必须发挥政府宏观调控的作用，综合利用经济、法律及相应行政手段，制定并推行一系列有效的建筑节能政策，以期实现中国既定的建筑节能目标，显著提升中国建筑能效表现。然而，公共政策本身具有较强的主观性和不确定性，同时政府职能机构的政治力量对比层面和政策供需层面的失衡，会导致一些公共政策失灵，难以发挥其既有功能，从而无法起到促进作用。并且，政策体系本身就是应作为一个有机整体，过分强调某一种、某一类政策的实施，并不能有效地推动其可持续发展（舒锐，2013；王文

等，2014）。

　　因此，本书从建筑节能政策本身出发，结合政策的基本构成要素，从政策工具、政策目标、政策力度等维度，构建"I-O-S"三维政策量化分析框架（见图3-1），探讨中国建筑节能政策体系的演进发展过程，对于指导中国建筑节能政策体系的设计与实施具有重要意义。

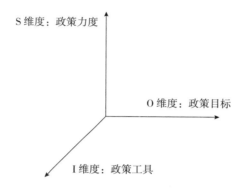

图 3-1　建筑节能政策 I-O-S 量化分析框架

三、I 维度：政策工具

　　政策工具（Policy Instrument），是人们为了解决某一社会问题或达成一定的政策目标而采用的政策具体措施和手段。建筑节能政策工具，是建筑节能政策体系的基本要素，是实现建筑节能既定目标的具体手段和执行措施。如果说政策工具的实体内容是为了影响某些行动领域而精心设计的制度规则的组合，那么建筑节能政策工具的实体内容就是建筑节能活动的行动规则或政策安排。建筑节能政策，就是政府为了促进建筑节能活动发展，加快提升建筑能效表现，对各种建筑节能政策工具的设计、组织、协调、落实而形成的，其分析框架也最终表现为对建筑节能政策工具的协同。

　　本书将重点从建筑节能政策工具着手，将其细化成基本的政策工具，即为建筑节能政策 I-O-S 量化分析框架的 I 维度。本书采用国际能源署节能减排政策评价导则的分类方法（Vreuls 等，2005），同时借鉴加拿大学者豪利特和拉米什根据在提供公共物品和服务的过程中政府介入程度对政策工具的划分（Howlett 等，1995；Howlett，2005），民营化大师 E. S. Saves（2000）按照民营化与公私部门的伙伴关系对政策工具的梳理，及中国学者陈振明（1996）、张成福（2003）、张璋等（2001）按照政府介入程度对政策工具的界定等政策工具的分类思想，将建筑节能政策工具分为直接型政策工具（PI-A）、经济激励型政策工具（PI-B）、信息型政策工具（PI-C）、自愿协议型政策工具（PI-D）四种类型，如表3-1所示。

表3-1　建筑节能政策工具分类

政策工具类型	政策工具子类	
直接型政策工具	PI-A$_1$	建筑节能相关标准、规范
	PI-A$_2$	建筑节能行政性规章、制度
	PI-A$_3$	与建筑相关最低能效标准
经济激励型政策工具	PI-B$_1$	建筑节能项目、节能产品直接性补贴
	PI-B$_2$	税收政策
	PI-B$_3$	融资担保
	PI-B$_4$	第三方贷款
	PI-B$_5$	降低贷款利率
	PI-B$_6$	大宗产品采购
	PI-B$_7$	专项资金
	PI-B$_8$	技术采购
	PI-B$_9$	可交易节能证书制度
信息型政策工具	PI-C$_1$	一般信息政策
	PI-C$_2$	建筑节能性能标识认证
	PI-C$_3$	信息中心
	PI-C$_4$	能耗审计
	PI-C$_5$	教育与培训
	PI-C$_6$	建筑节能试点项目
	PI-C$_7$	建筑节能产品技术及服务示范
自愿协议型政策工具	PI-D$_1$	政府与开发商之间
	PI-D$_2$	政府与公共建筑之间
	PI-D$_3$	政府与居民住宅建筑之间
	PI-D$_4$	政府与建筑材料生产商之间

1. 直接型政策工具

直接型政策工具，包括：建筑节能相关标准、规范（PI-A$_1$）、建筑节能行政性规章、制度（PI-A$_2$）及与建筑相关的最低能效标准（PI-A$_3$）。其中：

建筑节能相关标准、规范（PI-A$_1$），是指政府颁布的一系列与建筑节能相关的国家标准规范、行业标准规范、技术导则及技术手册公告等。

建筑节能行政性规章、制度（PI-A$_2$），是指政府出台的与建筑节能相关的法律法规、部门规章及行政性规定等。

与建筑相关的最低能效标准（PI-A$_3$），是指政府颁布的针对建筑节能产品、设备的最低能效标准。

2. 经济激励型政策工具

经济激励政策主要针对新建建筑节能设计与施工、既有建筑节能改造、建筑用能系统运行节能、可再生能源在建筑中的应用等方面，对建筑节能的利益相关者及参与者提供经济激励，促进其采用特定的建筑节能新技术、新方法、新设备、新材料及整体性节能方案等。经济激励型政策工具包括：建筑节能项目、节能产品直接性补贴（PI-B$_1$）、税收政策（PI-B$_2$）、融资担保（PI-B$_3$）、第三方贷款（PI-B$_4$）、降低贷款利率（PI-B$_5$）、大宗产品采购（PI-B$_6$）、专项资金（PI-B$_7$）、技术采购（PI-B$_8$）、可交易节能证书交易制度（PI-B$_9$）。

建筑节能项目、节能产品直接性补贴（PI-B$_1$），是指政府为鼓励推广使用已被有效验证的建筑节能产品、节能建造技术、节能改造方法，进行财政拨款补贴。一般根据其建筑节能表现，来设定不同的补贴标准等级。

税收政策（PI-B$_2$），主要包括针对建筑方面的定向税（中国固定资产调节税已于2000年1月1日起停止征收）、税收减免、税收抵免等。

融资担保（PI-B$_3$），是指针对新建建筑节能项目、既有建筑节能改造，或建筑节能新产品、新技术、新方法、新材料的研发、生产制造、推广，提供财政支持、融资担保等。

第三方贷款（PI-B$_4$），是指针对新建建筑节能项目、既有建筑节能改造，或建筑节能新产品、新技术、新方法、新材料的研发、生产制造、推广，进行社会融资，使民营资本可以更多地参与到节能项目中来。

降低贷款利率（PI-B$_5$），是指针对建筑节能新产品、新技术、新方法、新材料的研发、生产制造、推广，降低贷款利率，提供贷款优惠。

大宗产品采购（PI-B$_6$），目的在于促进推广建筑节能新产品、新材料、新设备，及与建筑有关节能服务等。

专项资金（PI-B$_7$），是指政府为推广某种建筑节能新产品、新技术、新方法、新材料及建筑相关的节能服务，设立的专项资金，用以补贴其研发、生产、使用及推广等。

技术采购（PI-B$_8$），目的在于推广建筑节能相关新产品、新方法、新技术等。

可交易节能证书制度（PI-B$_9$），是指为了促进建筑节能、降低建筑能耗采用的市场机制，该机制把权威机构核定发行的节能证书作为可以交易的商品，在责任主体向监管机构提交保证其节能义务、足够数量的节能证书后，其余的节能证书可以在证书市场上进行交易。例如，在欧洲很多国家推行的"可交易白色证书"（Tradable White Certificates）等。

3. 信息型政策工具

信息型政策工具，是指围绕提供充分的建筑能耗表现及节能信息，通过建筑节能试点示范，建筑节能标识认证，建筑能效统计、能源审计及能效信息公示，进行建筑节能宣传，开展建筑节能教育与培训工作，推广建筑节能，提高建筑能效。主要包括：一般型信息政策（PI-C$_1$）、建筑节能性能标识认证（PI-C$_2$）、信息中心（PI-C$_3$）、能耗审计（PI-C$_4$）、教育与培训（PI-C$_5$）、建筑节能试点项目（PI-C$_6$）、建筑节能产品技术及服务示范（PI-C$_7$）。

一般型信息政策（PI-C$_1$），主要是利用与建筑节能有关的多种公益活动等渠道，例如节能周、低碳日等，宣传节能环保的必要性意识，普及建筑节能相关的多种途径，改善消费者的用能习惯，推广用户行为节能方式等。

建筑节能性能标识认证（PI-C$_2$），是通过建筑节能、绿色建筑相关评价标准、技术细则，根据建筑能效表现进行评级，并进行节能性能信息性标识。例如，美国的绿色建筑评估体系（LEED）、英国生态住宅环境评估体系（BREE-AM）、日本建筑物综合环境性能评价体系（CASBEE）、德国绿色生态建筑导则（LNB）、澳大利亚的建筑环境评价体系（NABERS）、加拿大绿色建筑评估工具体系（GB Tools）、法国 ESCALE 绿色建筑评估体系、中国的《绿色建筑评价标准》等。

信息中心（PI-C$_3$），主要是搜集整理、传播公示关于建筑节能产品、建筑节能服务方案的技术信息，并且针对公共建筑、民用建筑，构建建筑能效测评制度及建筑能效统计制度等。

能耗审计（PI-C$_4$），是指通过对建筑物能效现状进行评估，分析提升建筑能效的可能途径，设计可行的节能服务方案，并且评估节能措施的成本。能效审计，通过对建筑物的用能现状及进行节能的阻碍因素进行识别判断，以降低来自信息不对称、信息成本等多方面的风险因素。

教育与培训（PI-C$_5$），是指政府部门或行业协会组织的，针对建筑从业人员的与建筑节能有关的教育及培训活动。

建筑节能试点项目（PI-C$_6$），侧重于对建筑节能社区、绿色住宅、绿色公共建筑等推广。

建筑节能产品技术及服务示范（PI-C$_7$），侧重于对建筑节能的新技术、新方法、新材料、新设备、节能服务方案等的推广应用。

4. 自愿协议型政策工具

自愿协议型政策工具，是指政府与开发商、建筑材料供应商、公共机构、商业机构、居民社区达成自愿协议，约定在特定时间段内能耗降低数量及提升能效目标。政府为提高利益相关者的节能积极性，通常会提供技术支持、税收优惠、补贴等激励，但如果在约定时间段内参与者未完成自愿协议所规定的节能目标及任务，则会受到相应的惩罚。建筑节能自愿协议，主要是在政府引导下，更多地利用企业、组织及个人的积极性来促进节能目标的实现，是参与者"自愿"承担节能环保义务，但自愿协议中"自愿"并非绝对的"自愿"，是有条件、市场化的"自愿"。主要包括：政府与开发商之间的自愿协议（PI-D$_1$）、政府与公共建筑之间的自愿协议（PI-D$_2$）、政府与居民住宅建筑之间的自愿协议（PI-D$_3$）、政府与建筑材料生产商之间的自愿协议（PI-D$_4$）。

因此，根据表3-1的分类标准，将建筑节能政策工具的量化，转化成针对直接型政策工具、经济激励型政策工具、信息型政策工具及自愿协议型政策工具这四大类政策工具的量化。在政策工具具体量化的过程中，将根据不同政策工具的详细程度和执行力度，对建筑节能相关标准、规范，建筑节能行政性规章制度，建筑节能直接性补贴，税收政策，融资担保，建筑节能性能标识，自愿协议等23种政策工具子类进行赋分，分值为1~5分，具体量化计分标准如表3-2所示。

四、O维度：政策目标

政策目标（Policy Objective），是政策制定者希望政策通过执行、实施后所达到的最后结果，具有针对性、导向性、动态性、可持续性等特点。政策目标一旦被确定，其必须明确、清晰、具体地界定其所表述的内涵及外延，不能出现任何交叉、歧义，并且政策目标应是可被测量的、具有量化标准的（苏靖，2012；张镧，2015）。如图3-2所示，根据产业发展能力构成要素对产业活动的作用方法，

表3-2 建筑节能政策工具量化标准

类型		政策工具子类	评价内容	赋分
直接型政策工具	PI-A₁	建筑节能相关标准、规范	及时颁布符合建筑节能发展需求的国家标准规范、行业标准规范、技术导则及技术手册公告，并较好做到因地制宜、不断更新	5
			颁布与建筑节能相关的国家标准规范、行业标准规范、技术导则及技术手册公告，能够做到因地制宜	3
			仅颁布与建筑节能相关的标准、规范，但其条文规定不够详细，未做到因地制宜，符合建筑节能发展需求	1
	PI-A₂	建筑节能行政性规章、制度	及时出台与建筑节能相关的、较为完善详细目行之有效的法律法规，部门规章及行政性规定	5
			出台一系列与建筑节能相关的法律法规、部门规章及行政性规定，但建筑节能行政性规章制度的内容模糊、抽象、管控方案执行有效性有待提升	3
			仅出台了一些与建筑节能相关的行政性规章制度，但对建筑节能的行政性管控仍较为松散	1
	PI-A₃	与建筑节能相关最低能效标准	及时颁布针对建筑节能产品、符合建筑节能发展需求的最低能效标准，并较好地做到因地制宜、不断更新	5
			颁布针对建筑节能产品、符合建筑节能发展需求的最低能效标准，能够做到因地制宜、不断更新	3
			仅颁布针对建筑节能产品的最低能效标准，未做到因地制宜、不断更新	1
经济激励型政策工具	PI-B₁	建筑节能项目、节能产品直接性补贴	在财政补贴、财政补助上给予大力支持，明确提出财政补贴种类、额度及支持办法，制定具体执行方案、措施	5
			在财政补贴、财政补助上给予支持，明确提出财政补贴目标及内容明确，执行方案比较模糊	3
			仅提及在财政补贴给予支持，但无具体内容、措施	1
	PI-B₂	税收政策	在税收政策上给予大力优惠，明确提出了税收优惠的目录、额度，制定详细的税收激励机制，优惠执行办法	5
			在税收政策上给予优惠，税收优惠种类及内容明确，但支持办法、模糊	3
			仅提及及在税收政策上给予优惠，执行方案比较抽象、模糊	1

续表

类型	政策工具子类	评价内容	赋分
PI-B₃	融资担保	大力给予融资担保优惠，明确提出了融资担保的范围，制定详细的支持办法	5
		给予融资担保优惠，明确提出了融资担保的范围、额度，但支持办法比较抽象、模糊	3
		仅提及支持融资担保，但无具体内容、措施	1
PI-B₄	第三方贷款	大力支持第三方贷款，积极拓展融资渠道，明确规定民营资本的准入条件、门槛、标准，制定详细的落实机制及执行措施	5
		支持第三方贷款，拓展融资渠道，明确规定民营资本的准入条件、门槛、标准，但落实机制及执行措施比较抽象、模糊	3
		仅提及支持第三方贷款，拓展融资渠道等，但无具体内容、措施	1
PI-B₅	降低贷款利率	大力支持降低贷款利率，鼓励提供信贷优惠，明确贷款利率降低的范围，标准，制定具体支持办法及执行措施	5
		支持降低贷款利率，提供信贷优惠，明确贷款利率降低的范围，标准，但支持办法及执行措施比较抽象、模糊	3
		仅提及支持降低贷款利率，但无具体内容、措施	1
PI-B₆	大宗产品采购	明确提出要加大政府对建筑节能环保产品采购力度，积极扩大节能环保产品的支持额度，制定详细的采购办法、适用范围、产品目录	5
		提出要加大政府对建筑节能环保产品采购力度，扩大节能环保产品的支持额度，但采购办法、适用范围、产品目录比较抽象、模糊	3
		仅提及要加大政府对建筑节能环保产品采购力度，但无具体内容、措施	1

经济激励型政策工具

续表

类型	政策工具子类	评价内容	赋分
经济激励型政策工具	PI-B₇ 专项资金	明确提出并设置建筑节能相关专项资金，在财政预算上给予大力支持，用以鼓励促进建筑节能发展，并制定详细的专项资金适用范围，补助标准及实施方案	5
		提出并设置建筑节能相关专项资金，在财政预算上给予支持，但专项资金适用范围，补助标准及实施方案比较抽象，模糊	3
		仅提及设置建筑节能相关专项资金，在财政预算上给予支持，但无具体实施方案	1
	PI-B₈ 技术采购	明确提出要加大对建筑节能环保技术采购引进力度，积极扩大节能环保技术的支持额度，制定详细的采购引进技术目录，适用范围及执行方案	5
		提出要加大对建筑节能环保技术采购引进力度，扩大节能环保技术的支持额度，但采购引进技术目录，执行方案比较抽象，模糊	3
		提出要加大对建筑节能环保技术采购引进力度，扩大节能环保技术的支持额度，但无具体实施方案	1
	PI-B₉ 可交易节能证书制度	在建筑节能领域明确提出并实施交易节能证书制度，建立较为权威的节能证书颁布机构，并制定详细的节能证书制度的适用范围，执行标准及执行方案	5
		在建筑节能领域明确提出并实施交易节能证书制度，但还未建立为权威的节能证书颁布机构，节能证书制度的适用范围，执行方案比较抽象，模糊	3
		在建筑节能领域提出并实施交易节能证书制度，但无具体实施方案	1
信息型政策工具	PI-C₁ 一般信息政策	大力支持引导社会大众，企业等行为主体进行建筑节能，制定详细建筑节能宣传推广的实施办法，执行方案	5
		引导社会大众，企业等行为主体进行建筑节能，但建筑节能宣传推广的实施办法，执行方案比较抽象，模糊	3
		仅提及要引导社会大众，企业等行为主体进行建筑节能，但无具体实施方案	1

续表

类型	政策工具子类	评价内容	赋分
信息型政策工具	PI-C₂ 建筑节能性能标识认证	大力支持建筑节能项目，产品实施标识管理，鼓励推广建筑节能性能标识认证制度，制定详细建筑节能性能标识认证标准，实施办法及执行方案	5
		支持建筑节能项目，产品实施标识管理，推广建筑节能性能标识认证制度，建筑节能标识认证标准、实施办法及执行方案比较抽象，模糊	3
		支持建筑节能项目，产品实施标识管理，推广建筑节能性能标识认证制度，但无具体实施方案	1
	PI-C₃ 信息中心	大力支持建立与建筑节能相关的信息中心、信息平台，鼓励传播公示建筑节能产品，建筑节能服务方案的技术信息，构建完善建筑能效测评制度，建立建筑能效统计制度，并制定详细的信息中心构建的实施办法及执行方案	5
		支持建立与建筑节能相关的信息中心、信息平台，鼓励传播公示建筑节能产品，建筑节能服务方案的技术信息，构建建筑能效测评制度及建筑能效统计制度，但信息中心构建的实施办法及执行方案比较抽象，模糊	3
		仅提及要建立与建筑节能相关的信息中心、信息平台，及建筑能效测评制度及建筑能效统计制度，但无具体实施方案	1
	PI-C₄ 能耗审计	大力推进建筑能耗审计工作，制定详细的建筑节能相关的考核考察，监督检查办法，及相应的执行方案措施	5
		推进建筑能耗审计工作，但建筑节能相关的考核考察，监督检查办法，及相应的执行方案措施比较模糊，抽象	3
		仅提及推进建筑能耗审计工作，但无具体实施方案	1
	PI-C₅ 教育与培训	大力支持鼓励开展与建筑节能有关的教育培训活动，制定详细的建筑节能教育，培训的活动计划，实施办法及执行方案	5
		支持鼓励开展与建筑节能有关的教育培训活动，但建筑节能教育培训的活动计划，实施办法及执行方案比较抽象，模糊	3
		仅提及及鼓励开展与建筑节能有关的教育培训活动，但无具体实施方案	1

续表

类型		政策工具子类	评价内容	赋分
PI-C₆	信息型政策工具	建筑节能试点项目	大力支持建筑节能试点项目，示范工程发展，制定详细的建筑节能试点项目，示范工程的管理办法，优惠措施及执行方案	5
			支持建筑节能试点项目，示范工程发展，但建筑节能试点项目，示范工程的管理办法，优惠措施及执行方案比较抽象，模糊	3
			仅提及支持建筑节能试点项目，示范工程发展，但无具体实施方案	1
PI-C₇		建筑节能产品技术及服务示范	大力鼓励建筑节能的新技术，新方法，新材料，新设备，节能服务方案等的推广应用，明确制定详细的建筑节能产品推荐目录，建筑节能技术推广应用及服务引导措施	5
			鼓励建筑节能的新技术，新方法，新材料，新设备，节能服务方案等的推广应用，但建筑节能产品推荐目录，建筑节能技术推广应用及服务引导措施比较抽象，模糊	3
			仅提及鼓励建筑节能的新技术，新方法，新材料，新设备，节能服务方案等的推广应用	1
PI-D₁	自愿协议型政策工具	政府与开发商之间	明确提出在政府与开发商之间推行建筑节能自愿协议，详细规定节能自愿协议的节能目标，适用范围，双方应承担的权利及义务，实施方案及落实措施	5
			明确提出在政府与开发商之间推行建筑节能自愿协议，但节能自愿协议的节能目标，适用范围，双方应承担的权利及义务，实施方案及落实措施比较抽象，模糊	3
			仅提及在政府与开发商之间推行建筑节能自愿协议，但无具体实施方案	1

续表

类型	政策工具子类	评价内容	赋分
自愿协议型政策工具 P1-D₂	政府与公共建筑之间	明确提出在政府与公共建筑之间推行建筑节能自愿协议，详细规定节能自愿协议的节能目标、适用范围、双方应承担的权利及义务、实施方案及落实措施	5
		明确提出在政府与公共建筑之间推行建筑节能自愿协议，但节能自愿协议的节能目标、适用范围、双方应承担的权利及义务、实施方案及落实措施比较抽象、模糊	3
		仅提及在政府与公共建筑之间推行建筑节能自愿协议，但无具体实施方案	1
P1-D₃	政府与居民住宅建筑之间	明确提出在政府与居民住宅建筑之间推行建筑节能自愿协议，详细规定节能自愿协议的节能目标、适用范围、双方应承担的权利及义务、实施方案及落实措施	5
		明确提出在政府与居民住宅建筑之间推行建筑节能自愿协议，但节能自愿协议的节能目标、适用范围、双方应承担的权利及义务、实施方案及落实措施比较抽象、模糊	3
		仅提及在政府与居民住宅建筑之间推行建筑节能自愿协议，但无具体实施方案	1
P1-D₄	政府与建筑材料生产商之间	明确提出在政府与建筑材料生产商之间推行建筑节能自愿协议，详细规定节能自愿协议的节能目标、适用范围、双方应承担的权利及义务、实施方案及落实措施	5
		明确提出在政府与建筑材料生产商之间推行建筑节能自愿协议，但节能自愿协议的节能目标、适用范围、双方应承担的权利及义务、实施方案及落实措施比较抽象、模糊	3
		仅提及在政府与建筑材料生产商之间推行建筑节能自愿协议，但无具体实施方案	1

注：为了便于打分人员对建筑节能政策工具量化标准的理解和把握，本书给出了5分、3分、1分的政策工具量化标准，4分及2分的量化标准分别介于5分与3分、3分与1分的量化标准之间。

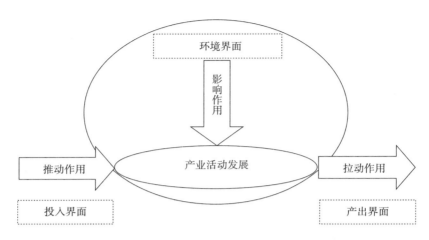

图 3-2 发展能力构成要素对产业活动的作用机理

产业活动发展能力可以从推动作用、影响作用、拉动作用这三个方面来界定，分为投入界面发展能力、环境界面发展能力及产出界面的发展能力（闫丽平等，2016；岳中刚，2014）。

因此，借鉴该方法，建筑节能政策对建筑节能活动发展能力也可以按照这个作用框架进行分析。首先，针对投入界面发展能力，着重考察政策对建筑节能活动投入能力的提升；其次，针对环境界面发展能力，着重考察政策对建筑节能活动资源配置能力的提升、支撑能力的提升、管理能力的提升；最后，针对产出界面发展能力，着重考虑政策对建筑节能活动产出能力的提升。基于此，本章节针对建筑节能政策的政策目标的量化，最终转化为考察建筑节能政策对建筑节能活动发展能力的促进作用，主要从促进建筑节能的投入能力、资源配置能力、支撑能力、管理能力、产出能力这五个方面进行政策目标具体量化标准的界定，具体赋分标准如表 3-3 所示。根据表 3-3 的量化标准，分别针对建筑节能每项政策体现的不同目标进行打分赋值，若某项政策未提及或体现某一项或某几项政策目标，则不计分。

五、S 维度：政策力度

政策力度（Policy Stringency）是政策权威性的体现。对政策力度的量化，其实质是针对政策颁布主体（政策实际制定者）的梳理、分析。本书所界定分析的建筑节能政策为国家层面颁布的一系列政策，不包含省级及省级以下政府部

表3-3　建筑节能政策目标量化标准

政策目标	评价内容	赋分
促进建筑节能投入能力提升	强调人力资源、财力资源和物质资源的投入等，大力推进节能技术改造，提高能源利用效率，推动资源综合利用等，且政策目标明确、具体，且具备可行性	5
	强调人力资源、财力资源和物质资源的投入等，推进节能技术改造，提高能源利用效率，推动资源综合利用等，但政策目标模糊、抽象，可行性一般	3
	仅提及促进建筑节能产业投入能力的提升，但无具体政策目标	1
促进建筑节能资源配置能力提升	强调促进资源优化配置，大力推动产学研共同合作，发挥行业协会作用，大力支持建筑节能技术的研发与推广，大力支持引进国外先进建筑节能技术、材料、设备等，且政策目标明确、具体，且具备可行性	5
	强调促进资源配置，推动产学研共同合作，支持建筑节能技术的研发与推广，支持引进国外先进建筑节能技术、材料、设备等，但政策目标模糊、抽象，可行性一般	3
	仅提及促进资源优化配置，但无具体政策目标	1
促进建筑节能支撑能力提升	强调大力促进支撑能力建设，大力支撑基础设施环境建设，大力提倡节能环保理念，构建文化环境氛围，大力推动市场环境建设，提倡创新中介服务体系，大力鼓励培育灵活、有效的金融环境，且政策目标明确、具体，且具备可行性	5
	强调促进支撑能力建设，支撑基础设施环境建设，提倡节能环保理念，构建文化环境氛围，推动市场环境建设，提倡创新中介服务体系，鼓励培育灵活、有效的金融环境，提倡节能环保理念，但政策目标模糊、抽象，可行性一般	3
	仅提及促进建筑节能支撑能力提升，但无具体政策目标	1

47

续表

政策目标	评价内容	赋分
促进建筑节能投入能力提升	强调通过法律、行政法规、部门规章、标准规范、财政税收收等某项管理手段或多种管理手段，从行政许可、税收、金融、价费等方面大力促进建筑节能管理能力的提升，营造公平、有效的竞争环境和竞争条件，且政策目标明确，具体，且具备可行性	5
	强调通过法律、行政法规、部门规章、标准规范、财政税收收等某项管理手段或多种管理手段，从行政许可、税收、金融、价费等方面促进建筑节能管理能力的提升，营造公平、有效的竞争环境和竞争条件，但政策目标模糊，抽象，可行性一般	3
	仅提及促进建筑节能管理能力提升，但无具体政策目标	1
促进建筑节能产出能力	强调建筑节能的产出能力提升，着重强调提升建筑节能政策的执行效果，大力确保建筑节能财政资金的落实效益，强调建筑节能的知识创新、技术创新、产品创新、服务创新等，且政策目标明确，具体，且具备可行性	5
	强调建筑节能的产出能力提升，强调提升建筑节能政策的执行效果，确保建筑节能财政资金的落实效益，强调建筑节能的知识创新、技术创新、产品创新、服务创新等，但政策目标明确，具体，且具备可行性	3
	仅提及促进建筑产出能力提升，但无具体政策目标	1

注：为了便于打分人员对建筑节能政策目标的量化标准的理解和把握，本书给出了5分、3分、1分的政策目标量化标准，4分及2分的量化标准分别介于5分与3分、3分与1分的量化标准之间。

门出台的建筑节能政策。因此，建筑节能政策的政策力度维度量化标准，主要是根据国家行政机构的类别、出台颁布的政策类型进行赋分（张国兴等，2014），即按照全国人民代表大会及其常务委员会、国务院、住房和城乡建设部、财政部、国家发展和改革委员会等多个机构部门颁布实施的法律、法规、条例、指令、规定、方案、意见、办法、标准、细则、通知、公告等不同类型的相关政策，进行 1~5 分赋分，确定建筑节能政策的政策力度的量化标准，具体标准如表 3-4 所示。在计分过程中，涉及多部门联合颁布的建筑节能政策时，将按照发文机构的最高类别、颁布政策最强效应类型进行计分。

表 3-4 建筑节能政策力度量化标准

政策力度量化标准	赋分
全国人大及其常务委员会颁布的法律	5
国务院颁布的条例、指令、规定，国家各部委的命令	4
国务院颁布的暂行条例和规定、方案、决定、意见、办法、标准，国家各部委颁布的条例、规定、决定	3
国家各部委颁布的意见、办法、方案、指南、暂行规定、细则、条件、标准、规范	2
国家各部委通知、公告、规划	1

在实际的政策力度量化分析过程中，将会发现政策颁布的机构级别越高，政策措施越模糊，对建筑节能活动的参与主体的约束力和影响力越弱，可能会存在对其政策力度的较高赋分，导致不匹配政策实际影响程度。但通过分析可以发现，政策颁布级别越高的部门，其政策工具（I 维度）和政策目标（O 维度）相对抽象、模糊，存在政策工具的内容不够清晰，政策目标不够明确等现象。因此，政策工具（I 维度）、政策目标（O 维度）及政策力度（S 维度）三维叠加的政策量化分析效果，能够较为准确地反映出建筑节能政策对政策颁布机构的实际影响与作用。

第三节　建筑节能政策样本选择与统计分析方法

一、样本选择

本书以全球法律法规网数据库（http：//policy. mofcom. gov. cn/）为建筑节能政策样本的主要来源，通过"建筑节能""建筑能效""绿色建筑"等关键词设定，检索出 1986~2015 年国家及其各部委颁布的所有与建筑节能相关的政策文件。为了保证数据的全面性，同时又利用中华人民共和国中央政府门户网站（http：//www. gov. cn/）、中华人民共和国住房和城乡建设部门户网站（http：//www. mo-hurd. gov. cn/）、中华人民共和国财政部门户网站（http：//www. mof. gov. cn/）、中华人民共和国国家发展和改革委员会门户网站（http：//www. sdpc. gov. cn/）等国家中央及各部委门户网站对建筑节能政策文件进行核对和补充，最终收集筛选了 308 项与建筑节能相关的政策文件。通过上述对建筑节能政策的范围界定，首先组织人员对 308 份政策文件进行略读，对建筑节能政策文本进行梳理，最终筛选出与建筑节能高度相关、紧密联系的政策文件共计 286 项，作为本书研究的政策样本。通过仔细研读相应政策文件，按照政策颁布时间、颁布机构、政策类型进行整理，具体分类结果见附录。并按照上文构建的 I-O-S 政策量化分析框架，从政策工具、政策目标、政策力度等量化标准进行计分赋值，形成建筑节能政策量化分析的基础数据库。

二、量化统计方法

1. 量化打分方法

在确定建筑节能政策 I-O-S 量化分析标准的基础上，本书将采用先对打分人员进行政策文本量化标准培训，并由多组打分人员对政策文本进行多轮打分的方法，对建筑节能政策文本进行量化（黄萃等，2011；胡赛全等，2013）。在对建筑节能政策的政策工具 I 维度、政策目标 O 维度量化计分过程中，为使量化结果能够真实反映政策实施的真实情况，并保证政策量化标准可行性及计算结果的有效性，本书组建了包括 1 名教授、6 名博士研究生、9 名硕士研究生的政策量化分析研究组。为了降低打分人员主观因素的影响，并确保打分结果的一致性，政策量化分析研究组分为 3 个小组，根据已确定的建筑节能政策三维量化标准体系进行打分。

具体政策量化打分过程为：首先，召开培训会，对所有参与政策量化的人员进行量化标准集中培训，详细讲解了政策文本量化 3 个维度每项赋分标准，并组织答疑讨论会，对参与人员存在疑问的地方，进行讲解及再次标准细化，直至每位打分人员对政策量化标准完全理解。其次，进行政策文本量化预打分，对打分人员进行培训后，将随机抽取 10 项建筑节能政策文本，组织打分人员进行预打分，比较预打分结果，着重分析数据不理想、偏差较大的地方，组织打分人员讨论出现打分产生分歧的原因，并就这些原因进一步阐述政策量化分析标准；然后再次进行量化预打分，随机抽取另外 10 项建筑节能政策文本进行预打分，并测量计算政策打分结果的一致性（根据政策赋分的趋势，界定打分结果方向一致性，例如，打分结果为 1~3 分，则表示打分结果的方向一致，若打分结果为 1 分和 4 分，则表示打分结果方向相反）。通过对抽取的样本政策再次预打分结果的一致性计算，比例达到 85.6%，这表明研究组成员对政策量化工作已经基本达成一致意见。再次，进行政策量化正式打分，3 个政策量化分析小组每位打分成员独立地对建筑节能政策基础数据库中包含的 286 项政策进行打分，打分共分为 3 轮，每轮打分完成后，都对打分结果进行讨论，并对每个参与小组进行了组间重测信度检验，采用一致性水平（Consistency Level）作为判断标准 $C = \dfrac{F}{N}$（其中，F 为每项被打分政策的赋分频数，N 为被打分的政策数量），通过 3 次一致性检验，政策量化打分的一致性水平值的平均值分别为 55.34%、72.12%、83.78%。可以看出，通过讨论完善，组间政策量化打分的一致性逐步提升，达到了较为满意的水平。最后，为确保政策量化打分结果的准确性，使得研究结果符合科学研究的要求，本书将把 3 个打分小组的打分结果的算术平均数，作为最终的政策量化打分结果。

2. 打分结果的数据处理

根据上述的量化打分方法对每项建筑节能政策文本进行赋分后，本书将以年份作为政策研究分析的时间刻画维度，计算 1986~2015 年每个年度的政策工具、政策目标、政策力度的量化打分结果，具体计算公式如式（3-1）至式（3-3）所示：

$$\text{I 维度：} YPIE_i = \sum_{j=1}^{N} PIE_i, \ i = [1986, 2015] \qquad (3-1)$$

$$O\ 维度：YPOE_i = \sum_{j=1}^{N} POE_i，i = [1986，2015] \tag{3-2}$$

$$S\ 维度：YPSE_i = \sum_{j=1}^{N} PSE_i，i = [1986，2015] \tag{3-3}$$

其中，i 表示年度，N 表示第 i 年度颁布的建筑节能政策数量，j 表示第 i 年度颁布的第 j 项建筑节能政策，$PIE_i/POE_i/PSE_i$ 分别表示第 j 项建筑节能政策在 I 维度、O 维度、S 维度量化标准下政策文本的得分，$YPIE_i/YPOE_i/YPSE_i$ 分别表示第 i 年全部建筑节能政策在 I 维度、O 维度、S 维度量化标准下政策文本的总分。

第四节 建筑节能政策供给特征分析

一、量化统计结果

通过对本书建立的建筑节能政策量化分析数据库进行统计分析，最终得到1986~2015 年各年度建筑节能政策量化得分，如表 3-5 所示。

表 3-5 1986~2015 年各年度建筑节能政策量化得分

年份	政策数量	政策工具 （I 维度）	政策目标 （O 维度）	政策力度 （S 维度）
1986	2	4.00	2.53	7.00
1987	1	2.00	1.00	2.00
1988	2	4.00	1.87	7.00
1989	3	7.00	4.20	14.00
1990	1	2.00	0.87	2.00
1991	2	4.00	1.80	5.00
1992	1	2.00	0.73	4.00
1993	3	6.33	3.20	6.00

续表

年份	政策数量	政策工具（I 维度）	政策目标（O 维度）	政策力度（S 维度）
1994	1	2.00	1.00	4.00
1995	1	3.00	1.60	2.00
1996	0	0.00	0.00	0.00
1997	3	7.67	3.67	12.00
1998	2	4.33	1.67	6.00
1999	3	6.33	2.33	6.00
2000	6	10.33	6.47	16.00
2001	6	14.00	6.80	13.00
2002	4	9.00	5.00	12.00
2003	2	5.67	2.80	4.00
2004	15	37.34	15.00	35.00
2005	22	54.67	25.93	47.00
2006	16	38.01	21.00	32.00
2007	19	47.00	25.80	47.00
2008	18	50.00	25.20	38.00
2009	20	56.34	21.86	32.00
2010	32	86.66	36.81	56.00
2011	21	54.67	22.94	39.00
2012	23	74.67	33.99	42.00
2013	9	28.99	11.26	15.00
2014	22	58.34	25.93	45.00
2015	26	70.00	28.93	52.00

数据来源：根据建筑节能政策样本统计数据库统计分析所得。

二、供给特征分析

1. 政策数量呈现上升趋势

中国自 1986 年颁布了首个建筑节能标准以来，建筑节能活动受到了前所未有的重视与扶持，建筑节能政策逐渐成为中国促进建筑节能发展的重要工具和有效手段。

从图 3-3 可以看出，中国建筑节能政策数量呈现急剧上升的态势，虽然政策数量有所波动，但是由于政策颁布具有延续性，整体上中国建筑节能政策呈现持续上升趋势。尤其自 2004 年以来，中国颁布并实施了《节能中长期专项规划》，其中明确提出了把建材工业、商用和民用建筑作为节能重点领域，把建筑节能工程、绿色照明工程、政府机构节能工程、节能监测和技术服务体系建设工程作为重点工程，针对民用和商用建筑，提出在"十一五"期间，新建建筑严格实施节能 50% 的设计标准，少数大城市率先实施节能 65% 的标准。同时推广供热体制改革，居住及公共建筑集中采暖按热表计量收费，推进既有居住和公共建筑节能改造，鼓励运用新型墙体材料及节能设备、技术、部件，并且推广高效节能家用及办公用品，实施能效标准和标识。自明确"节能"作为中国经济和社会发展的一项长远战略方针后，中国政府一直持续推动实现全社会开展节能降耗，缓解

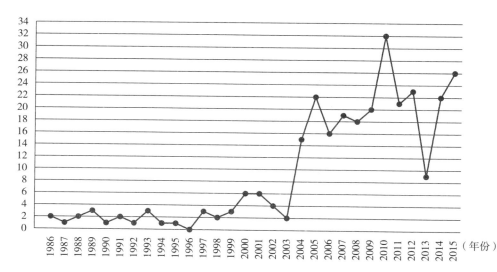

图 3-3　1986~2015 年中国建筑节能政策数量统计

数据来源：根据建筑节能政策样本统计数据库统计分析所得。

能源瓶颈制约，建设节能型社会，促进经济社会可持续发展战略目标任务。一系列建筑节能产业相关的配套政策相继出台并实施，建筑节能政策数量急速增长，中国已经初步形成了以直接型政策工具、经济激励型政策工具、信息型政策工具、自愿协议型政策工具等多种类型组成的建筑节能政策体系。据研究数据统计显示，1986~2004 年，中国平均每年颁布不少于两项与建筑节能相关政策，2004年起开始政策数量急速上升，平均每年颁布的建筑节能政策超过 20 项。

2. 政策颁布机构表现出较强协同性

表 3-6 统计梳理了自 1986 年以来中国建筑节能政策的主要颁布部门，其中，由于农业部、国家卫生和计划生育委员会、民政部、公安部等部门涉及联合发布节能领域规划、发展报告、指导意见等部分建筑节能行政性规章、制度（PI-A$_3$），国家新闻出版广电总局、中华全国总工会、共青团中央等涉及联合发布部分节能宣传、低碳宣传等一般信息类政策（PI-C$_1$），故把以上单位也统计到建筑节能政策主要颁布部门中。

表 3-6　建筑节能政策主要颁布部门统计

序号	政策颁布部门	政策颁布数量（项）
1	住房和城乡建设部（2008 年至今）	189
	建设部（1988~2008 年）	
2	财政部	41
3	国家质量监督检验检疫总局	37
4	国家发展和改革委员会（1998 年至今）	33
	国家计划委员会（1952~1998 年）	
5	国务院	32
6	工业和信息化部	24
7	全国人民代表大会常务委员会	16
8	城乡建设环境保护部（1982~1984 年）	15
	国家环境保护局（1984~1998 年）	
	国家环境保护总局（1998~2008 年）	
	环境保护部（2008 年至今）	
9	国家机关事务管理局	12
10	科技部	12

续表

序号	政策颁布部门	政策颁布数量（项）
11	教育部	11
12	国家标准化管理委员会	9
13	商务部	9
14	国家新闻出版广电总局	9
15	中华全国总工会	9
16	共青团中央	9
17	交通运输部	9
18	国家税务局（1988~1993年） 国家税务总局（1993年至今）	8
19	农业部	8
20	国土资源部	5
21	国家能源局	5
22	中国人民银行	4
23	中国银行业监督管理委员会	3
24	人力资源和社会保障部	2
25	国家卫生和计划生育委员会	1
26	中国证券监督管理委员会	1
27	民政部	1
28	国家工商行政管理总局	1
29	公安部	1
30	国家认证认可监督管理委员会	1

数据来源：根据建筑节能政策样本统计数据库统计分析所得。

通过表3-6统计可以得出，现已有30个政府机构和职能部门参与到制定、颁布与实施建筑节能政策中。其中，住房和城乡建设部从1986~2015年，共颁布建筑节能政策189项（含单一发布及联合发布），由此看出，一直以来，住房和城乡建设部是中国建筑节能政策的制定者及重要的实施主体。同时，作为促进建筑节能发展的重要资源投入部门——财政部，颁布建筑节能政策数量仅次于住房与城乡建设部，位居第2。除此之外，国家质量监督检验检疫总局、国家发展和改革委员会、国务院、工业和信息化部、全国人民代表大会常务委员会、环境保护部等政策颁布机构的发文数量均比较多，分别为41项、37项、33项、32项、24项、16项、15项。

从建筑节能政策的颁布部门数量统计来看，虽然单一部门颁布实施4种不同建筑节能政策的数量比较多，占总量的66.43%，但是多部门联合颁布的建筑节能政策数量也高达96项，占政策颁发总数的33.57%，如表3-7所示。这体现了中国建筑节能政策的颁布实施，越来越注重不同部门之间的协同，多部门联合颁布建筑节能政策的形式越来越普遍。

表3-7 建筑节能政策颁布部门数量统计

政策类别 \ 部门个数	单一部门颁布	联合颁布 2 个部门	联合颁布 3 个部门	联合颁布 4 个部门	联合颁布 4 个部门以上
PI-A	103	36	1	0	2
PI-B	18	20	3	2	0
PI-C	67	15	6	1	10
PI-D	2	0	0	0	0
总计	190	71	10	3	12
占比（%）	66.43	24.83	3.50	1.05	4.20

数据来源：根据建筑节能政策样本统计数据库统计分析所得。

3. 建筑节能政策以直接型政策工具为主

1986~2015年，中国颁布实施的建筑节能政策，已覆盖了直接型政策工具（PI-A）、经济激励型政策工具（PI-B）、信息型政策工具（PI-C）、自愿协议型政策工具（PI-D）四种政策工具类型，如图3-4所示。

如表3-8所示，自1986年以来，中国建筑节能政策主要是以直接型政策工具（PI-A）和信息型政策工具（PI-C）为主，政策工具维度的量化得分分别为374.36和260.01，经济激励型政策工具（PI-B）也发展较快，量化得分为112.00，但是自愿协议型政策工具发展尚属于起步阶段，数量较少，量化得分仅为4.00。具体来说，从政策工具维度的量化结果来看，在直接型政策工具（PI-A）中，建筑节能相关标准、规范（PI-A_1），建筑节能行政性规章、制度（PI-A_2）等政策工具子类的具体化程度较高，并在所有政策工具子类的量化分数居前2位，量化分数远远超过其他子类，分别为217.01、140.68，这说明自1986年以来，中国政府部门颁布、实施并更新了一系列与建筑节能相关的法律、法规、

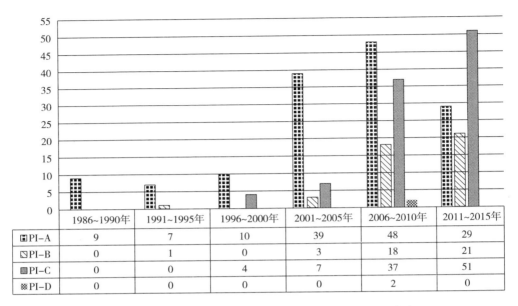

	1986~1990年	1991~1995年	1996~2000年	2001~2005年	2006~2010年	2011~2015年
PI-A	9	7	10	39	48	29
PI-B	0	1	0	3	18	21
PI-C	0	0	4	7	37	51
PI-D	0	0	0	0	2	0

图 3-4　1986~2015 年建筑节能不同类型政策工具数量统计

数据来源：根据建筑节能政策样本统计数据库统计分析所得。

部门规章以及与建筑节能相关标准、规范和技术导则，并由政府部门牵头实施了大量的行政性规定、制度。在经济激励型政策工具（PI-B）中，建筑节能项目、节能产品直接性补贴（$PI-B_1$），第三方贷款（$PI-B_4$），专项资金（$PI-B_7$）等政策工具子类的具体化程度较高，量化分别为 44.00、18.33、11.67，这说明中国政府为促进建筑节能的发展，一直在不断创新机制体制建设，加大财政投入，拓宽融资渠道，进行多样化的金融支持。在信息型政策工具（PI-C）中，建筑节能产品技术及服务示范（$PI-C_7$），建筑节能试点项目（$PI-C_6$）、教育与培训（$PI-C_5$）等政策工具子类的具体化程度相对较高，量化得分分别为 272.33、57.01、36.00，表明中国在推进建筑节能发展过程中，侧重建筑节能新技术、新产品、新方法推广示范，并在多地推广落实不同类型的建筑节能试点项目，强调对建筑节能科普教育、技术培训、业务咨询等工作。然而，在自愿协议型政策工具（PI-D）中，现有政策数量及政策工具的具化程度均很低，仅在政府与建筑材料生产商之间有所涉及，但现有出台的文件的具体化程度仍较低。针对政府与开发商之间，政府与公共建筑、商业建筑之间，政府与民用住宅建筑之间进行实施节能自愿协议，发展还不够成熟，还未形成正式的政策性文件，应当作为未来中国创新和改进建筑节能政策工具的重要关注方向。

表 3-8　1986~2015 年建筑节能政策工具量化分数统计（I 维度）

政策工具类型			政策工具子类	子类量化得分	类型量化得分
PI-A	直接型	PI-A$_1$	建筑节能相关标准、规范	217.01	374.36
		PI-A$_2$	建筑节能行政性规章、制度	140.68	
		PI-A$_3$	与建筑相关最低能效标准	16.67	
PI-B	经济激励型	PI-B$_1$	建筑节能项目、节能产品直接性补贴	44.00	112.00
		PI-B$_2$	税收政策	24.33	
		PI-B$_3$	融资担保	4.33	
		PI-B$_4$	第三方贷款	18.33	
		PI-B$_5$	降低贷款利率	0.00	
		PI-B$_6$	大宗产品采购	4.00	
		PI-B$_7$	专项资金	11.67	
		PI-B$_8$	技术采购	2.67	
		PI-B$_9$	可交易节能证书制度	2.67	
PI-C	信息型	PI-C$_1$	一般信息政策	13.33	260.01
		PI-C$_2$	建筑节能性能标识认证	32.34	
		PI-C$_3$	信息中心	25.00	
		PI-C$_4$	能耗审计	24.00	
		PI-C$_5$	教育与培训	36.00	
		PI-C$_6$	建筑节能试点项目	57.01	
		PI-C$_7$	建筑节能产品技术及服务示范	72.33	
PI-D	自愿协议型	PI-D$_1$	政府与开发商之间	0.00	4.00
		PI-D$_2$	政府与公共建筑之间	0.00	
		PI-D$_3$	政府与居民住宅建筑之间	0.00	
		PI-D$_4$	政府与建筑材料生产商之间	4.00	

数据来源：根据建筑节能政策样本统计数据库统计分析所得。

4. 政策目标侧重管理能力和产出能力

如表 3-9 所示，自 1986 年以来，中国建筑节能政策目标在投入能力、资源配置能力、支撑能力、管理能力、产出能力五个方面均有所体现，但数据显示，政策目标主要集中在管理能力的提升，这项政策目标的量化得分为 551.02，表明中国建筑节能政策供给，主要强调通过法律、行政法规、部门规章、标准规范、财政税收等某项管理手段或多种管理手段，从行政许可、税收、金融、价费等方面，大力促进建筑节能管理能力的提升，营造公平、有效的竞争环境和竞争条件。同时，中国政府也非常注重对建筑节能产出能力的提升，这项政策目标的量化得分为369.35，这说明中国政府强调提升建筑节能政策的执行效果，通过建立多项各种类型的与建筑节能相关的试点项目、示范项目、试点城市等，强调建筑节能的知识创新、技术创新、产品创新、服务创新等，促进建筑节能产业发展。促进建筑节能资源配置能力提升这一政策目标的明确性也比较高，量化得分为349.69，在一定程度上反映了中国政府越来越重视建筑节能领域资源优化配置，大力推动产学研共同合作，发挥行业协会作用，大力支持建筑节能技术的研发与推广，大力推广建筑节能相关的新技术、新设备、新产品、新方法。但是可以看出，促进建筑节能投入能力提升、支撑能力提升的政策目标明确度相对较低，量化得分分别为319.32，121.66，这说明虽然近年来，中国政府已经加大了人力资源、财力资源和物质资源等投入，大力推进节能技术改造，提高能源利用效率，推动资源综合利用，但是对各种资源的投入能力还亟待提升。对于支撑能力提升的政策目标明确度偏低，则表明中国建筑节能市场的基础设施环境建设还不够完善，建筑节能市场中介服务体系还存在空白，培育建筑节能市场的金融环境还不够灵活有效，建筑节能市场环境还不够活跃，因此，强调建筑节能支撑能力的提升，应成为未来中国建筑节能政策优化的发展方向和重要趋势。

表3-9　1986~2015年建筑节能政策目标量化分数统计（O维度）

政策目标	量化得分				
	PI-A	PI-B	PI-C	PI-D	PI总计
促进建筑节能投入能力提升	164.32	73.33	79.67	2.00	319.32
促进建筑节能资源配置能力提升	267.36	4.00	78.33	0.00	349.69
促进建筑节能支撑能力提升	76.99	39.00	3.00	2.67	121.66
促进建筑节能管理能力提升	316.32	76.34	156.35	2.00	551.02
促进建筑节能产出能力提升	200.67	53.34	114.01	1.33	369.35
总能力提升	1025.68	246.02	431.36	8.00	1711.06
总能力提升（平均值）	205.13	49.20	86.26	1.60	342.19

注：研究人员对建筑节能政策就政策目标O维度量化打分时，按照5个不同能力提升目标进行赋分，每个目标满分为5分，为与政策工具I维度、政策力度S维度分数统一，研究人员取5方面能力的平均值作为政策目标O维度的最终值。

数据来源：根据建筑节能政策样本统计数据库统计分析所得。

5. 政策缺乏强制性

如图 3-5 所示，自 1986 年以来，中国建筑节能政策从政策数量上、政策力度上来看，均表示出直线增长的态势。然而，从建筑节能政策类型分布来看（见表 3-10），其中，国家各部委颁布的意见、办法、方案、指南、暂行规定、细则、条件、标准、规范这一政策类型数量最多，达 187 项，占政策总体数量的 65.38%；全国人大及其常务委员会颁布的法律，国务院颁布的条例、指令、规定，国家各部委的命令这两项政策力度较高的政策类型，数量偏少，分别有 16 项、8 项，占比为 5.59%、2.80%，同时数据显示，中国现阶段并未在建筑节能领域进行专项立法，这一结果充分说明了中国建筑节能政策缺乏强制性。当然，这种现象也表明了中国政府对立法工作的重视与慎重，严谨对待针对新兴领域的立法工作。通过近 30 年的发展，针对建筑节能领域，中国政府还主要依靠试行或者试验方式积极推进建筑节能工作，不断地通过设立示范项目、试点城市及优先推广地区，采用鼓励、劝诫、引导等较为温和的方式，推动建筑节能的发展。但这种方式在节能政策实际落实推进的过程中，容易出现实施效果不明显，政策绩效差等情况发生，使得政策作用受到不同程度的削弱。

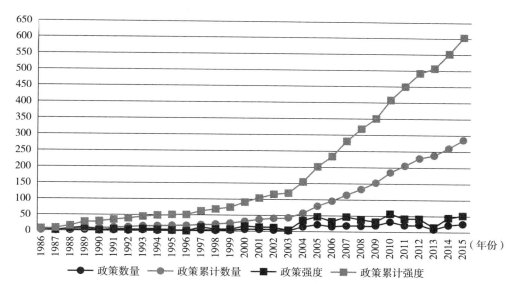

图 3-5　1986～2015 年建筑节能政策力度量化统计趋势（S 维度）

数据来源：根据建筑节能政策样本统计数据库统计分析所得。

表 3-10　建筑节能政策类型统计

政策类型	政策数量（项）
全国人大及其常务委员会颁布的法律	16
国务院颁布的条例、指令、规定，国家各部委的命令	8
国务院颁布的暂行条例和规定、方案、决定、意见、办法、标准，国家各部委颁布的条例、规定、决定	20
国家各部委颁布的意见、办法、方案、指南、暂行规定、细则、条件、标准、规范	187
国家各部委通知、公告、规划	55

数据来源：根据建筑节能政策样本统计数据库分析所得。

第五节　建筑节能政策体系的演进历程

　　从上述对建筑节能政策的供给特征分析可以看出，中国自 1986 年以来建筑节能政策的演进表现出较为明显的阶段性划分，在一定程度上反映出中国建筑节能事业阶段性发展的进程。

　　本书从建筑节能政策颁布实施的背景出发，针对中国建筑节能政策的发展阶段划分，按照梳理出的 1986~2015 年建筑节能政策量化分析结果，根据建筑节能政策的集聚特征和发展重点，将中国建筑节能政策的演进历程划分为 4 个阶段，即第一阶段为建筑节能研究准备阶段（1980~1985 年）；第二阶段为建筑节能试点示范阶段（1986~1992 年）；第三阶段为建筑节能体制建立、研发投入阶段（1993~2005 年）；第四阶段为建筑节能体制完善、成果转化阶段（2006 年至今）。本书重点研究了自 1986~2015 年，建筑节能政策体系发展演进历程，因此，后文将着重阐述建筑节能政策发展的 "1986~1992 年" "1993~2005 年" "2006 年至今" 这 3 个阶段的演进历程。根据上述梳理的建筑节能政策发展情况，这 3 个阶段颁布政策的不同维度量化指标统计结果，如表 3-11 所示。

表3-11　不同演进阶段的建筑节能政策I-O-S维度量化得分

政策 I-O-S 维度			量化得分		
			第二阶段	第三阶段	第四阶段
			1986~1992年	1993~2005年	2006~2015年
政策工具（I维度）	直接型政策工具	PI-A	3.29	9.74	22.47
	经济激励型政策工具	PI-B	0.29	0.59	10.23
	信息型政策工具	PI-C	0.00	2.03	23.37
	自愿协议型政策工具	PI-D	0.00	0.00	0.40
政策目标（O维度）	投入能力		1.71	5.36	23.77
	资源配置能力		2.29	7.21	24.00
	支撑能力		1.05	1.69	9.23
	管理能力		2.76	9.23	41.17
	产出能力		1.48	5.54	28.70
	5种能力均值		1.86	5.81	25.37
政策力度（S维度）			5.86	12.54	39.80

注：政策工具（I维度）、政策目标（O维度）、政策力度（S维度）的量化得分为每年的量化平均得分。
数据来源：建筑节能政策样本统计数据库。

一、研究准备阶段

中国建筑节能政策的发展起步于20世纪80年代初。从20世纪80年代起，中国政府开始逐渐重视在建筑领域的节能工作。这一阶段的工作重点主要集中在对民用建筑用能进行调查，对建筑节能所涉及的技术和方法进行研究并制定相应的标准及规范。但在这一阶段，建筑节能政策仅处在研究、制定及论证的时期，并未正式出台任何政策。

二、试点示范阶段

1986年，中国颁布第一部建筑节能设计标准——《民用建筑节能设计标准（采暖居住建筑部分）》（JGJ 26-86），并且提出了建筑节能30%的目标。自此，中国建筑节能工作进入了试点示范阶段，这一阶段的工作重点主要是通过"以点（两个试点城市）带面（8个省份）"推广新型墙体材料和节能建筑。如表3-11所示，这一阶段建筑节能政策工具以直接型政策工具为主，平均每年的量化得分为3.29，政策数量还相对偏少；政策目标上，主要侧重于管理能力（量化得分2.76）、资源配置能力（量化得分为2.29）；政策力度（量化得分为5.86）仍处于相对较低的程度。

三、体制建立及研发投入阶段

从1993年开始，中国建筑节能工作的重点主要集中在建立建筑节能的法制、行政、技术支持体系。在此期间，中国建筑部成立了建筑节能办公室、建筑节能中心等行政管理机构，针对建筑节能工作有组织、有计划地推进建筑节能政策。例如，1997年，颁布了《中华人民共和国节约能源法》，以法律形式明确了节约能源，提高能源利用效率，及保护改善环境的重要性；2005年，颁布了《可再生能源法》，为可再生能源在建筑节能中的应用，提供了法律保障及政策支持。1999年，中国政府颁布了《民用建筑节能管理规定》（建设部令第76号），首次对建设项目的审批、设计、施工、工程质量监督、竣工验收和物业管理等相关责任人主体的职责界定、违规处罚形式，作出明确规定。同时，进一步修订、制定及完善了建筑节能相关的标准、规范。1995年修订了《民用建筑节能设计标准（采暖居住建筑部分）》（JGJ 26-95），把建筑节能目标提升到50%；2001年颁布了《夏热冬冷地区居住建筑节能设计标准》（JGJ 134-2001）；2003年颁布了《夏热冬暖地区居住建筑节能设计标准》（JGJ 75-2003），提出该地区的新建居住建筑的采暖空调能耗要达到节能50%的目标；2005年颁布《公共建筑节能设计标准》，同样提出在公共建筑中提升节能50%的目标。并且，2005年，建设部首次在全国范围内针对建筑领域组织了节能减排专项监督检查。如表3-11所示，这一阶段建筑节能政策工具仍以直接型政策工具为主，平均每年的量化得分为9.74，政策数量相较于前一阶段已有一定程度的增加；政策目标上，仍然主要侧重于管理能力（量化得分9.23）、资源配置能力（量化得分7.21），相较于前一阶段也有了一定的提升；政策力度量化得分也提升至12.54，说明这一阶段平均每年的政策力度也在缓步提升。

四、体制完善及成果转化阶段

自2006年起，中国建筑节能工作进入体制完善、成果转化阶段，该阶段的工作重点是完善现有的建筑节能法制、行政、技术及管理体系，推行建筑节能标准的实施和既有建筑的节能改造，以及推广绿色建筑和可再生能源建筑在建筑节能中的应用。

2007 年，重新修订了《节约能源法》，并在 2008 年颁布的《民用建筑节能条例》《公共机构节能条例》中，对《节约能源法》关于建筑节能的条款进行具体阐述及实施指导。并且中国政府出台了多项与建筑节能相关的目标规划，如国务院 2007 年出台《关于印发节能减排综合性工作方案的通知》，明确指出，"十一五"期间节能减排的任务中涵盖了包括完成北方采暖地区既有居住建筑的 1.5 亿平方米的节能改造任务；2011 年，国务院发布的《"十二五"节能减排综合性工作方案》中指出，到 2015 年，北方采暖地区既有居住建筑供热计量和节能改造 4 亿平方米以上，夏热冬冷地区既有居住建筑节能改造 5000 万平方米；2012 年，住建部出台了《"十二五"建筑节能专项规划》，明确了中国到"十二五"末，建筑节能新增 1.6 亿 tce 节能能力。2007 年开始推行建立的"民用建筑能耗统计报表制度"，开始在全国 23 个城市范围内试行民用建筑能耗统计工作，在之后又拓展到全国各个省份。2007 年，中国政府出台《关于建立政府强制采购节能产品制度的通知》，建立政府强制采购各类节能产品制度。同时，建筑节能标准、规范工作也有很大进展。2007 年，颁布实施了《建筑节能工程施工质量验收规范》（GB 50411-2007），这是中国第一部以达到建筑节能设计要求为目标的施工质量验收规范。2009 年，颁布实施了《公共建筑节能检测标准》（JGJ/T 177-2009）、《居住建筑节能标准》（JGJ/T 132-2009）；2010 年，重新修订了《严寒和寒冷地区居住建筑节能设计标准》（JGJ 26-2010）、《夏热冬冷地区居住建筑节能设计标准》（JGJ 134-2010），前者节能目标提升至 65%。在 2012~2015 年，又陆续推出了《农村居住建设节能设计标准》（GB/T 50824-2013）、绿色工业建筑评价标准（GB/T 50878-2013）、绿色办公建筑评价标准（GB/T 50908-2013），及《被动式超低能耗绿色建筑技术导则（试行）（居住建筑）》《绿色数据中心建筑评价技术细则》等不同建筑类型的建筑节能标准、规范及技术导则。通过梳理可以发现，在此期间，中国政府针对建筑节能领域的能效交易制度、自愿协议制度及特许经营制度都有尝试，并逐步进行试点试验。

如表 3-11 所示，这一阶段建筑节能政策呈现蓬勃发展的态势，政策数量激增，政策工具不再以直接型政策工具为主，而是 4 种类型政策工具均有所发展，信息型政策工具（量化得分为 23.37），超过直接型政策工具（量化得分为 22.47），成为这一时期最主要的政策工具。在这一时期内，颁布出台的建筑节能政策的政策目标明确性，较之于前一时期，有了较大提高，管理能力的明确性依旧最高，平均每年的量化得分为 41.70，并且产出能力（28.70）、资源配置能力（24.00）、投入能力（23.77）的政策目标明确性也有很大发展，但是支撑能力（9.23）方面的政策明确性需要提升。政策力度量化得分也进一步提升至 39.8，说明这一阶段平均每年的政策力度也在逐步提升。

根据以上针对建筑节能政策发展阶段的剖析，可以刻画出中国建筑节能政策的演进历程，如图 3-6 所示。中国建筑节能政策经历了从研究准备，到试点示范，再到体制建立及研发投入，最后到体制完善及成果转化的过程，这实质上演绎了中国逐步建立并完善建筑节能政策体系的过程。在政策工具和政策目标上，尽管每个时期政策工具、政策目标的侧重点不同，但是政策工具的具体化程度、政策目标的明确性程度，都随着建筑节能政策的不断发展逐年增加。在政策力度方面，虽然中国针对建筑节能专项领域的立法还不多，但也不断出台了一些管理条例、行政性规章，并且随着中国建筑节能工作的深入与推进，政策力度也不断深化、加强。

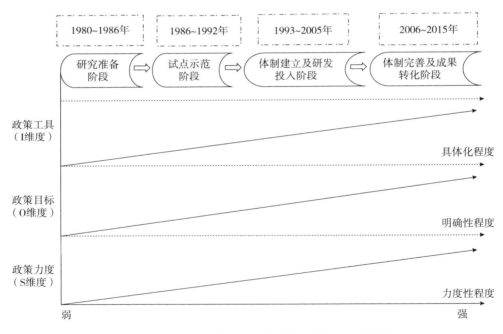

图 3-6　1986~2015 年中国建筑节能政策体系演进历程

第四章 建筑节能政策体系节能效果评价

节能减排政策主要用于解决资源匮乏、能源稀缺导致的环境外部性问题。通过上一章对 1986~2015 年中国建筑节能政策的供给特征评价及演进历程分析，我们可以发现，自 20 世纪 80 年代起，中国逐渐重视建筑领域的节能工作，颁布实施了一系列法律法规、行政性规章制度、标准规范，多种类型经济激励措施，多样化的建筑节能试点示范项目。这些建筑节能政策的贯彻落实，对合理引导中国、合理引导企业、加快淘汰落后产能、促进产业转型、实现清洁生产、改变消费者的用能行为和消费习惯、减缓温室气体排放、提高建筑领域的能源效率，起到了重要作用。

如何客观有效、系统科学地对建筑节能政策的节能效果进行分析与评价，并及时发现政策执行过程中存在的问题，是中国完善建筑节能政策体系过程中的重要一环。做到上述两点，对今后中国建筑节能政策的制定、实施及改进具有重要意义。

第一节 政策实施效果测算方法概述

一、传统政策效果评价方法

在政策效果评价研究领域，国内外学者在不同领域已经取得许多研究成果。Schlegelmilch（2000）采用一般线性模型针对不同行业的能源税征收对能源价格及节能投资的影响进行分析。国际能源署（2004）从能源供给需求、贸易、投资及碳排放四个方面，运用"世界能源模型"模拟计算了不同条件限定下，政策方案所产生的政策表现及对技术进步的影响。Wei 和 Lee（2009）采用联合国能源环境评价中心提出的 GACMO 模型对中国台湾现行减排政策进行实证研究，分析评价了不同减排政策方案的成本和绩效。Li 等（2011）通过 5 个主要指标评价中国电力行业节能减排政策实施效果，发现中国与发达国家存在的差距。Charlier 等（2012）通过比较所得税、补贴、红利这三种环境政策方案对房地产市场的作用效果，以及对法国现行房地产市场进行实证研究，发现现行政策虽然有效，但存在诸多问题。戴雪芝等（2007）建立了建筑节能经济激励政策多指标综合评价体系，通过建立层次分析法和属性数学原理模型对激励政策效益进行了量化分析。马岩和杨永会（2010）借鉴美国节能环保住宅评价指标体系，评价分析中国节能环保住宅发展现状。韩青苗等（2010）运用属性集和属性测度理论，建立多指标综合评价模型，对中国现行建筑节能经济激励政策实施效果进行评价。杨茂盛和闫晓燕（2012）构建了住宅建筑节能效果评价物元可拓模型，并以西安为例进行了实证研究。

上述文献主要是针对节能减排领域各项财政补贴、税收、能源政策等政策本身及其对社会经济发展产生的影响进行评价，但对中国近年来颁布的建筑节能政策体系的实施效果进行测算分析还不多，且大多文献都是基于评价指标体系，借助因子分析法、节能绩效指数法、密切值法、模糊综合评价法、多目标决策分析法等对建筑节能政策及其实施效果进行分析。但由于建筑领域能耗数据收集难度大，统计数据较为有限，这些政策效果评价方法大多都建立在定性分析及主观假设的基础上。因此，本书拟从效率视角出发，从定量角度对中国建筑节能政策体系的节能效果进行评价分析。

二、有无对比法

世界银行研究人员林恩·斯奈尔和赫尔曼·G.范德塔克在 1985 年提出，"一个项目的实现是资源投入的结果，实施项目就意味着投入供给的减少，产品或劳务的供给增加。一个项目存在与否，从社会环境层面来看，将会影响到国家其余地方的投入与产出表现"。因此，识别项目费用和效益的基本方法，为考察在"有"或者"无"的现实条件下投入和产出可用量的差别。上述内容是针对有无对比法的最初表述，该表述强调项目评价应该从"有"项目和"无"项目两种情况分析投入与产出的差别。有无分析法，也叫增量净收益法，是指通过"有项目"与"无项目"不同情况下成本（效益）比较，求得二者之间的差额，即增量成本（效益），如图 4-1 所示。

现阶段，有无对比法在铁路、公路、水运等大型基础设施建设项目的国民经济评价中得到了广泛应用。例如，学者王英、刘思峰（2007）在有无对比法

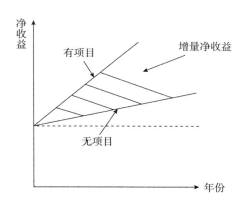

图4-1 项目增量净效益示意图

的基础上引入运输弹性系数概念，对连徐高速公路对于周边地区经济增长的贡献进行实证研究。肖雁飞等（2013）选取武广高铁对湖南生产性服务业发展影响主要指标，运用灰色预测与有无对比法计算项目各主要指标的贡献率。汪建丰和李志刚（2014）运用有无对比法实证分析了沪杭高铁对沿线区域经济发展的影响机理与作用。郑晓云和胡金玉（2014）分析公路运用中燃油消费的影响因素，运用有无对比法对重庆市渝南大道 A 段工程节能效果进行实证研究。

  由于该方法在项目实践层面的成功运用与逐渐推广，公共管理领域的专家学者也开始借鉴该思想及理论对公共政策的实施效果进行评价。例如，朱建军等（2010）运用有无对比法思想，基于灰色 GM（1，1）预测模型从标准煤数量节约角度测算了全社会节能量，研究了节能政策对社会节能效果的贡献度问题。李琳娜（2014）基于有无对比法建立低碳交通运输政策节能效果评价计量模型，对中国现行低碳交通运输政策进行实证研究。基于上述研究成果，本书也拟借鉴有无对比法思想，对中国建筑节能政策实施效果进行评价。

三、倍差法

  倍差法（Difference in Difference，DID），主要是通过模拟自然科学中常见的自然实验（Natural Experiment）或者准实验（Quasi-experiment），这类科学实验是通过设定实验对照组，控制相关变量，并用考察组分析解释变量的具体表现，以解释实验对象的影响作用（Breed，1995）。

  由于倍差法简单可行、逻辑清晰、易于操作，因此在社会科学领域中有着广泛应用。通过文献梳理可以发现，这一方法常被用于政策效果评估，例如金融机制改革、产业政策调整、灾后重建、房地产市场调控等领域。赵岔和孙文凯（2010）利用全国农村固定观察点农户调查数据，利用倍差法研究中国 2003 年开始实施的农信社改革对改善金融支农的政策效应。魏艺明和姚博（2016）选取2007 年 7 月退税率调低政策事件作为实验环境，基于倍差法研究出口退税率降低对贸易商品增长率的影响。陈钊等（2015）基于 1998~2007 年中国工业企业微观数据，运用倍差法考察了国家级出口加工区针对主导产业的扶持政策的有效性。邓柏峻等（2014）基于 38 个房产限购城市与 17 个未限购城市 2008~2013年房地产市场数据，进行倍差法估计，探讨了房地产限购政策对房价调控效果。张文彬等（2015）将四川省 45 个受灾县划分为实验组，其余 93 个县划分为控制组，采用倍差法对汶川重建政策效果进行评价。由于自然现象和环境变化具有随机性，该方法在环境经济学、环境政策学等相关研究领域应用非常广泛。张俊（2016）使用倍差法考察了可再生能源政策对清洁发电技术的影响作用。包群等（2013）采用倍差法，基于 1990 年以来中国各省份地方人大通过颁布的 84 份环保立法政策文本，考察中国地方环境立法监管的实际效果。汤韵和梁若冰（2012）通过面板数据倍差法回归，分析了中国设立酸雨污染和二氧化硫污染控制区政策，以及城市二氧化硫排放与经济增长的影响作用。申萌（2016）通过倾向得分匹配和倍差法等考察了 2006~2008 年受到节能减排规制作用的企业的经济变化状况，指出政策波动性和政策机制设计是可能造成政策对产业经济促进效果不显著的原因。

四、灰色系统理论及其模型

灰色系统理论（Grey Theory）是中国华中理工大学邓聚龙教授 1978 年提出的，以"部分信息已知，部分信息未知或不确定"的"少数据""贫信息"的灰系统为研究对象，将一切随机过程看作与时间有关，在一定范围内变化的灰色过程，从中提取有价值的确定性信息，准确描述和有效监控被调查系统的运行行为及其演化规律，以处理这些系统中有可能存在的"贫信息"问题。该理论结合控制论与运筹学等学科，将控制论的观点及方法延伸到社会系统、经济系统，是一门渗透性强、应用面广的新兴横断学科。目前该理论已被广泛应用于经济、农业、工业等众多领域。

灰色系统模型的一般形式是 GM（n，h），其中 n 代表模型建立的微分方程的阶数，h 代表变量个数。当 $n \geq 2$ 时，其模型内涵可能更加丰富，但计算难度随之加大，特征方程求解也比较困难，难以保证最后计算结果的精度，因此一般建立一阶 GM 模型，取 $n = 1$。当 $n = 1$ 时，按照 h 取值不同，可以 GM 模型分成三类，即：GM（1，1）预测模型，GM（1，h）状态模型，静态模型 GM（0，h）。GM（1，1）灰色预测，是指构建一个变量的一阶方程灰色模型，通过定义适当算子，建立灰色模型，以微分方程作为描述形式，表述灰色信息系统发展的连续过程，预测被检测系统的发展趋势，揭示数据集合所具备的潜在规律。现阶段常见的一般预测方法，例如趋势预测、德尔菲法、指数平滑法、马尔科夫模型预测、最小方差预测等，均需要立足于大量历史数据，通过概率外推、函数外推、经验外推等方法，达到预测未来发展趋势的目的。而 GM（1，1）灰色预测模型最主要的特点在于，所需要的样本数据少、预测精准度高且能够被修正，适用于针对某些领域中存在"少数据""贫信息"的情况。

因此，该方法一直被广泛运用于社会科学、未来趋势预测等研究中。例如，张振华（2015）构建灰色 GM（1，1）模型灰色预测系统进行人口老龄化数据趋势研究。于晗（2015）基于灰色预测模型预测中国 2014~2018 年产业结构和就业结构演进趋势。王建玲等（2010）运用灰色 GM（1，1）模型预测苏州市科技人才供给量，并给予相应的政策建议。唐云松和张胥（2011）基于灰色关联度模型对长沙市保障性住房规模影响因素进行实证研究。而且，近年来学者们在针对全社会节能减排这一问题的研究中，大量使用该方法针对能源消耗量、二氧化碳排放量进行预测分析。高新才、仵雁鹏（2009）基于灰色预测和多项式曲线趋势外推建立中国未来能源消费量组合预测模型，并对中国 2007~2011 年能源消费量进行预测。朱建军等（2009）构建了 GM（1，1）节能政策能源节约量测度模型，并针对中国近年来主要节能政策实施效果进行测算。张诚等（2015）从能源消耗角度测算中国 30 个省份 2004~2012 年省域物流业碳足迹，并引入灰色预测模型对碳强度和能耗消耗强度进行实证研究。申笑颜（2010）基于灰色 GM（1，1）模型预测方法对中国碳排放 2010~2015 年可能量进行预测。杨克磊和张振宇（2014）基于改进 GM（1，1）模型选对天津市碳排放量进行中短期预测，并提出低碳经济发展的对策。朱金亮等（2011）运用生态足迹模型及灰色预测模型对河北省 2001~2007 年生态足迹进行动态研究，探讨影响生态足迹变化的主要驱动因素。陈雨欣等（2016）运用可拓展的随机性环境影响评估模型和灰色预测模型，对中国 30 个省份建筑业的直接及间接碳排放量进行预测。

第二节 基于倍差法的政策群节能效果测算模型

一、测算模型构建思路

由第三章建筑节能政策体系演进过程研究可以看出，中国从 1986 年起针对建筑节能产业领域颁布实施了多达 286 项节能政策措施。本书希望从效率视角针对建筑节能政策体系的节能效果进行定量分析。但是，中国建筑领域现行节能政策之间相互影响，共同作用，对中国建筑领域的节能效果起到综合作用，很难将单个具体节能政策进行剥离，针对单一政策的节能效果进行区分测算。

虽然建筑节能政策存在出现时间短、相对较微观、产业针对性强、具有效应叠加性强等特点，但是这些节能政策均是围绕中国应对气候变化战略、低碳经济、节能减排等宏观政策基础上不断发展而来的。因此，本书在综合考虑建筑节能政策节能效果、社会效应的基础上，综合测算中国建筑节能政策体系中不同阶段建筑节能政策群的节能综合效果。

由于建筑节能政策是在经济环境、社会环境及产业市场发展水平等背景上提出的，基于建筑领域原有运行状态及表现上，通过节能政策的实施，干预、限制、惩罚建筑领域能源过度消耗，引导、鼓励、支持建筑节能产业发展，从而增加节能政策对建筑行业能源消耗的影响作用，使得建筑领域能源消耗发展趋势发生变化。因此，本书将借鉴有无对比法思想，如图 4-2 所示，通过倍差法和灰色预测方法，通过比较衡量指标的变化程度，综合评价建筑节能政策的实施效果。政策实施效果具体测算思路为：首先，将建筑节能政策演进历程中的不同期间作为一个政策群，定义成一个评价时间单元，将没有实施这一政策群情况下的测算指标表现定义为"无政策状态"表现，实施这一政策群情况下的测算指标表现定义为"有政策状态"表现；其次，比较"无政策状态"与"有政策状态"之间测算指标的变化程度，从而得出建筑节能政策群实施效果表现，即可得到建筑节能政策实施效果评价结果。

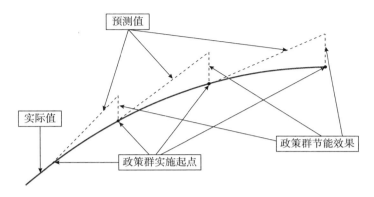

图 4-2 使用"有无对比法"分析政策实施效果示意图

二、政策群节能效果测算模型构建

采用 DID 倍差法进行建筑节能效果测算模型构建，建模主要思路概括如下：为测算某政策实施效果，选择若干政策作用对象作为调查样本，将该样本分成"考察组"（ET_1，Experiment Team 1，政策群作用对象）、"对照组"（ET_2，Experiment Team 2，政策群未作用对象）。通过建筑节能政策的实施并产生作用后，进行节能效果测算的测量指标将发生变化。设置虚拟变量 p，$\begin{cases} p=1, & \text{考察组} \\ p=0, & \text{对照组} \end{cases}$；设虚拟变量 t，$\begin{cases} p=1, & \text{考察组} \\ p=0, & \text{对照组} \end{cases}$，该变量表示样本数据是否来自政策作用后的时期。

设 Y_{it} 表示第 i 样本数据 t 时期的能耗指标，$i=1, 2, \cdots, n$，$t \in \{0, 1\}$，n 为样本大小，X_{it} 表示除被考察政策外影响节能效果 Y 的指标，ε 为某些无法观测的因素，则有公式（4-1）成立：

$$Y_{it} = \alpha_0 + \alpha_1 t + \delta p_i + \gamma t p_i + \beta X_{it} + \varepsilon_{it} \tag{4-1}$$

其中，α_0，α_1，β，δ，γ 为回归系数。

对于考察组，式（4-1）中 $p=1$，在政策群作用前后，即虚拟变量 t，当 $\begin{cases} t=1 \\ t=0 \end{cases}$ 时，则：

$$\begin{cases} t=0, & Y_{it} = \alpha_0 + \delta + \beta X_{it} + \varepsilon_{it} \\ t=1, & Y_{it} = \alpha_0 + \alpha_1 + \delta + \gamma + \beta X_{it} + \varepsilon_{it} \end{cases}$$

可得：
$$\Delta Y_{it} \mid _{p=1} = \alpha_1 + \gamma \qquad (4-2)$$

对于对照组，式（4-1）中 $p=0$，在政策群作用前后，即虚拟变量 t，当 $\begin{cases} t=1 \\ t=0 \end{cases}$ 时，则：

$$\begin{cases} t=0, \ Y_{it} = \alpha_0 + \beta X_{it} + \varepsilon_{it} \\ t=1, \ Y_{it} = \alpha_0 + \alpha_1 + \beta X_{it} + \varepsilon_{it} \end{cases}$$

可得：
$$\Delta Y_{it} \mid _{p=0} = \alpha_1 \qquad (4-3)$$

因此，政策对考察组的净作用，应为式（4-2）与式（4-3）的差值，即式（4-4），记为 ΔY。

$$\Delta Y_{it} \mid _{p=1} - \Delta Y_{it} \mid _{p=0} = \gamma \qquad (4-4)$$

因此，只要测算出 γ，即能得到政策实施对考察组的效果，基于被考察样本的特点，式（4-1）中通过调研得到的数据有：

（1）针对建筑节能政策而言，因为本书研究的政策界定为国家层面出台的各项政策，即 $p=1$。

（2）某被考察样本在特定时间点的节能效果测算指标值 Y_{it}，对于 Y_{it}，能够方便的确定 t 的取值。

（3）对于某实体来说，还需要确定影响节能效果测算指标值 Y_{it} 的作用因素，通过调查可以得到 X_{it} 应为政策作用实体的若干属性，即为 Y_{it} 的影响因素。

（4）由于本书关注的节能政策实施效果是国家层面出台的各项节能政策，一般是全国范围内执行实施的，故难以选择对照组，即无法选定未收到建筑节能政策作用的样本，因此无法确定对照组在建筑节能政策实施前后的 Y_{it}，这是本研究运用倍差法进行政策节能效果测算的难点所在。因此，根据建筑节能政策节能效果测算思路，本书采用的解决方案为，将基于某样本在政策群实施前的数据，通过灰色预测模型确定其在 $t=1$ 时的 Y_{it} 取值，把其定义为对照组（即无政策群作用状态）在 $t=1$ 时节能效果测算指标值，该方案示意如图 4-3 所示。

三、政策群未作用状态下测算指标预测模型构建

基于上述分析，可以知道，灰色预测模型是通过发现掌握被考察系统变化规律，从其未来发展状态进行科学的定量预测。该测算模型的构建机理可以表述为：①对含有误差影响的、呈现无规律离散状态的原始数据，进行累加处理，强

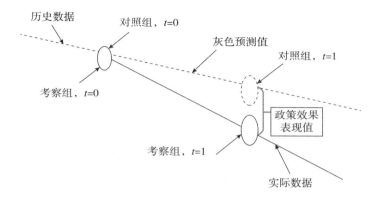

图 4-3 确定政策实施效果对照组思路示意图

化其规律性；②构建微分方程形式的灰色模型；③对所构建的模型计算值进行逆运算，把数据还原生成，求得预测值。因此，本书选取了常被用于数列预测的GM（1，1）灰色预测模型，对政策群未作用的对照组测算指标进行预测。

其中 GM（1，1）测算模型构建具体步骤如下：

1. 原始数列处理

设原始序列 $x^{(0)} = [x^{(0)}(1)，x^{(0)}(2)，\cdots，x^{(0)}(n)]$，在建立灰色预测模型前，对原始数据进行预处理，弱化原始序列的随机性和波动性。通常采用对上述序列 $x^{(0)}$ 进行一次累加生成的处理方式，即 1-AGO（Accumulating Generation Operator），记生成序列，即式（4-5）：

$$x^{(1)} = [x^1(1)，x^1(2)，\cdots，x^1(n)] \tag{4-5}$$
$$= [x^{(0)}(1)，x^1(1) + x^{(0)}(2)，\cdots，x^{(1)}(n-1) + x^{(0)}(n)]$$

2. 构建 GM（1，1）测算模型

（1）式（4-6）为 GM（1，1）的原始形式，该测算模型是由一个包含单变量的一阶微分方程构成的动态模型：

$$x^{(0)}(k) + az^{(1)}(k) = b \quad (k = 1，2，3，\cdots，n) \tag{4-6}$$

对 μ 作紧邻均值生成序列 $z^{(1)}$，即式（4-7）：

$$z^{(1)}(k) = \frac{1}{2}[x^{(1)}(k) - x^{(1)}(k-1)] \quad (k = 1，2，3，\cdots，n) \tag{4-7}$$

$$z^{(1)}(k) = [z^{(1)}(2)，z^{(1)}(3)，\cdots，z^{(1)}(n)] \quad (k = 1，2，3，\cdots，n) \tag{4-8}$$

（2）计算微分方程参数（a，b）。

$$\frac{dx^{(1)}}{dt} + ax^{(1)} = b \tag{4-9}$$

灰色预测是根据微分方程（4-9）的解建立的关于时间 t 的白化响应函数。其中 a 称为发展灰数，b 称为内生控制灰数，a 的有效区间是（-2，2）。通过这样的处理，可以使原来灰色信息变为白色信息。

应用最小二乘法对参数列 $\hat{a} = [a, b]^T = (B^T B)^{-1} B^T Y$ 求解可得：

$$\hat{a} = (a, b)^T = (B^T B)^{-1} \cdot B^T \cdot Y_n \tag{4-10}$$

其中，$B = \begin{pmatrix} -\frac{1}{2}[x^{(1)}(1) + x^{(1)}(2)], & 1 \\ -\frac{1}{2}[x^{(1)}(2) + x^{(1)}(3)], & 1 \\ \vdots \\ -\frac{1}{2}[x^{(1)}(n-1) + x^{(1)}(n)], & 1 \end{pmatrix}$，$Y_n = [x^{(0)}(2), x^{(0)}(3), \cdots, x^{(0)}(n)]^T$。

（3）确定 GM（1，1）模型时间响应函数为：

$$\hat{x}^{(1)}(k+1) = \left[x^{(0)}(1) - \frac{b}{a}\right] \cdot e^{-ak} + \frac{b}{a} \tag{4-11}$$

即式（4-11）为预测函数。

（4）求 $x^{(1)}$ 的模拟值。

$$\hat{x}^{(1)} = [\hat{x}^{(1)}(1), \hat{x}^{(1)}(2), \cdots, \hat{x}^{(1)}(n)] = [x^{(0)}(1), x^{(1)}(1) + x^{(0)}(2), \cdots, +x^{(1)}(n-1) + x^{(0)}(n)] \tag{4-12}$$

（5）还原模拟值。

$$\hat{x}^{(0)}(k+1) = \hat{x}^{(1)}(k+1) - \hat{x}^{(1)}(k) \tag{4-13}$$

3. 数据检验

为确保所建灰色模型有较高的预测精度和可信程度，进行残差检验、后验差值检验。

（1）残差检验。

残差检验是对模型的模拟值和实际值的相对误差进行逐点检验，分别求出残差序列 $e^{(0)}(k)$、相对误差序列 Δ_k，及平均相对误差 $\overline{\Delta}$，计算公式如式（4-14）至式（4-16）所示：

$$e^{(0)}(k) = x^{(0)}(k) - \hat{x}^{(0)}(k) \tag{4-14}$$

$$\Delta_k = \left| \frac{e(k)}{x^{(0)}(k)} \right| \times 100\% \tag{4-15}$$

$$\overline{\Delta} = \frac{1}{n} \cdot \sum_{k-1}^{n} \Delta_k \tag{4-16}$$

根据灰色系统理论，通常 $e^{(0)}(k)$ 、Δ_k 、C 值越小，P 值越大，则模型精度越好。当发展灰数 $a \in [-0.3, 2)$，则所建 GM（1，1）模型的一步预测精度97%以上，可用于中长期预测。

（2）后验差值检验。

后验差值检验也称为均方差比值检验。

求出原始数据平均值 $\overline{x}$ 以及残差平均值 $\overline{e}$，计算公式如式（4-17）和式（4-18）所示：

$$\overline{x} = \frac{1}{n} \cdot \sum_{k-1}^{n} x^{(0)}(k) \tag{4-17}$$

$$\overline{e} = \frac{1}{n-1} \cdot \sum_{k-2}^{n} e^{(0)}(k) \tag{4-18}$$

求出原始数据方差 $s_1{}^2$、残差方差 $s_2{}^2$，计算公式如式（4-19）和式（4-20）所示：

$$s_1{}^2 = \frac{1}{n} \cdot \sum_{k-1}^{n} \left[x^{(0)}(k) - \overline{x} \right]^2 \tag{4-19}$$

$$s_2{}^2 = \frac{1}{n-1} \cdot \sum_{k-2}^{n} \left[e^{(0)}(k) - \overline{e} \right]^2 \tag{4-20}$$

则其均方差比值 C，即后验差比值为：

$$C = \frac{s_2}{s_1} \tag{4-21}$$

小误差概率 P 为：

$$P = p\left[\left| e^{(0)}(k) - \overline{e} \right| < 0.6745 s_1 \right] \tag{4-22}$$

令 $\zeta_k = \left| e^{(0)}(k) - \overline{e} \right|$，$s_0 = 0.6745 s_1$，则 $P = p\{\zeta_k < s_0\}$，$C = \frac{S_2}{S_1}$ 为均方差比值，对于给定的 $C_0 > 0$，当 $C < C_0$ 时，则称为均方差比合格模型；$P = P(| q^{(0)}(k) - \overline{Q}| < 0.6745 S_1)$ 称小误差概率；对于给定的 $P_0 > 0$，当 $P > P_0$ 时，则称为小误差概率合格模型。

模型拟合精度等级的划分标准如表4-1所示。

表 4-1　模型精度等级评判标准

拟合精度	Ⅰ级	Ⅱ级	Ⅲ级	Ⅳ级
	好	合格	勉强	不合格
P	>0.95	>0.8	>0.7	<0.7
C	<0.35	<0.5	<0.65	>0.65

四、政策群节能效果测量指标选取

1. 宏观建筑全生命周期能耗阶段划分

全生命周期（Life Cycle）是指产品（包括服务）从设计开发、资源提取、加工改造、运输流通，到使用消费、循环使用，直至回收处置的全过程。在产品全生命周期中，各个阶段或活动都存在对资源的消耗及物质的排放，对其所处的环境产生一定的影响。基于可持续发展（Sustainable Development）的要求，按照全生命周期评价（Life Cycle Assessment）的观点，本书把宏观建筑全生命周期能耗作为研究对象，对建筑节能政策的节能效果进行评价。

如图 4-4 所示，建筑全生命周期能耗主要涉及四大阶段：建筑材料生产阶段、建筑建造阶段、建筑运行阶段、建筑拆除处置阶段。按照建筑生命周期阶段划分，可以更好地分析研究范畴内建筑相关行业能源消费水平，建筑材料生产阶段能耗反映建筑材料行业技术水平，建筑建造阶段能耗反映建筑施工阶段能源消耗情况，建筑运行阶段能耗体现了建筑本身热工性能，建筑拆除处置阶段反映了建筑废弃物处理情况。

2. 政策群选取

基于建筑能耗数据的可获取性，本书把 1995～2014 年宏观建筑全生命周期建筑能耗数据，作为建筑节能政策节能效果测算原始数据。根据第三章针对中国1986～2015 年建筑节能体系的演进历程探讨，可以得出中国建筑节能政策体系发展四个阶段的划分，即：研究准备阶段（1980～1985 年）、试点示范阶段（1986～1992 年）、体制建立及研发投入阶段（1993～2005 年）、体制完善及成果转化阶段（2006～2014 年）。因此，本书将着重探讨 1993～2005 年、2006～2014 年建筑节能政策实施效果测算问题。由于上述两个期间时间跨度较大，所以基于评价思路，根据这两个期间内出台的标志性政策文件为代表，划分为若干政策群，以测算建筑节能政策产生的节能效果。通过对比分析，最终选定了《建设部建筑节能

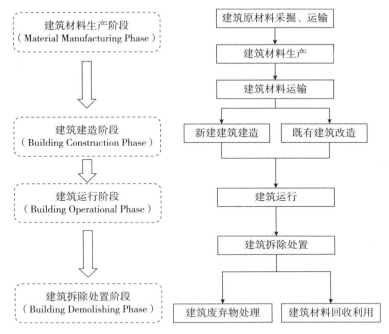

图4-4 宏观建筑全生命周期能耗系统边界

"十五"计划纲要》(建科 [2002] 175 号,2002-06)、《建设部关于落实〈国务院关于印发节能减排综合性工作方案的通知〉的实施方案》(建科 [2007] 159 号,2007.06)、《关于印发"十二五"建筑节能专项规划的通知》(建科 [2012] 72 号,2012.05)作为核心政策划分 3 个政策群对中国建筑节能政策的节能效果进行测算,即:政策群 I:2002~2006 年、政策群 II:2007~2011 年、政策群 III:2012~2014 年,这些政策群在其政策作用期间内对中国建筑领域能源节约、环境保护、减少温室气体排放起到了重要作用。

(1)政策群 I:2002~2006 年。

《建设部建筑节能"十五"计划纲要》(以下简称《建筑节能"十五"纲要》),是中国建设部(现为住房和城乡建设部,下同)2002 年根据《建设事业"十五"计划纲要》、国家计委《国民经济和社会发展第十个五年计划能源发展重点专项规划》、结合国家经贸委《能源节约与资源综合利用"十五"规划》《新能源和可再生能源产业发展"十五"规划》的要求进行制定,主要包含建筑节能,太阳能、河水、湖水、海水、地下水与地下能源等新能源和可再生能源在建筑中的利用,新型建筑墙体材料推广应用等具体内容,并规定了"十五"期间中国建筑节能的工作部署、重点、发展目标及保障机制。

在此期间内，中国政府颁布《夏热冬暖地区居住建筑节能设计标准》（2003），其中提出"节能达到50%目标"；颁布《公共建筑节能设计标准》（2005），其中提出"节能达到50%目标"；颁布《绿色建筑技术导则》（2005）；颁布《可再生能源法》（2005）"为可再生能源在建筑领域的应用提供法律支持"；2006年修订《民用建筑节能管理规定》；同时颁布中国第一部绿色建筑国家标准——《绿色建筑评价标准》（2006）及《绿色建筑评价技术细则》（2006）；颁布执行《可再生能源建筑应用专项资金管理暂行办法》（2006）等。因此，在此期间颁布实施的44项直接型政策、4项经济激励型政策、11项信息型政策工具，形成了以《建设部建筑节能"十五"计划纲要》为代表的政策群。

（2）政策群Ⅱ：2007~2011年。

《建设部关于落实〈国务院关于印发节能减排综合性工作方案的通知〉的实施方案》（以下简称《建筑节能减排综合性工作方案2007》），是中国建设部2007年根据《国务院关于印发节能减排综合性工作方案的通知》确定的工作目标及任务，对建筑节能领域制定的相应实施方案，提出进一步提高新建建筑节能水平，深化供热体制改革，推动北方采暖地区既有居住建筑供热计量及节能改造，建立大型公共建筑节能监管体系，加强国家机关办公建筑和大型公共建筑节能运行管理与改造，发展太阳能、浅层地能、生物质能等可再生能源在建筑领域的应用等内容。

在此期间，颁布《建筑节能工程施工质量验收规范》（2007），这是中国第一部针对建筑节能设计要求进行施工质量验收的规范；修订《节约能源法》（2007），颁布《〈民用建筑能耗统计报表制度〉（试行）》（2007），并在全国23个城市范围内试行该制度；颁布《民用建筑节能条例》（2008）、《公共机构节能条例》（2008），是中国首次针对民用建筑、公共建筑节能领域颁布专门的法规性公文，对《节约能源法》中提到的建筑节能条款进行具体解释及规定；颁布《公共建筑节能检测标准》（2009）、《居住建筑节能检测标准》（2009）；修订了《严寒和寒冷地区居住建筑节能设计标准》和《夏热冬冷地区居住建筑节能设计标准》（2010），其中前者将节能目标提升至65%；颁布《绿色施工导则》（2007）、《北方采暖地区既有居住建筑供热计量及节能改造技术导则》（试行）（2008）；实施《太阳能光电建筑应用财政补助资金管理暂行办法》（2009）；颁布《绿色建筑评价标识管理办法》（试行）（2007），推广绿色建筑评价标识制度；颁布《民用建筑能效测评标识制度》及《民用建筑能效测评标识技术导则》（2008）。因此，在此期间颁布实施的43项直接型政策、21项经济激励型政策、

44 项信息型政策工具、2 项自愿协议型政策工具，形成了以《建筑节能减排综合性工作方案 2007》为代表的政策群。

（3）政策群Ⅲ：2012~2014 年。

《"十二五"建筑节能专项规划》是中国住房与城乡建设部根据《国民经济和社会发展第十二个五年规划纲要》《可再生能源中长期发展规划》《"十二五"节能减排综合性工作方案》等规划，以及国务院批准的住房和城乡建设部"三定"方案与住房和城乡建设部"十二五"发展规划进行编制的。主要包括新建建筑节能、既有居住建筑节能改造、大型公共建筑节能监管、可再生能源建筑应用、绿色建筑规模化推进、农村建筑节能、新型建筑节能材料推广及建筑节能体制机制等方面。

在此期间，中国政府颁布了《夏热冬冷地区既有居住建筑节能改造补助资金管理暂行办法》（2012）；颁布了《建筑工程绿色施工规范》（2014）；修订了《绿色建筑评价标准》（2014）；颁布了《2014-2015 年节能减排低碳发展行动方案》（2014）及《能源发展战略行动计划（2014-2020）》。因此，在此期间颁布实施的 19 项直接型政策、9 项经济激励型政策、26 项信息型政策工具，形成了以《"十二五"建筑节能专项规划》为代表的政策群。

3. 测算指标选取

在节能管理中，通常将管理对象的能源消费分成单项能耗、综合能耗两类。由于本书中所涉及的建筑节能政策群是一个覆盖面广、涵盖面积大、包含内容丰富的宏观指标。因此本书采用宏观建筑全生命周期能耗来衡量中国建筑领域能源消费情况。

节能量是通过能源实际消耗量与基期能耗消耗量的差值计算而来的，通常以单位能耗作为主要指标，用以衡量节能对象的能源消耗量及节能效果分析，一般来说，单位能耗分为两种，即：单位产值能耗和单位产量能耗。由于本书采用宏观建筑全生命周期不同阶段能源消耗量作为测量对象，故选用单位产量能耗作为测算指标，衡量建筑节能政策的节能效果表现。

4. 宏观建筑全生命周期能耗计算方法

本书从建筑全生命周期角度出发，结合中国能源统计特点，对建筑不同阶段的能源消耗进行计算，该计算结果将作为建筑节能政策节能效果测算模型应用的原始数据。

（1）建筑材料生产阶段。

建筑材料涉及种类较多，涵盖 2000 多种产品，大致可以分为金属材料和非金属材料两大类。具体计算公式为：

$$ME = \sum Q_i e_i r_i \qquad (4-23)$$

其中，Q_i 为第 i 种建筑材料的生产量，e_i 为第 i 种建筑材料单位产品综合能耗，r_i 为第 i 种建筑材料建筑使用比例。

针对建筑材料生产阶段能耗，金属材料主要选取钢、铝、铜进行计算，非金属材料中，由于水泥占建材耗能的 70%，并且由于其他非金属材料产量及单位产品综合能耗获取困难，故用水泥工业能耗估算建材工业能耗，结合建筑系统使用比例，估算建筑使用非金属材料的能源消耗。

（2）建筑建造阶段。

建筑建造阶段能耗消耗，按照中国能源统计体系，表现为建筑业能耗，统计范围包括新建建筑建造、既有建筑改造、建筑拆除，及与建筑施工活动相关的建筑材料、建筑废弃物运输等。

（3）建筑运行阶段。

综合中国能源统计体系特点，中国建筑运行阶段能源消耗分为三个部分，即：北方城镇采暖能耗，除北方地区采暖外的公共建筑能耗，除北方地区采暖外的居住建筑能耗。建筑运行阶段能耗分类及计算说明，如表4-2所示。

表4-2　建筑运行阶段能耗分类及计算说明

各部分建筑能耗	计算公式	参数说明
北方城镇采暖能耗	能耗=蒸汽供热总量+热水供热总量	根据《中国城乡建设统计年鉴》中上述2项计算
公共建筑能耗	能耗=批发、零售业和住宿、餐饮业能耗+其他行业能耗−95%汽油−35%柴油	根据《中国能源统计年鉴》中"综合能源平衡表"上述4项计算
居住建筑能耗	能耗=城镇生活能源消费−全部汽油−95%柴油	根据《中国能源统计年鉴》中"能源平衡表（标准量）"上述2项计算
	能耗=乡村生活能源消费−全部汽油−95%柴油	

（4）建筑拆除处置阶段。

数据表明，中国建筑废弃物回收利用率不足5%。现有文献针对建筑拆除处置阶段废弃物回收利用带来的能源效益的研究来看，其数据获取较为困难。由于该阶段相较于建筑全生命周期其他阶段能源消耗量来说，所占数值比例较小，因此，为保证建筑全生命周期完整性，本书取建筑材料能耗的5%，对建筑拆除处置阶段废弃物回收利用所产生的能源效益的估算。且在下文中针对政策节能效果测算时，不对这一阶段的能耗进行计算。

第三节 政策群节能效果测算及分析

一、原始数据获取及计算

按照本章第二节中对测算指标的界定表述,运用国家层面数据等数据及相关参考文献,基于年鉴数据的可获取性,通过收集、整理、计算,可以得出中国1995~2014年宏观建筑全生命周期能耗数据,作为本书进行建筑节能政策实施效果测算的原始数据。原始数据来源具体如下:

(1)建筑材料生产阶段所用数据源自历年《中国工业经济统计年鉴》《新中国有色金属工业60年》《中国钢铁工业年鉴》《中国统计年鉴》《中国能源统计年鉴》、国家统计局进度数据库等统计资料,各建筑材料使用比例,结合相关学术文献研究及政府工作报告选取。计算建筑材料生产阶段单位面积能耗时,采用"建筑业房屋施工面积"进行计算。

(2)建筑建造阶段所用数据源自历年《中国统计年鉴》《中国能源统计年鉴》、国家统计局进度数据库等统计资料。计算建筑建造阶段单位面积能耗时,采用"建筑业房屋施工面积"进行计算。

(3)建筑运行阶段所用数据源自历年《中国能源统计年鉴》《中国统计年鉴》《中国城市建设统计年鉴》、国家统计局进度数据库等统计资料。计算建筑运行阶段单位面积能耗时,"城镇集中供热面积"来自《新中国60年统计年鉴》,"城镇居住建筑面积""农村居住建筑面积"直接数据难以获取,本书是按照《新中国60年统计年鉴》中"城镇人均住宅建筑面积×城镇人口""农村人均住宅建筑面积×农村人口"计算得出。公共建筑面积计算较为复杂,统计口径不一,采用学者马卓越(2014)、清华大学建筑节能研究中心(2012)等针对公共建筑能耗及公共建筑面积的相关研究成果,进行确定。

(4)建筑拆除处置阶段取建筑材料能源消耗的5%作为建筑废弃物回收利用所产生的能源效益。所用数据源自历年《中国能源统计年鉴》、《中国统计年鉴》、国家统计局进度数据库等统计资料。该阶段是为保证宏观建筑生命周期能耗计算的完整性,但由于其数据难以获取,只能进行估算,因此在政策效果测算时,并未考虑这一阶段。

根据建筑生命周期各阶段能源消耗原始数据进行计算，具体数据及计算结果见附录。并整理成中国 1995～2014 年宏观建筑全生命周期能源消费情况，如表 4-3、表 4-4 所示，作为本书进行建筑节能政策群实施效果测算的原始数据。

表 4-3　1995～2014 年中国宏观建筑全生命周期能源消耗统计

单位：万吨标准煤

年份	建材生产阶段能源消耗总量	建造阶段能源消耗总量	运行阶段能源消耗总量	拆除处置阶段能源节约量	宏观建筑生命周期能耗消耗总量
1995	13281.38	1335.00	23836.10	664.07	37788.41
1996	13722.06	1449.00	23403.03	686.10	37887.99
1997	14329.98	1179.00	23676.80	716.50	38469.28
1998	15072.76	1612.09	23768.70	753.64	39699.91
1999	16280.43	2133.00	24720.34	814.02	42319.75
2000	17234.67	2179.00	25906.00	861.73	44457.94
2001	21275.09	2255.02	27726.08	1063.75	50192.44
2002	23750.43	2409.57	30462.67	1187.52	55435.15
2003	28464.69	2720.66	35038.67	1423.23	64800.79
2004	33382.47	3114.60	38853.31	1669.12	73681.26
2005	37392.18	3403.31	43157.48	1869.61	82083.36
2006	45160.65	3760.76	46930.62	2258.03	93594.00
2007	50675.74	4127.52	51073.10	2533.79	103342.57
2008	52127.91	3812.53	53618.68	2606.40	106952.72
2009	56635.16	4562.02	57137.44	2831.76	115502.86
2010	63390.95	6226.30	59474.43	3169.55	125922.13
2011	72446.34	5872.16	63623.13	3622.32	138319.31
2012	76647.71	6167.36	67911.30	3832.39	146893.98
2013	85117.16	7016.98	78989.43	4255.86	166867.71
2014	87497.07	7519.59	81524.05	4374.85	172165.86

表 4-4　1995~2014 年中国宏观建筑全生命周期单位面积能源消耗统计

单位：千克标准煤/平方米

年份	建材阶段+建造阶段单位面积能耗	运行阶段			
		北方城镇集中供暖单位面积能耗	公共建筑单位面积能耗	城镇居住建筑单位面积能耗	农村居住建筑单位面积能耗
1995	162.65	48.33	18.15	14.52	4.05
1996	117.53	34.35	23.68	13.07	3.23
1997	120.52	35.18	22.82	11.84	3.12
1998	121.26	32.39	21.62	10.81	3.02
1999	125.04	32.42	21.54	10.20	3.04
2000	121.23	33.01	22.59	9.59	3.04
2001	124.94	32.14	17.02	8.58	3.08
2002	121.33	39.52	15.73	7.93	3.23
2003	120.23	33.96	17.84	8.85	3.71
2004	117.36	30.71	20.11	9.22	4.16
2005	115.65	28.57	21.07	9.80	4.32
2006	119.28	27.70	21.59	10.16	4.59
2007	113.70	25.54	19.89	10.57	4.98
2008	105.44	25.09	17.54	10.23	5.13
2009	103.97	23.66	16.90	9.75	5.42
2010	98.33	22.80	14.78	8.80	5.69
2011	91.94	20.24	14.97	8.78	5.95
2012	83.95	19.45	14.89	9.05	6.17
2013	81.54	19.06	16.47	9.54	7.68
2014	76.00	18.55	15.40	9.53	7.77

二、政策群节能效果测算

基于上文构建的政策群节能效果测算模型、政策群未作用状态下测算指标预测模型，分别测算政策群Ⅰ：2002~2006年、政策群Ⅱ：2007~2011年、政策群Ⅲ：2012~2014年三个阶段节能效果。

（1）政策群Ⅰ：2002~2006年节能效果测算。

选取1995~2001年中国宏观建筑全生命周期中建筑材料生产及建造阶段、建筑运行阶段单位面积能耗量原始数据（见表4-5、表4-6），利用GM（1，1）灰色预测模型，对2002~2006年各阶段单位能耗量进行预测，具体结果如表4-7、表4-8所示。同时，对数据计算结果进行检验，检验结果如表4-9所示，通过分析可知，计算结果满足模型检验标准，说明该模型可被用于数据预测。

表4-5　1995~2001年中国建筑材料生产阶段及建造阶段单位面积能耗实际值

单位：千克标准煤/平方米

年份	建筑材料生产阶段单位面积能耗量	建筑建造阶段单位面积能耗量
1995	14.86	147.80
1996	11.22	106.30
1997	9.16	111.36
1998	11.72	109.55
1999	14.48	110.55
2000	13.61	107.62
2001	11.97	112.97

表4-6　1995~2001年中国建筑运行阶段单位面积能耗实际值

单位：千克标准煤/平方米

年份	建筑运行阶段单位面积能耗量			
	北方城镇集中采暖单位面积能耗量	公共建筑单位面积能耗量	城镇居住建筑单位面积能耗量	农村居住建筑单位面积能耗量
1995	48.3340	18.1543	14.5178	4.0472
1996	34.3474	23.6806	13.0738	3.2276
1997	35.1807	22.8165	11.8352	3.1196
1998	32.3881	21.6180	10.8069	3.0224
1999	32.4155	21.5405	10.2011	3.0386
2000	33.0060	22.5904	9.5856	3.0370
2001	32.1424	17.0166	8.5846	3.0798

表 4-7　2002~2006 年中国建筑材料生产阶段及建造阶段单位面积能耗实际值与预测值

单位：千克标准煤/平方米

年份	建筑材料生产阶段 单位面积能耗量		建筑建造阶段 单位面积能耗量	
	实际值	预测值	实际值	预测值
2002	110.16	112.05	11.18	14.05
2003	109.74	112.73	10.49	14.70
2004	107.34	113.41	10.02	15.39
2005	106.00	114.09	9.65	16.10
2006	110.11	114.78	9.17	16.84

表 4-8　2002~2006 年中国建筑运行阶段单位面积能耗实际值与预测值

单位：千克标准煤/平方米

年份	建筑运行阶段单位面积能耗量							
	北方城镇集中采暖 单位面积能耗量		公共建筑 单位面积能耗量		城镇居住建筑 单位面积能耗量		农村居住建筑 单位面积能耗量	
	实际值	预测值	实际值	预测值	实际值	预测值	实际值	预测值
2002	39.52	31.52	15.73	18.41	7.93	7.99	3.23	2.99
2003	33.96	31.05	17.84	17.62	8.85	7.37	3.71	2.96
2004	30.71	30.58	20.11	16.86	9.22	6.80	4.16	2.94
2005	28.57	30.12	21.07	16.14	9.80	6.28	4.32	2.91
2006	27.70	29.67	21.59	15.44	10.16	5.79	4.59	2.88

表 4-9　1995~2001 年测算数据 GM（1，1）灰色预测模型检验结果

	后验差比（C）	小误差概率（P）	发展系数（a）	综合评判	评判结果
建筑材料生产阶段	0.1328	1	-0.0060	C≤0.35，P≥0.95，-a<0.30	精度等级为 I 级，拟合效果好，适合中长期预测
建筑建造阶段	0.5604	0.8	0.0008	0.50<C≤0.65，P≥0.95，-a<0.30	精度等级为 II 级，拟合效果合格，适合中长期预测

续表

		后验差比（C）	小误差概率（P）	发展系数（a）	综合评判	评判结果
建筑运行阶段	北方城镇集中采暖	0.1265	1	0.0151	$C \leq 0.35$，$P \geq 0.95$，$-a < 0.30$	精度等级为Ⅰ级，拟合效果好，适合中长期预测
	公共建筑	0.0219	1	0.2815	$C \leq 0.35$，$P \geq 0.95$，$-a < 0.30$	精度等级为Ⅰ级，拟合效果好，适合中长期预测
	城镇居住建筑	0.0690	1	0.0803	$C \leq 0.35$，$P \geq 0.95$，$-a < 0.30$	精度等级为Ⅰ级，拟合效果好，适合中长期预测
	农村居住建筑	0.1408	1	0.0091	$C \leq 0.35$，$P \geq 0.95$，$-a < 0.30$	精度等级为Ⅰ级，拟合效果好，适合中长期预测

（2）政策群Ⅱ：2007~2011年节能效果测算。

选取2002~2006年中国宏观建筑全生命周期中建筑材料生产阶段、建筑建造阶段、建筑运行阶段原始数据（见表4-10、表4-11），利用GM（1，1）灰色预测模型，对2007~2011年能耗值进行预测，如表4-12、表4-13所示。同时，对数据计算结果进行检验，检验结果如表4-14所示，通过分析可知，计算结果满足模型检验标准，说明该模型可被用于数据预测。

表4-10 2002~2006年中国建筑材料生产阶段及建造阶段单位面积能耗实际值

单位：千克标准煤/平方米

年份	建筑材料生产阶段单位面积能耗量	建筑建造阶段单位面积能耗量
2002	110.16	11.18
2003	109.74	10.49
2004	107.34	10.02
2005	106.00	9.65
2006	110.11	9.17

表4-11　2002~2006年中国建筑运行阶段单位面积能耗实际值

单位：千克标准煤/平方米

年份	建筑运行阶段单位面积能耗量			
	北方城镇集中采暖 单位面积能耗量	公共建筑 单位面积能耗量	城镇居住建筑 单位面积能耗量	农村居住建筑 单位面积能耗量
2002	39.5154	15.7311	7.9348	3.2263
2003	33.9630	17.8385	8.8505	3.7143
2004	30.7084	20.1059	9.2225	4.1602
2005	28.5672	21.0710	9.7969	4.3234
2006	27.6969	21.5939	10.1608	4.5904

表4-12　2007~2011年中国建筑材料生产阶段及建造阶段单位面积能耗实际值与预测值

单位：千克标准煤/平方米

年份	建筑材料生产阶段单位面积能耗量		建筑建造阶段单位面积能耗量	
	实际值	预测值	实际值	预测值
2007	105.14	108.24	8.56	8.80
2008	98.26	108.22	7.19	8.42
2009	96.22	108.19	7.75	8.05
2010	89.53	108.17	8.79	7.71
2011	85.05	108.15	6.89	7.38

表4-13　2007~2011年中国建筑材料运行阶段单位面积能耗实际值与预测值

单位：千克标准煤/平方米

年份	建筑运行阶段单位面积能耗量							
	北方城镇集中采暖 单位面积能耗量		公共建筑 单位面积能耗量		城镇居住建筑 单位面积能耗量		农村居住建筑 单位面积能耗量	
	实际值	预测值	实际值	预测值	实际值	预测值	实际值	预测值
2007	25.54	25.27	19.89	23.33	10.57	10.69	4.98	4.93
2008	25.09	23.56	17.54	24.77	10.23	11.20	5.13	5.27
2009	23.66	21.96	16.90	26.29	9.75	11.75	5.42	5.63
2010	22.80	20.47	14.78	27.90	8.80	12.32	5.69	6.01
2011	20.24	19.08	14.97	29.62	8.78	12.91	5.95	6.42

表 4-14　2002~2006 年测算数据 GM（1，1）灰色预测模型检验结果

		后验差比（C）	小误差概率（P）	发展系数（a）	综合评判	评判结果
建筑材料生产阶段		0.0037	1	-0.0380	C≤0.35，P≥0.95，-a<0.30	精度等级 I 级，拟合效果好，适合中长期预测
建筑建造阶段		0.0340	1	0.0440	0.50<C≤0.65，P≥0.95，-a<0.30	精度等级 I 级，拟合效果好，适合中长期预测
建筑运行阶段	北方城镇集中采暖	0.0554	1	-0.0474	C≤0.35，P≥0.95，-a<0.30	精度等级 I 级，拟合效果好，适合中长期预测
	公共建筑	0.1089	1	0.0703	C≤0.35，P≥0.95，-a<0.30	精度等级 I 级，拟合效果好，适合中长期预测
	城镇居住建筑	0.1972	1	-0.0596	C≤0.35，P≥0.95，-a<0.30	精度等级 I 级，拟合效果好，适合中长期预测
	农村居住建筑	0.1282	1	-0.0659	C≤0.35，P≥0.95，-a<0.30	精度等级 I 级，拟合效果好，适合中长期预测

（3）政策群Ⅲ：2012~2014 年节能效果测算。

选取 2007~2011 年中国宏观建筑全生命周期中建筑材料生产阶段、建筑建造阶段、建筑运行阶段原始数据（见表 4-15、表 4-16），利用 GM（1，1）灰色预测模型，对 2012~2014 年能耗值进行预测，如表 4-17、表 4-18 所示。同时，对数据计算结果进行检验，检验结果如表 4-19 所示，通过分析可知，计算结果满足模型检验标准，说明该模型可被用于数据预测。

表 4-15　2007~2011 年中国建筑材料生产阶段及建造阶段单位面积能耗实际值

单位：千克标准煤/平方米

年份	建筑材料生产阶段单位面积能耗量	建筑建造阶段单位面积能耗量
2007	105.14	8.56
2008	98.26	7.19
2009	96.22	7.75
2010	89.53	8.79
2011	85.05	6.89

表 4-16　2007~2011 年中国建筑运行阶段单位面积能耗实际值

单位：千克标准煤/平方米

年份	建筑运行阶段单位面积能耗量			
	北方城镇集中采暖 单位面积能耗量	公共建筑 单位面积能耗量	城镇居住建筑 单位面积能耗量	农村居住建筑 单位面积能耗量
2007	25.5415	19.8852	10.5696	4.9840
2008	25.0854	17.5375	10.2340	5.1343
2009	23.6581	16.8994	9.7481	5.4220
2010	22.7991	14.7813	8.8027	5.6947
2011	20.2381	14.9737	8.7819	5.9496

表 4-17　2012~2014 年中国建筑材料生产阶段及建造阶段单位面积能耗实际值与预测值

单位：千克标准煤/平方米

年份	建筑材料生产阶段单位面积能耗量		建筑建造阶段单位面积能耗量	
	实际值	预测值	实际值	预测值
2012	77.70	81.30	6.25	7.69
2013	75.33	77.34	6.21	7.70
2014	69.98	73.58	6.01	7.71

表 4-18　2012~2014 年中国建筑运行阶段单位面积能耗实际值与预测值

单位：千克标准煤/平方米

年份	建筑运行阶段单位面积能耗量							
	北方城镇集中采暖 单位面积能耗量		公共建筑 单位面积能耗量		城镇居住建筑 单位面积能耗量		农村居住建筑 单位面积能耗量	
	实际值	预测值	实际值	预测值	实际值	预测值	实际值	预测值
2012	19.45	19.38	14.89	13.72	9.05	8.13	6.17	6.26
2013	19.06	18.13	16.47	12.90	9.54	7.68	7.68	6.57
2014	18.55	16.97	15.40	12.12	9.53	7.25	7.77	6.90

表 4-19　2007~2011 年测算年数据 GM（1，1）灰色预测模型检验结果

	后验差比（C）	小误差概率（P）	发展系数（a）	综合评判	评判结果
建筑材料生产阶段	0.1354	1	0.0499	C≤0.35，P≥0.95，-a<0.30	精度等级Ⅰ级，拟合效果好，适合中长期预测
建筑建造阶段	0.0201	1	0.2424	0.50<C≤0.65，P≥0.95，-a<0.30	精度等级Ⅰ级，拟合效果好，适合中长期预测
建筑运行阶段　北方城镇集中采暖	0.1705	1	0.0457	C≤0.35，P≥0.95，-a<0.30	精度等级Ⅰ级，拟合效果好，适合中长期预测
建筑运行阶段　公共建筑	0.1987	1	0.0664	C≤0.35，P≥0.95，-a<0.30	精度等级Ⅰ级，拟合效果好，适合中长期预测
建筑运行阶段　城镇居住建筑	0.2199	1	0.0617	C≤0.35，P≥0.95，-a<0.30	精度等级Ⅰ级，拟合效果好，适合中长期预测
建筑运行阶段　农村居住建筑	0.2267	1	0.0570	C≤0.35，P≥0.95，-a<0.30	精度等级Ⅰ级，拟合效果好，适合中长期预测

三、政策群节能效果分析

1. 节能效果变化趋势分析

（1）政策群Ⅰ：2002~2006 年节能效果分析。

结合建筑节能产业政策群Ⅰ在 2002~2006 年节能效果测算指标计算结果（见表 4-20），政策群Ⅰ对该期间建筑材料生产阶段、建筑建造阶段、建筑运行阶段的实施效果分析如下。

表 4-20　2002~2006 年政策群Ⅰ节能效果总量

单位：万吨标准煤

年份	建筑材料生产阶段	建筑建造阶段	建筑运行阶段
2002	9.85	14.93	-326.51
2003	19.53	27.55	-4178.03
2004	47.34	41.90	-7679.39

续表

年份	建筑材料生产阶段	建筑建造阶段	建筑运行阶段
2005	72.71	57.97	-10708.82
2006	60.37	99.08	-13958.75
总计	209.80	241.43	-36851.50
平均	41.96	48.29	-7370.30

经计算，如表4-20所示，政策群 I 在2002~2006年建筑材料生产阶段总节能量为209.80万吨标准煤，平均年节能量为41.94万吨标准煤；在建造阶段总节能量为48.29万吨标准煤，平均年节能量为48.29万吨标准煤；在建筑运行阶段总节能量为-36851.50万吨标准煤，平均年节能量为-7370.30万吨标准煤。

具体而言，政策群 I 在各阶段节能效果表现如下：建筑材料生产阶段（见图4-5）、建造阶段（见图4-6）、运行阶段——北方城镇集中采暖部分（见图4-7）、运行阶段——公共建筑部分（见图4-8）、运行阶段——城镇居住建筑部分（见图4-9）、运行阶段——农村居住建筑部分（见图4-10）。

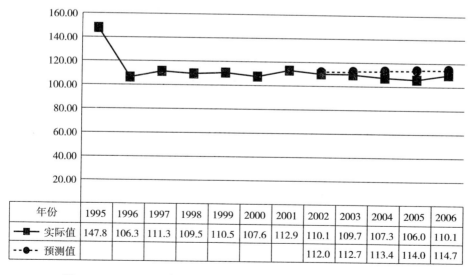

图4-5 2002~2006年政策群 I 在建筑材料生产阶段节能效果表现

（千克标准煤/平方米）

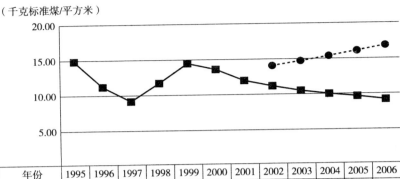

年份	1995	1996	1997	1998	1999	2000	2001	2002	2003	2004	2005	2006
■ 实际值	14.86	11.22	9.16	11.72	14.48	13.61	11.97	11.18	10.49	10.02	9.65	9.17
●-- 预测值								14.05	14.70	15.39	16.10	16.84

图 4-6　2002~2006 年政策群 I 在建筑建造阶段节能效果表现

（千克标准煤/平方米）

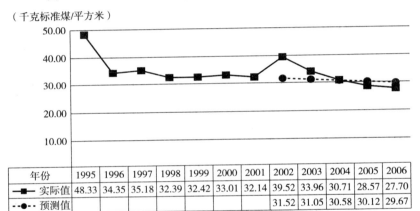

年份	1995	1996	1997	1998	1999	2000	2001	2002	2003	2004	2005	2006
■ 实际值	48.33	34.35	35.18	32.39	32.42	33.01	32.14	39.52	33.96	30.71	28.57	27.70
●-- 预测值								31.52	31.05	30.58	30.12	29.67

图 4-7　2002~2006 年政策群 I 在北方城镇集中采暖部分节能效果表现

（千克标准煤/平方米）

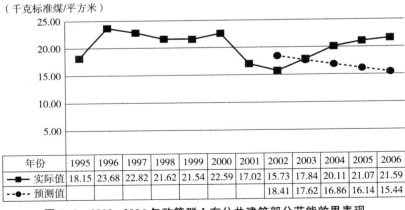

年份	1995	1996	1997	1998	1999	2000	2001	2002	2003	2004	2005	2006
■ 实际值	18.15	23.68	22.82	21.62	21.54	22.59	17.02	15.73	17.84	20.11	21.07	21.59
●-- 预测值								18.41	17.62	16.86	16.14	15.44

图 4-8　2002~2006 年政策群 I 在公共建筑部分节能效果表现

94

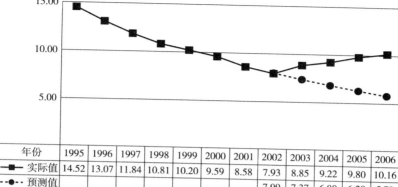

年份	1995	1996	1997	1998	1999	2000	2001	2002	2003	2004	2005	2006
■ 实际值	14.52	13.07	11.84	10.81	10.20	9.59	8.58	7.93	8.85	9.22	9.80	10.16
● 预测值								7.99	7.37	6.80	6.28	5.79

图 4-9 2002~2006 年政策群 I 在城镇居住建筑部分节能效果量

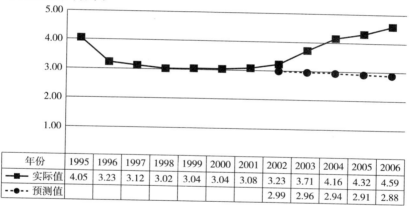

年份	1995	1996	1997	1998	1999	2000	2001	2002	2003	2004	2005	2006
■ 实际值	4.05	3.23	3.12	3.02	3.04	3.04	3.08	3.23	3.71	4.16	4.32	4.59
● 预测值								2.99	2.96	2.94	2.91	2.88

图 4-10 2002~2006 年政策群 I 在农村居住建筑部分节能效果表现

（2）政策群Ⅱ：2007~2011 年节能效果分析。

结合建筑节能产业政策群Ⅱ在 2007~2011 年节能效果测算指标计算结果（见表4-21），政策群Ⅱ对该期间建筑材料生产阶段、建筑建造阶段、建筑运行阶段的实施效果分析如下。

表 4-21 2007~2011 年政策群Ⅱ节能效果总量

单位：万吨标准煤

年份	建筑材料生产阶段	建筑建造阶段	建筑运行阶段
2007	39.94	3.00	2341.91
2008	137.01	16.94	6163.97

续表

年份	建筑材料生产阶段	建筑建造阶段	建筑运行阶段
2009	176.30	4.48	9515.13
2010	298.46	-17.39	16331.41
2011	435.01	9.09	21127.49
总计	1086.72	16.12	55479.91
平均	217.34	3.22	11095.98

经计算，如表4-21所示，政策群Ⅱ在2007~2011年建筑材料生产阶段总节能量为1086.72万吨标准煤，平均年节能量为217.34万吨标准煤；在建造阶段总节能量为16.12万吨标准煤，平均年节能量为3.22万吨标准煤；在建筑运行阶段总节能量为55479.91万吨标准煤，平均年节能量为11095.98万吨标准煤。

具体而言，政策群Ⅱ在各阶段节能效果表现如下：建筑材料生产阶段（见图4-11）、建造阶段（见图4-12）、运行阶段——北方城镇集中采暖部分（见图4-13）、运行阶段——公共建筑部分（见图4-14）、运行阶段——城镇居住建筑部分（见图4-15）、运行阶段——农村居住建筑部分（见图4-16）。

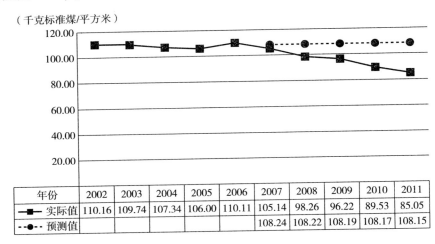

图4-11　2007~2011年政策群Ⅱ在建筑材料生产阶段节能效果表现

（3）政策群Ⅲ：2012~2014年节能效果分析。

结合建筑节能产业政策群Ⅲ在2012~2014年节能效果测算指标计算结果（见表4-22），政策群Ⅲ对该期间建筑材料生产阶段、建筑建造阶段、建筑运行阶段的实施效果分析如下。

（千克标准煤/平方米）

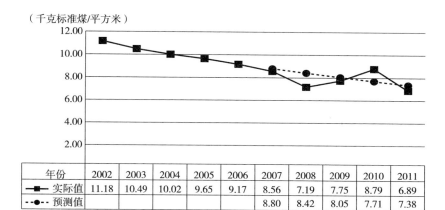

年份	2002	2003	2004	2005	2006	2007	2008	2009	2010	2011
■ 实际值	11.18	10.49	10.02	9.65	9.17	8.56	7.19	7.75	8.79	6.89
●-- 预测值						8.80	8.42	8.05	7.71	7.38

图 4-12　2007~2011 年政策群 II 在建筑建造阶段节能效果表现

（千克标准煤/平方米）

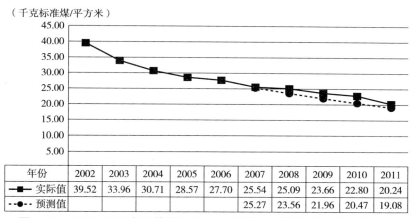

年份	2002	2003	2004	2005	2006	2007	2008	2009	2010	2011
■ 实际值	39.52	33.96	30.71	28.57	27.70	25.54	25.09	23.66	22.80	20.24
●-- 预测值						25.27	23.56	21.96	20.47	19.08

图 4-13　2007~2011 年政策群 II 在北方城镇集中采暖部分节能效果表现

（千克标准煤/平方米）

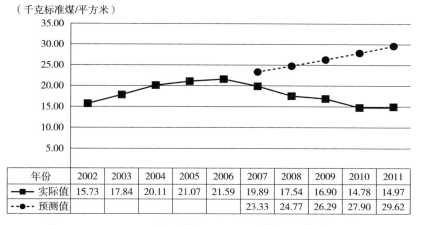

年份	2002	2003	2004	2005	2006	2007	2008	2009	2010	2011
■ 实际值	15.73	17.84	20.11	21.07	21.59	19.89	17.54	16.90	14.78	14.97
●-- 预测值						23.33	24.77	26.29	27.90	29.62

图 4-14　2007~2011 年政策群 II 在公共建筑部分节能效果表现

（千克标准煤/平方米）

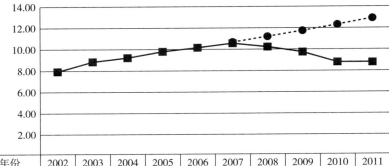

年份	2002	2003	2004	2005	2006	2007	2008	2009	2010	2011
■ 实际值	7.93	8.85	9.22	9.80	10.16	10.57	10.23	9.75	8.80	8.78
● 预测值						10.69	11.20	11.75	12.32	12.91

图 4-15   2007~2011 年政策群 Ⅱ 在城镇居住建筑部分节能效果表现

（千克标准煤/平方米）

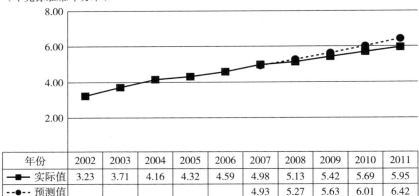

年份	2002	2003	2004	2005	2006	2007	2008	2009	2010	2011
■ 实际值	3.23	3.71	4.16	4.32	4.59	4.98	5.13	5.42	5.69	5.95
● 预测值						4.93	5.27	5.63	6.01	6.42

图 4-16   2007~2011 年政策群 Ⅱ 在农村居住建筑部分节能效果表现

表 4-22   2012~2014 年政策群Ⅲ节能效果总量

单位：万吨标准煤

年份	建筑材料生产阶段	建筑建造阶段	建筑运行阶段
2012	77.60	30.95	-3707.15
2013	52.30	38.68	-13453.38
2014	111.77	52.86	-14613.89
总计	241.67	122.49	-31774.42
平均	80.56	40.83	-10591.47

经计算，如表 4-22 所示，政策群Ⅲ在 2012~2014 年建筑材料生产阶段总节能量为 241.67 万吨标准煤，平均年节能量为 80.56 万吨标准煤；在建造阶段总节能量为 122.49 万吨标准煤，平均年节能量为 40.83 万吨标准煤；在建筑运行阶段总节能量为 -31774.42 万吨标准煤，平均年节能量为 -10591.47 万吨标准煤。

具体而言，政策群Ⅲ在各阶段节能效果表现如下：建筑材料生产阶段（见图 4-17）、建造阶段（见图 4-18）、运行阶段——北方城镇集中采暖部分（见图 4-19）、运行阶段——公共建筑部分（见图 4-20）、运行阶段——城镇居住建筑部分（见图 4-21）、运行阶段——农村居住建筑部分（见图 4-22）。

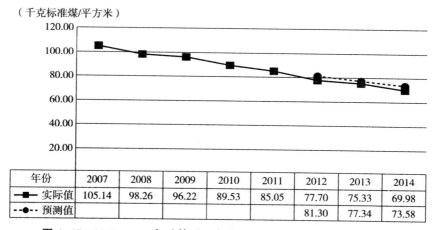

（千克标准煤/平方米）

年份	2007	2008	2009	2010	2011	2012	2013	2014
实际值	105.14	98.26	96.22	89.53	85.05	77.70	75.33	69.98
预测值						81.30	77.34	73.58

图 4-17　2012~2014 年政策群Ⅲ在建筑材料生产阶段节能效果表现

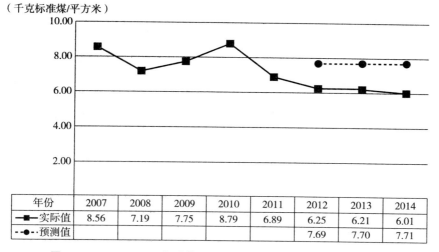

（千克标准煤/平方米）

年份	2007	2008	2009	2010	2011	2012	2013	2014
实际值	8.56	7.19	7.75	8.79	6.89	6.25	6.21	6.01
预测值						7.69	7.70	7.71

图 4-18　2012~2014 年政策群Ⅲ在建筑建造阶段节能效果表现

（千克标准煤/平方米）

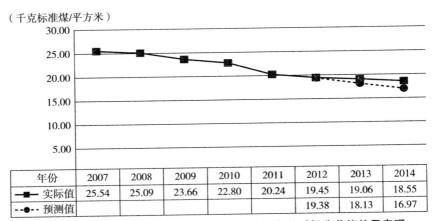

年份	2007	2008	2009	2010	2011	2012	2013	2014
■ 实际值	25.54	25.09	23.66	22.80	20.24	19.45	19.06	18.55
●- 预测值						19.38	18.13	16.97

图 4-19 2012~2014 年政策群Ⅲ在北方城镇集中采暖部分节能效果表现

（千克标准煤/平方米）

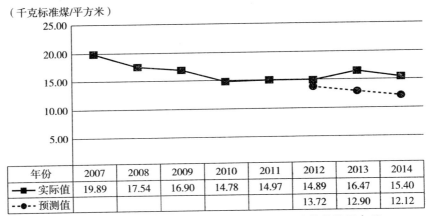

年份	2007	2008	2009	2010	2011	2012	2013	2014
■ 实际值	19.89	17.54	16.90	14.78	14.97	14.89	16.47	15.40
●- 预测值						13.72	12.90	12.12

图 4-20 2012~2014 年政策群Ⅲ在公共建筑部分节能效果表现

（千克标准煤/平方米）

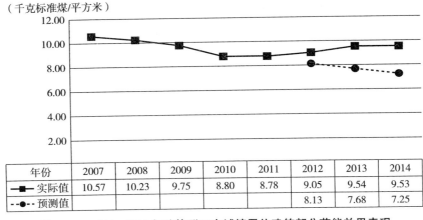

年份	2007	2008	2009	2010	2011	2012	2013	2014
■ 实际值	10.57	10.23	9.75	8.80	8.78	9.05	9.54	9.53
●- 预测值						8.13	7.68	7.25

图 4-21 2012~2014 年政策群Ⅲ在城镇居住建筑部分节能效果表现

（千克标准煤/平方米）

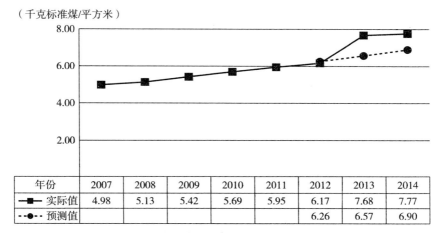

年份	2007	2008	2009	2010	2011	2012	2013	2014
实际值	4.98	5.13	5.42	5.69	5.95	6.17	7.68	7.77
预测值						6.26	6.57	6.90

图4-22　2012~2014年政策群Ⅲ在农村居住建筑部分节能效果表现

2. 结果分析

通过测算，如表4-23所示，可以看出，政策群Ⅱ：2007~2011年节能效果表现最好，其次是政策群Ⅰ：2002~2006年，表现较差的为政策群Ⅲ：2012~2014年。

表4-23　建筑节能政策群在不同阶段节能效果表现

	建筑材料生产阶段	建筑建造阶段	建筑运行阶段	北方城镇集中采暖	公共建筑	城镇居住建筑	农村居住建筑
政策群Ⅰ	○	●	◎	●	◎	◎	○
政策群Ⅱ	●	○	●	◎	●	●	●
政策群Ⅲ	◎	◎	○	○	○	○	○

注：效果表现是针对这3阶段比较，其中●代表节能效果显著；◎代表节能效果一般；○代表节能效果较差。

分析其中原因，可以得出以下结论：

（1）建筑领域节能减排效果成效明显，对中国整体节能减排目标的贡献很大。政策群Ⅱ：2007~2011年整体政策节能贡献度说明建筑节能政策贡献度较大，政策群表现好。

（2）要注重建筑节能政策的长期效果。由于城镇化发展，人民生活水平提升，导致了家庭用能设备种类和数量明显增加，造成能耗需求提升。同时，大型公共建筑数量的急剧上升，也导致建筑能耗的增加。短期内建筑节能政策的效率可能会出现反复，但不应据此否定建筑节能政策效果。

（3）建筑节能领域的节能任务仍较为繁重。应在现有建筑节能政策体系的基础上，根据建筑不同阶段具体能耗表现，结合政策效果波动的具体情况，构建更具有针对性的政策。

第五章　影响中国建筑节能政策实施效果的障碍分析

政策科学之父哈罗德·拉斯维尔（Harold D. Lasswell）指出（1971），政策过程是影响政策效果的最重要的因素。建筑节能政策在未被实施之前，从某种意义上来说，只是作为一项或者几项已颁布将要实施的政策文本，其政策实施效果需要通过具体的政策执行过程才能被发挥及体现。因此，本章从政策执行视角，运用史密斯政策执行模型，梳理分析影响中国现行建筑节能政策实施效果的障碍因素，并运用问卷调研与统计学相关方法，对每个障碍因素的影响程度进行具体研究。

第一节　史密斯政策执行模型理论构建

一、发展背景

20 世纪七八十年代，在西方发达国家，尤其是美国，公共政策研究领域掀起声势浩大的"政策执行运动"。政策科学研究专家和学者从不同角度、不同方向剖析公共政策执行过程中存在的问题，力图对其过程架构和过程要素进行探讨。在此期间，学者们提出了很多政策执行模型理论。政策执行模型，主要用于描述政策执行过程中的重要影响因素，例如，美国政策科学家史密斯（T. B. Smith）1973 年提出的政策执行过程模型，麦克拉夫林（M. Mclaughlin）1976 年提出的政策执行互动模型，马丁·雷恩（M. Rein）和佛朗西·F. 拉比诺维茨（F. F. Rabinovitz）1978 年提出的政策执行循环模型，米德（D. S. Van Meter）和霍恩（C. E. Van Horn）1975 年提出的政策执行系统模型，萨巴蒂尔（P. Sabatier）和马兹曼尼安（D. Mazmanian）1979 年提出的政策执行综合模型。其中，最具代表性的便是史密斯政策执行模型理论。美国政策科学家史密斯 1973 年在其著作《政策执行过程》中，首次提出了一个政策执行因素分析及生态——执行过程的理论模型，这是最早探究政策执行影响因素及发展过程的所建构的模型，又被称作"史密斯政策执行过程模型"。

二、基本内容

在史密斯模型中，如图 5-1 所示，构成政策执行过程的关键要素主要来源于四个方面，即：理想化政策（Ideal Policy）、政策执行主体（Policy Implementation Agency）、政策目标群体（Policy Target Group）、政策执行环境（Policy Implementation Environment）。

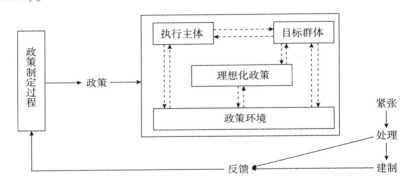

图 5-1　史密斯政策执行过程模型

该模型四个方面要素具体包含内容如下：

1. 理想化的政策

政策能否得到有效贯彻执行，主要取决于政策本身是否能做到科学合理、行之有效。理想化的政策，即合法、合理、可行的政策方案，具体包括政策的具体形式、主要类型、演进渊源、作用范围及社会对政策的认知。政策本身质量的因素体现在以下几方面：

（1）政策的科学合理性。

符合事物发展的客观规律，是政策保证其质量首先要遵循的原则。政策是用来调控资源分配、规范社会秩序、调节公共利益的社会管理工具。一项政策，要在现实生活中发挥自身的效用，必须在客观规律的指导下贯彻执行。

（2）政策的明晰性。

有章可循，有法可依，才能使政策落地、执行，并转化为现实。政策的明晰性涵盖了政策目标，政策原则，政策方案，政策措施、步骤、方法等方面内容，要求其具体化、规范化、标准化。在政策执行过程中，不能出现权责模糊不清、利益归属模糊不明的现象。

（3）政策稳定性。

政策稳定性是指一项被制定并实施的政策，必须保持其自身的稳定性，不能频繁变动、随意更改，以确保政策本身的连续性、稳定性。假如政策出现频繁变动，朝令夕改，则会导致政策执行过程中出现新旧政策界限模糊、政策调控盲区等现象，使社会大众对政策的认可度、公信度下降，从而影响政策执行的效果。

2. 政策执行主体

政策执行主体在直接参与政策执行过程中，对政策执行效果起到直接影响作用，主要包括政策执行组织、政策执行人员等。

（1）政策执行组织。

政策执行必须有相应的机构来完成，该机构的现实情况将很大程度上影响正常执行的效果。首先，该执行组织的组织层级是否合理，人员构成是否存在优势。在组织中，组织层级和管理幅度是成反比的，组织层级越多，管理幅度越小，反之亦然。层级过多，会导致政策在传达过程中存在失真现象，而管理幅度过大，则会导致执行人员无法兼顾政策落实。其次，该执行组织有无完善的人员管理机制。行之有效、权责利相统一的组织管理制度，将保证组织有条不紊的运行。最后，执行组织间是否能否保持协调。一项政策的贯彻落实需要不同执行组织、不同执行人员通力合作，贯彻落实。应当处理好执行组织内部之间、不同执行组织之间的关系。

（2）政策执行人员。

政策是由执行组织中的人员来具体实施的。因此，执行人员的个体素质对政策实施效果具有重要影响力。首先，政策执行人员自身的职业道德素质、伦理道德素质、人生观、价值观，是影响政策执行的重要基础性因素。因为执行人员在政策执行过程，具有一定的政策自由裁量权。假如执行人员出现以权谋私、滥用职权等情况，政策执行质量和实施效果将大打折扣。其次，政策执行人员的自身的业务能力和专业水平，是影响政策执行的重要关键性因素。执行人员只有在熟练掌握政策要义，正确理解政策含义，具备必要的知识储备和专业素养，才能提升政策执行实操能力和处事效率。

（3）政策目标群体。

政策目标群体是指政策执行落实时所针对的具体作用对象。政策最终执行效果很大程度上依赖于政策的目标群体状况。首先，目标群体对政策的认同感及接受度的高低，将直接影响政策的落实执行。假如目标群体对政策的认同度较高、接受度较高，则该政策会被目标群体广泛接受，在政策执行过程中，目标群体将会积极主动配合或参与。反之，假如目标群体对政策存在抵触情绪，则政策的贯彻执行难度会加大。其次，目标群体的素质能力对政策实施效果也会产生影响。目标群体对已有政策的熟悉程度、接受程度及反馈速度和对政策不断变化发展的判断能力和适应能力，都会对政策实施效果产生影响。同时，目标群体主导思想、价值观念等与政策导向的契合度，也是影响正常实施效果的重要因素。

（4）政策执行环境。

一项政策想要成功实施并取得理想效果，必须在合适的执行环境中，这环境包含经济环境和社会环境。良好的经济体制环境、高效有序的经济发展状态、目标产业的市场活跃程度等，会对政策顺利贯彻执行提供坚实的物质基础，从而保证政策执行的效果和效率。稳定的政治环境、良好的文化环境、健全的法律制度等，都在一定程度上影响了政策的实施效果。

史密斯政策执行模型不仅界定分析了政策执行过程中四个方面关键要素的主要内容，同时也对这四个方面关键要素之间相互关系进行阐述，即：①作用关系Ⅰ：理想化政策⇔目标群体；②作用关系Ⅱ：理想化政策⇔执行环境；③作用关系Ⅲ：执行主体⇔执行环境；④作用关系Ⅳ：目标群体⇔执行环境；⑤作用关系Ⅴ：执行主体⇔目标群体。在政策实施过程中，这四种关键要素会相互影响，从互动的紧张状态，经过沟通协调、组织处理等手段，演化发展成协调、有效的状态，从而达到系统内在统一。因此，从史密斯政策执行模型来看，政策实施效果的好坏，不仅取于决政策本身，更需要执行主体、目标群体、执行环境的有机配合，才能最终实现较好的政策实际效果。

三、史密斯模型应用的可行性

1. 史密斯模型构成要素具有稳定性及普适性

通过梳理学者针对公共政策执行过程所建构的理论模型可以发现，其研究内容基本都会涉及政策执行过程的影响因素或要素构成。其中，麦克拉夫林提出的政策执行互动模型中，指出了影响政策实施效果的三个方面，即政策执行方、受政策实施影响方及执行环境。马丁·雷恩和佛朗西·F.拉比诺维茨的政策执行循环模型，把政策执行过程看作是一个执行纲领拟定、资源分配、互相监督的双向循环过程，该过程受到环境条件的影响。米德和霍恩在政策执行系统模型中指出，政策标准及目标、政策资源、组织间沟通方式、执行机构的特性、执行人员的意向、经济政治环境等为影响政策制定及执行的主要因素。萨巴蒂尔和马兹曼尼安的政策执行综合模型中，认为在政策执行过程中起较大作用的有三大类变数：①政策问题的可处理性（可以利用的理论、目标群体行为、目标群体数量等）；②政策本身的规制能力（政策指令明确、财政资源充分、执行机构组织协调等）；③政策本身以外的变数（社会/经济/技术环境、大众认同度、媒体舆论等）。通过以上针对不同政策执行过程模型的表述来看，这些模型中提及的政策执行影响因素，均涵盖于史密斯模型的四大构成要素。

虽然学界还未能充分穷尽列举政策过程中的影响因素，但是诸多学者的研究，仍然证明史密斯模型对政策执行过程影响因素的归纳提炼，具有普适性及稳定性，能够作为研究某一公共政策问题的研究范式。

2. 本书问题应用史密斯模型的优势

公共政策执行过程，本身就是一个复杂多变的系统。系统中各相关要素会在不同外在条件限定下，对政策产生抵制、维持、中立、促进等作用。在对政策执行过程进行分析时，各相关要素特征、作用能力、要素之间影响关系等变化发展都会导致政策执行过程分析难度增加。针对建筑节能政策实施效果的研究，必然会涉及多种影响因素，例如政府职能作用、执行组织机构、产业链条中多种企业、社会公众及政策执行的背景环境等，而对这些影响因素本身及因素内部结构进行探讨，会使这一问题更加错综复杂。史密斯模型在考虑被研究系统整体性的前提下，将政策执行这一复杂过程分解成理想化模型、执行主体、目标群体、执行环境四大模块，再对其模块中内含影响因素进行分析，这样可以使复杂问题简单化，更为清晰地描述要素之间的关联。因此，本书将以史密斯模型作为影响建筑节能政策体系实施效果障碍因素的研究框架，在该模型基础上，梳理分析建筑节能政策实施效果的主要障碍因素。

第二节　研究方法设计

本书以影响建筑节能政策实施效果的障碍因素为研究对象，如图5-2所示，运用史密斯政策执行模型作为研究框架，梳理分析建筑节能政策实施效果障碍因素相关文献，识别建筑节能政策体系实施过程中的障碍因素，并针对调查数据样本进行统计分析及实证研究，从而进一步研究提供数据基础与理论依据。

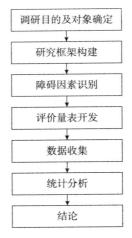

图 5-2　研究方法设计

第三节　影响建筑节能政策实施效果的障碍因素指标体系

一、障碍因素识别

可以看出建筑节能政策实施效果受到多种因素影响。因此有必要针对现行政策实施效果的影响因素进行系统科学的梳理与论证。通过对中英文相关文献的检索与梳理，搜集整理出相关文献共计 112 篇，从中去掉年代久远的、内容陈旧的、研究重点相关度不高的文献资料，筛选出 69 篇相关度较高的文献，对文献中提及的影响政策体系实施效果的因素进行分析并汇总，如表 5-1 所示。

二、障碍因素指标体系构建

在所筛选出的 69 篇中英文参考文献所汇集成影响因素列表，通过归纳整理、提炼分析，整理出影响建筑节能政策实施效果的障碍因素初选指标，基于史密斯政策执行模型，把这些障碍因素的初选指标归为政策质量、执行主体、执行资源、目标群体及执行环境 5 个维度。并基于多位专家的意见和建议，对拟构建的指标体系进行修正完善，最终形成了由 5 个维度、40 个测量指标构成的影响建筑节能政策实施效果的障碍因素指标体系，如表 5-2 所示。

表5-1　影响建筑节能政策实施效果的障碍因素

序号	代表文献	影响因素	研究重点	研究方法
1	Kong 等（2015）	建筑节能机制设计；建筑节能行政管理模式；建筑节能财政支持；监督机制	"十一五"期间中国建筑节能政策发展回顾	文献综述
2	Annunziata 等（2013）	参与主体；执行环境	欧洲各国"零碳建筑"立法及应用现状	案例分析、文献回顾
3	Tuominen 等（2012）	管理规定；组织机构；决策机制；财政支持；信息机制；教育与培训	估算欧盟10国建筑节能潜力，评估建筑节能政策工具的实施效果	实证研究、文献研究
4	Hirst 等（1980）	财政支持；金融支持；管理机制	分析270座既有公共建筑节能改造案例，对2010条节能改造措施的实施效果进行评估	实证研究、统计分析
5	Shama（1983）	社会公众；监督机制	实现建筑节能需要通过经济激励把节能技术与行为与节能相结合	文献综述、案例研究
6	Sawyer & Wirtshafter（1984）	经济激励；利益取向；财政支持	美国政府对可再生能源补贴与税收优惠在建筑节能领域的应用效果	文献回顾、案例研究
7	Dodoo（2011）	经济激励；市场化机制；融资渠道	美国太阳能住宅热水装置推广对不同节能政策效果进行实证研究	实证研究、文献研究
8	Ruparathna 等（2009）	技术创新；社会公共意识；行为节能；组织；管理机制	对15年建筑节能管理领域核心杂志的建筑节能文章进行综述	文献综述
9	Nair 等（2010）	经济激励；节能技术信息；宣传；消费者素质	基于对瑞典3059个家庭的问卷调查，探讨业主对建筑围护结构节能实施的敏感性程度及行为表现	文献回顾、统计分析

续表

序号	代表文献	影响因素	研究重点	研究方法
10	Atkinson 等 (1992)	政策多样性；政策有效性；政策组合	探讨美国政府在商业及住宅领域推广照明节能的政策选择	文献回顾、统计分析
11	Iwaro & Mwasha (2010)	资金困难；节能产品技术匮乏；个人行为及组织行为约束；信息资源匮乏	在线调查60个发展中国家建筑节能标准发展现状	统计分析、案例分析
12	Zhang & Wang (2013)	法律制度；行政管理机制；金融激励机制；市场机制	对中国建筑节能领域的政策现状进行分析，发现现行政策中最有效的是政府行政管制及财政补贴	案例分析、计量模型
13	Hou 等 (2016)	政府财政补贴水平；分期付款模式；商业模式推广	对比分析2011年、2012年中国上海、天津、深圳、重庆四个商业节能试点城市大厦节能改造措施	案例分析
14	Decanio (1993)	信息不充分；资金制约；未来预期不确定性	基于经济外部性理论及公共财政理论，分析目标对象采取节能行为的障碍因素	理论研究、文献分析
15	Tambach & Hasselaar (2010)	政策公平性；政策灵活性；政策透明性；政策可行性	对荷兰及其他一些欧洲国家既有住宅建筑存量的能源政策实施效果进行实证研究	实证研究
16	Muller & Hoerner (2011)	政策效果；执行环境；行政管理机制；政策公平性；政策合法性	分析美国碳税对财政收入及环境的作用	文献回顾、计量模型
17	Konidari & Mavrakis (2007)	环境因素；政策可接受性；政策公平性；政策灵活性；政策实施可行性	构建针对欧盟主要国家气候变化政策工具的多指标评价体系	文献回顾、统计分析
18	郑娟尔, 吴次芳 (2005)	建筑节能制度体系完善性（节能标准、法律法规、供热收费制度等完善性）；政策传导机制（经济利益驱动、政治利益驱动、约束机制、管理体制）	基于控制论角度研究分析了中国建筑节能政策设计的阻碍因素	理论研究、案例研究

续表

序号	代表文献	影响因素	研究重点	研究方法
19	邓建英、马超群 (2012)	政府与节能服务公司的博弈关系	基于信息经济学相关委托—代理及逆向选择理论，建立政府监督节能效能的激励约束博弈模型，量化分析政府与建筑节能服务公司之间的博弈关系	理论研究，计量模型
20	于凤光、蒋霞 (2014)	政策执行能力；政策实施监督机制；政策实施环境	通过能效证书交易二元主体经济分析中国建筑业引入节能证书交易机制的可能性及必要性	理论研究
21	张家力 (2013)	建筑节能专项立法；监管机制；激励政策	从全生命合同周期探索建筑节能管理过程存在的问题	文献回顾，案例分析
22	宋琳琳、孙萍 (2011)	建筑节能政策的利益相关者作用关系	基于政策网络理论从行动者、网络结构、网络互动分析中国建筑节能政策网络	计量模型，文献回顾
23	张琦 (2012)	健全管理机构；制定具体可行节能标准；激励政策；推广能源标识	借鉴德国、法国、美国等建筑节能领域政策	案例研究
24	张严柱 (2012)	建筑节能标准体系建设；公共建筑节能专项审查制定；公共建筑节能监管制度；建筑节能改造创新；建筑节能机制创新	分析中国公共建筑节能政策设计原则及政策优化途径	理论研究，文献回顾
25	邓建英、马超群 (2012)	中央政府与地方政府的博弈关系	分析中央政府与地方政府在推行建筑节能过程中委托—代理关系，并构建二者政令执行快博弈模型	计量模型
26	刘树青等 (2011)	政府、开发商、供应商三方博弈关系	建立政府、开发商、供应商等建筑节能三大主体之间博弈损益模型，计算纳什均衡解	计量模型

续表

序号	代表文献	影响因素	研究重点	研究方法
27	汪青松等（2008）	政府与开发商之间博弈关系	研究建筑节能产业投资与非建筑节能产业投资之间博弈关系，政府与开发商之间博弈关系	计量模型
28	武涌等（2010）	建筑节能政策与中国倡导政策理念相协调；确立建筑节能耗水基线；强调政府在建筑节能过程中的作用；因地制宜设计建筑节能标准；完善建筑节能认证体系；有效合适的经济激励政策；供热计量费改革	研究欧盟及法国在建筑节能减排政策方面的成功经验	案例研究
29	王建声等（2006）	强调政府责任；加大监管力度；经济激励政策与执行节能标准挂钩；完善建筑节能技术体系；培育建筑节能市场；试点示范工程建设；节能意识宣传	分析中国现阶段建筑节能管理的现状及问题	文献回顾、案例研究
30	李慧等（2008）	政府作用；市场机制；经济激励；建筑节能交易市场参与者	运用新制度经济学的信号传递分析方法，解决建筑节能市场交易中激励缺失问题	计量模型、文献回顾
31	朱宁宁等（2008）	建筑节能政策实施的经济环境；社会环境	运用自然实验法和双重差分模型对建筑节能政策产生的因果效应进行实证	统计分析、文献回顾
32	王素凤（2010）	政府与建筑企业群体的博弈关系	通过建立建筑节能参与主体间博弈模型，分析各参与主体在建筑节能推广中的博弈行为	计量模型、文献回顾
33	杨杰、房勤英（2010）	政府责任边界；建筑节能行业协会作用；信息服务机构；建筑节能专业人士能力	基于协动作用分析了建筑节能第三方机构对建筑节能管理的作用	计量模型、文献回顾

续表

序号	代表文献	影响因素	研究重点	研究方法
34	刘宇伟	用户个人特征；经济因素；社会心理因素	基于计划行为理论分析住户能户节能行为机理，评述发达国家促进住户节能的策略机制	理论研究、文献回顾
35	龙惟定、张蓓红（2004）	政府作用；市场机制	研究建筑节能服务中市场机制与政府规制的互动机制	理论研究、文献回顾
36	邹瑜等	政策体系完善性；政策设计科学合理性	对中国30年以来建筑节能标准发展历程及政策体系进行回顾分析	案例研究
37	张仕廉等（2006）	节能资源保障；节能人员素质	从节能管理保障措施，节能人员素质，节能重点技术三个维度分析中国商业建筑节能管理模式	案例研究
38	王星、郭汉丁等（2016）	政府作用；目标群体参与度；目标群体自身素质及专业水平	基于委托—代理协同激励模型分析既有建筑节能改造市场发展实施路径	计量模型、文献回顾
39	黄明强等（2016）	消费者行为；市场环境；经济激励；节能法规；节能产品生产企业水平	运用结构方程模型探讨影响建筑节能产品推广应用的因素之间关系	文献研究、统计分析
40	王莉等（2015）	政策形式；政策作用主体；监督机制；政策配套措施	分析中国公共建筑节能经济激励政策存在的问题	文献研究
41	彭琛、郝斌（2015）	政策形式；政策作用对象；实施机制	从能耗和能效角度探讨了未来建筑节能的发展线路及政策体系	案例研究、文献研究
42	张时聪等（2014）	政策质量；不同政策工具组合	分析美国、丹麦、英国、日本等国家建筑节能标准规范的现状	案例研究

113

续表

序号	代表文献	影响因素	研究重点	研究方法
43	饶蕾、李传忠（2015）	制度约束；执行机制；监督机制；宣传推广	分析欧盟能效标识制度体系的相关政策及制度	实证研究、案例研究
44	宋琪等（2014）	政策多样性；推广机制；执行人员	分析了中国发展被动式建筑的障碍因素及其对策	文献回顾、案例研究
45	侯静等（2014）	政策作用对象	基于波特五力竞争模型分析既有公用建筑节能改造中利益相关者及竞争趋势	计量模型、文献回顾
46	徐雯、刘率（2009）	政策实施利益相关者	从农户、节能农宅投资方、政府、购权方、金融机构等主要利益主体角度分析节能住宅融资机制设计	文献回顾
47	李佐军、赵西君（2014）	监管体系不完善；未纳入政绩考核指标体系；建筑使用主体复杂	探讨了中国建筑节能减排的难点与对策	文献回顾
48	石锋、王要武等（2014）	政策实施利益相关者	基于福利分析方法及进化博弈理论，建立政策改变对建筑节能服务市场、企业、用户市场行为的影响模型	计量模型、理论研究
49	王茵、郁建兴（2014）	政策措施；政策形式	比较中国、德国在推广可再生能源建筑应用过程中不同政策工具的应用现状	案例研究、文献回顾
50	孙晓水（2013）	政策有效设计；组织、领导与监管；非正式制度建设（宣传教育与习惯养成）	探讨中国新农村建筑节能法律政策实施现状及问题	案例研究、文献回顾
51	奥理·塞佩宁、张磊华等（2013）	政策目标明确性；政策措施针对性；因地制宜	重点介绍了欧盟及其成员国近年来制定的有关建筑能效和生态设计等令及法规	案例研究

续表

序号	代表文献	影响因素	研究重点	研究方法
52	程杰等（2013）	技术创新；市场机制；监督机制	探索中国建筑领域节能发展模式	文献回顾
53	林泽、郝斌（2010）	信息支持；融资渠道；财政支持；实施制度；监督机制	分析了促进建筑节能领域合同能源管理发展方面的关注重点、主要研究方向及实施路径	文献回顾、案例研究
54	蒋旻（2012）	法律法规的完善；建筑节能评估及认证机制的健全；技术服务体系；财政支持；社会公众意识	基于治理理论剖析政府、企业、社会三者在建筑节能动力耦合机制中的作用	理论研究、计量模型
55	汤民等（2012）	监督机制；政策配套措施	通过案例分析剖析绿色建筑运行实效问题	文献回顾、案例研究
56	舒海文等（2012）	节能技术引进力度；财政支持	剖析中国北方居住建筑节能设计标准提升的阻碍	文献回顾、案例研究
57	仇保兴（2011）	社会共识；管理制度；政策体系；技术能力	重点分析了中国近期加快发展绿色建筑的推动力	文献回顾、案例研究
58	孙晓冰、沙凯逊（2012）	技术、资金、制度；政府、市场及第三方之间博弈	分析中国新农村村社区建筑节能工作思路	文献回顾、案例研究
59	卜增文、孙大明等（2012）	政策体系完善性；市场机制；政府与市场的博弈关系	探讨了中国在快速城镇化进程中绿色建筑发展历程	文献回顾、案例研究

表 5-2　影响建筑节能政策实施效果的障碍因素指标体系

维度		影响因素	因素释义
政策质量	KI₁	现行政策制定过程不够科学	现行建筑节能政策在制定过程中科学性程度不够，例如制定时未考虑采用公众参与机制，未充分征询利益相关者意见，学术界未反复对待颁布政策进行有效性论证等
	KI₂	现行政策体系不够完善	现行建筑节能政策体系完善性程度不足，政策工具种类不全面，数量较少，比例不恰当等
	KI₃	现行政策工具有效性不足	现行建筑节能政策工具中包含政策工具目标不明确，措施针对性不强，实施可行性不强等
	KI₄	现行政策公平合理性不足	现行建筑节能政策体系中包含的政策公平合理性不足，不能较为平等地对待各方利益，存在利用现行政策，达到维护自身垄断地位，获取不合理补贴或报酬等现象
	KI₅	现行政策工具不够连续	现行建筑节能政策体系在实施过程中的持续性程度不高，存在政策工具频繁调整，有效期内政策工具大幅变化等现象被废弃，执行主体调整变动而导致政策工具设计等
	KI₆	现行政策文本更新频率慢，周期长	现行建筑节能政策的更新程度较差，周期长，未对政策文本进行定期更新，未考虑实际，标准参数修正，措施要求完善进行科学设计等
	KI₇	与其他政策的协调性不足	与其他政策相关环保产业政策冲突，互斥，不协调现象等
	KI₈	与现行政管理体制的不匹配	与中国现有行政管理体制的契合程度不高，适应程度较差，存在不匹配，不协调现象等
执行主体	KI₉	执行组织结构配置不合理	现行建筑节能政策执行组织结构合理化程度不足，未设置专门的机构和人员负责，组织结构不明晰，岗位职责不清楚等
	KI₁₀	执行组织人员构成不合理	现行建筑节能政策执行组织人员构成合理化程度不高，组织人员构成数量，比例不合理，存在因人设岗等
	KI₁₁	决策主体决策能力不高	现行建筑节能政策决策主体对政策的提炼能力，预测能力，决策能力不足，对现行政策体系的认知不足，决策经验不够，存在政策不合理偏好，对建筑节能工作重视程度不够等
	KI₁₂	执行主体执行能力不高	现行建筑节能政策执行主体专业知识欠缺，技术能力欠缺，工作效率低下，职业责任感不够等

116

续表

维度		影响因素	因素释义
执行主体	KI₁₃	中央政府部门间利益博弈	中央政府部门之间存在利益博弈现象，对政策存在差异等
	KI₁₄	中央政府与地方政府间利益博弈	中央政府与地方政府之间存在利益博弈现象，对建筑节能政策所持主观态度存在差异等
	KI₁₅	执行主体间利益博弈	执行主体与目标群体之间存在利益博弈现象，对建筑节能政策实施所持主观态度存在差异等
	KI₁₆	缺乏有效监督机制	现行建筑节能政策监督体系的监督机制设计不够合理完善，监督成效不大等
	KI₁₇	行业协会、第三方机构等作用力度不足	行业协会、第三方机构等非政府组织对建筑节能政策落实的作用力度不足
	KI₁₈	公众舆论作用不足	公众舆论对建筑节能减排公共舆论导向力度不够等
执行资源	KI₁₉	专业人才培养及引进力度不足	建筑节能领域相关专业人才培养及引进力度不足
	KI₂₀	技术创新及技术引进力度不足	建筑节能领域相关技术、产品、设备创新能力及引进力度不足
	KI₂₁	财政支持力度不够	政府对建筑节能政策落实的财政支持力度不够
	KI₂₂	金融支持力度不够	政府对建筑节能政策落实的金融支持力度不够
	KI₂₃	权威资源保障力度不够	未形成足够权威资源作为建筑节能政策实施过程的保障，权威资源主要是指政策执行主体对目标群体具有的权威性，威慑力、公信力及感召力
	KI₂₄	信息传递渠道及机制不畅	建筑节能领域信息传递渠道的完善程度不足
	KI₂₅	建筑能耗统计制度不够完善	建筑能耗统计制度的完善程度不够
	KI₂₆	建筑能效信息披露机制不够完善	建筑能效信息披露机制的有效程度不足
目标群体	KI₂₇	企业对现行政策体系认可度不高	企业对现行建筑节能政策体系认可程度偏低，例如建设单位、施工单位、材料设备供应商、咨询单位、节能服务第三方机构等对政策的接受度、认可度偏低等
	KI₂₈	业主及公众对现行政策体系认可度不高	业主及社会公众对建筑节能政策认可程度偏高

117

续表

维度	影响因素	因素释义
目标群体	KI₂₉ 目标群体对现行政策体系熟悉程度不高	目标群体对现行建筑节能政策体系所含政策工具的熟悉程度偏低等
	KI₃₀ 目标群体对现行政策体系理解能力不强	目标群体对现行建筑节能政策具体措施的接受程度、理解程度及反馈速度等能力水平不高等
	KI₃₁ 目标群体对现行政策变化应对能力不强	目标群体对现行建筑节能政策出现颁布、更新、修订、废止等情况的判断能力、应对能力不强
	KI₃₂ 目标群体对现行主体的议价能力不强	目标群体与执行主体就现行建筑节能政策实施过程中议价能力不强等
	KI₃₃ 个人价值观念与现行政策导向不一致	个人节能减排意识、价值观念、利益取向，与节能减排政策导向的契合度较差，与节能减排理念不一致等
	KI₃₄ 企业发展理念与现行政策导向不一致	企业经营目标、发展战略、经营理念、企业文化及企业家精神，与节能减排理念的契合度较差，与节能减排政策导向不一致等
执行环境	KI₃₅ 宏观经济发展水平不高	中国经济发展水平不高，市场经济发育程度不够等
	KI₃₆ 建筑节能产业自身发展水平不高	中国现行建筑节能相关产业中相关企业数量偏少、规模较小，生产能力不够，产业技术水平不高，产业集群效应不明显等
	KI₃₇ 建筑节能相关支持产业发展水平不高	中国现行建筑节能支持产业发展水平、发展程度、支持力度等不足
	KI₃₈ 建筑节能市场作用不足	中国建筑节能市场结构不合理、市场资本流动较差，利益相关者的市场参与度不高，市场活跃度不高等
	KI₃₉ 节能减排意识形态发展程度不高	全社会针对节能减排、保护环境等意识形态发展程度不高
	KI₄₀ 国际环境压力及影响	来自其他国家、国际组织、国际协议的国际环境压力及影响等

第四节 调查问卷设计与数据收集

一、调查问卷设计

（1）问卷结构设计。

设计调查问卷的主要目的在于获取原始数据。该数据将会影响到本章针对所研究障碍因素的影响程度的分析。为保证调查问卷的科学合理性、符合客观事实依据且能够反映受访者意愿，本书在文献研究的基础上对问卷进行了反复测试，并采用专家访谈法，邀请5位该领域专家（分别来自高校、政府机构、地产公司、建设单位及咨询单位）进行座谈，对调查问卷进行讨论评价，结合专家意见对问卷进行调整完善，最终形成正式调查问卷（见附录）。

该调查问卷主要涉及两部分，第一部分是个人基本情况，第二部分是影响因素重要程度量表。"个人基本情况部分"主要包括对受访者个人信息情况的调查，包含工作单位、职务、工作年限及是否参与过建筑节能政策的咨询、研讨、制定或执行过程，可以了解受访者填写问卷的真实可靠性。第二部分是核心部分，根据上述构建建筑节能政策实施效果影响因素指标体系形成测量量表，运用李克特5级量表法进行统计分析，按照因素影响程度分为"极不重要""不太重要""一般""比较重要""非常重要"，进行1~5分赋值。

（2）问卷发放途径及对象。

为保证调查问卷能够收集到高质量、可靠、有效的数据，在问卷发放过程中考虑问卷发放地区、发放对象、发放渠道等问题。调查问卷发放主要采用两种方式：第一种，"问卷星"专业问卷调查网站在线调查，向受访者发送调查问卷链接（https：//sojump.com/jq/12253833.aspx）进行邀请；第二种，邮件和纸质问卷发放。发放渠道主要为：①通过参加由中华建设管理研究会、浙江大学主办的"CRIOCM2015第二十届建设管理与房地产发展国际学术研讨会"（2015-10-23~10-25）；②通过参加由中国城市科学研究会、中国绿色建筑与节能专业委员会、中美绿色基金主办的"第十二届国家绿色建筑与建筑节能大会"（2016-03-24~03-25）；③通过导师的校友关系及朋友关系。调研区域主要包含北京、上海、广州、杭州、重庆、深圳等城市，并有针对性地向国内知名房地产企业、施工单位、咨询单位进行发放。在此基础上，采用滚雪球技术（Snowballing）扩大发放规模，尽量涵盖到政府部门、建设单位、施工单位、材料设备供应商、咨询单位、节能服务第三方机构等建筑节能政策实施过程中的诸多参与者。

二、调查问卷回收情况与结构分析

本次问卷调查历时 6 个月，发放调查问卷共计 300 份，实际回收问卷 234 份，去除不完整的、重复的或信息有误的问卷，共得到有效问卷 217 份，问卷有效率达到 72.33%。本次收集的样本数据基本情况如表 5-3 所示。

表 5-3　调查样本构成情况（N=217）

特征	类别	样本数量	比例（%）
调查对象	科研机构及高等院校	53	24.42
	政府部门	47	21.66
	建设单位	38	17.51
	施工单位	25	11.52
	材料、设备供应商	21	9.68
	规划设计、监理、造价等咨询单位	18	8.29
	节能服务第三方机构	9	4.15
	其他	6	2.76
职务	高层决策者	12	5.53
	中层管理者	86	39.63
	技术人员	32	14.75
	科研人员	63	29.03
	行政人员	10	4.61
	其他	14	6.45
学历	专科及专科以下	1	0.46
	本科	41	18.89
	硕士	126	58.06
	博士	49	22.58
是否参与建筑节能政策实施过程	是	136	62.67
	否	81	37.33

从表5-3可以看出，问卷调查对象中来自科研机构及高等院校、政府部门、建设单位、施工单位、材料设备供应商、咨询单位、节能服务第三方机构等不同群体的专家分布较为均匀，其中高层决策者、中层管理者、科研人员总共占比达74.19%，具备硕士及硕士以上学历的专家达到80.64%，这说明调查问卷结构比较合理、群体分布比较均匀，具有较高的代表性。

第五节　数据分析与处理

一、信度检验与效度检验

1. 信度检验

本书采用 SPSS19.0 软件对问卷进行信度分析（Reliability Analysis），采用信度 Cronbach's α 系数法（Cronbach，1951）。通常认为 Cronbach's α 系数 ∈ [0.65，0.70]，信度为最小接受值；Cronbach's α 系数 ∈ [0.70，0.80]，信度为相当好；Cronbach's α 系数 ∈ [0.80，0.90]，信度为非常好（张虎和田茂峰，2007）。对问卷数据进行信度检验，如表5-4所示，得其 Cronbach's α 值为0.772（>0.7），说明问卷数据内部一致性和可靠性非常高，信度良好。

表 5-4　信度分析 Cronbach's α 系数检验结果 （N=217）

Cronbach's α	Cronbach's α Based on Standardized Items	项数
0.772	0.757	40

2. 效度检验

本书问卷设计依赖于大量学术文献综述回顾，通过进行梳理、分析、提炼问卷主体内容，通过小范围专家访谈对问卷进行修正，形成最终调查问卷。因此，可以认为本书符合一定程度的内容效度和准则效度。在问卷结构效度验证上，本书采用探索性因素分析法。本书利用 SPSS19.0 进行探索性因素分析，选择 Bartlett 球形检验和 KMO（Kaiser-Meyer-Olkin）检验，检验结果如表5-5所示。

表5-5　KMO 检验和 Bartlett's 球形检验

Kaiser-Meyer-Olkin Measure of Sampling Adequacy		0.710
Bartlett's Test of Sphericity	Approx. Chi-Square	7040.999
	df	780
	Sig.	0.000

根据表5-5检验结果，本书量表中 Bartlett's 球形检验结果显示，近似卡方值为7040，自由度（df）=780，相伴概率值为0.000<显著性水平0.05，拒绝 Bartlett's 球形检验的零假设。KMO 值为0.710>0.5，说明测量因素共同度大，存在相关性，具有较好的适配度，适合做因子分析。

二、关键障碍因子提取

因子分析法（Factor Analysis Method）是由查尔斯·皮尔曼（Charles Spearman）于1904年提出的，是一种通过寻求被研究变量群中共性因子，以少数不相关的信息解释较为完整的研究内容。

因此，针对已梳理的影响建筑节能政策实施效果的40项障碍因素，通过因子分析法进行降维（Dimension Reduction），将复杂分散的指标描述集中化，从而得出影响建筑节能政策实施效果的关键性障碍因素，为进一步研究确定重点，提供依据。在 SPSS 19.0 中选取主成分分析法（Principal Components）进行运算，运行结果如表5-6所示。可以看出，除了障碍因素 K_{23}，其余的影响因素负荷均大于0.50，故均应予以保留，且表明因素之间关系密切，共同度高，因子提取效果好。

表5-6　公因子方差（共同度）计算结果

影响因素	初始	提取
KI_1	1	0.873
KI_2	1	0.899
KI_3	1	0.856
KI_4	1	0.863
KI_5	1	0.899
KI_6	1	0.903
KI_7	1	0.884
KI_8	1	0.886
KI_9	1	0.912

续表

影响因素	初始	提取
KI_{10}	1	0.915
KI_{11}	1	0.917
KI_{12}	1	0.922
KI_{13}	1	0.831
KI_{14}	1	0.835
KI_{15}	1	0.829
KI_{16}	1	0.824
KI_{17}	1	0.843
KI_{18}	1	0.844
KI_{19}	1	0.821
KI_{20}	1	0.89
KI_{21}	1	0.827
KI_{22}	1	0.857
KI_{23}	1	0.312
KI_{24}	1	0.859
KI_{25}	1	0.924
KI_{26}	1	0.839
KI_{27}	1	0.903
KI_{28}	1	0.91
KI_{29}	1	0.908
KI_{30}	1	0.911
KI_{31}	1	0.908
KI_{32}	1	0.933
KI_{33}	1	0.955
KI_{34}	1	0.952
KI_{35}	1	0.836
KI_{36}	1	0.88
KI_{37}	1	0.838
KI_{38}	1	0.885
KI_{39}	1	0.884
KI_{40}	1	0.861

注：提取方法：主成分。

碎石图是因子的方差图，成分数、特征值构成了横纵坐标轴，用以确定公共因子数量。碎石图结果如图 5-3 所示，表明：前面 14 个因子特征根>1，且下降趋势陡峭，当第 15 个（尤其是第 16 个）因子开始，特征根值均已<1，且趋势变得平缓，因此，认为可提取前面 14 个因子作为公共因子。结合表 5-6、表 5-7 可知，这 14 个公共因子对原始信息的贡献率依次为从 9.5% 降低至 4.2% 左右，其累计贡献率达到 86.567%，集中了原始 40 个变量的将近 85% 的信息，可见效果还是比较好的，起到了降维的作用，即在信息损失很少的前提下，将原始的 40 个有信息重叠的指标转化为 14 个综合指标。

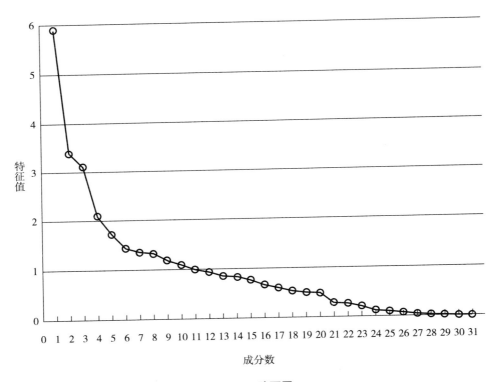

图 5-3 碎石图

通过确定公共因子后，为更好识别和寻求公共因子表述含义，本书选择方差极大化法，对因子荷载矩阵进行旋转，得到旋转后因子载荷矩阵，如表 5-8 所示。

表 5-8 中可知各障碍因素的荷载系数及其所代表变量，旋转后荷载较为合理

表5-7 总方差解释

成分	初始特征值			提取平方和载入			旋转平方和载入		
	合计	方差的%	累积%	合计	方差的%	累积%	合计	方差的%	累积%
1	5.667	14.168	14.168	5.667	14.168	14.168	3.69	9.225	9.225
2	4.325	10.814	24.982	4.325	10.814	24.982	3.494	8.735	17.96
3	3.303	8.257	33.239	3.303	8.257	33.239	3.494	8.735	26.694
4	2.788	6.97	40.21	2.788	6.97	40.21	3.421	8.552	35.246
5	2.607	6.518	46.728	2.607	6.518	46.728	2.604	6.51	41.756
6	2.473	6.183	52.91	2.473	6.183	52.91	2.529	6.323	48.08
7	2.254	5.634	58.544	2.254	5.634	58.544	2.452	6.129	54.209
8	2.053	5.133	63.677	2.053	5.133	63.677	1.951	4.877	59.085
9	1.869	4.672	68.349	1.869	4.672	68.349	1.886	4.716	63.801
10	1.744	4.361	72.71	1.744	4.361	72.71	1.849	4.622	68.423
11	1.53	3.826	76.536	1.53	3.826	76.536	1.835	4.588	73.011
12	1.452	3.629	80.165	1.452	3.629	80.165	1.815	4.538	77.549
13	1.306	3.265	83.43	1.306	3.265	83.43	1.807	4.519	82.068
14	1.255	3.137	86.567	1.255	3.137	86.567	1.799	4.499	86.567
15	0.885	2.213	88.78						
16	0.356	0.89	89.67						
17	0.337	0.841	90.511						
18	0.313	0.782	91.293						
19	0.273	0.682	91.976						
20	0.26	0.651	92.626						

续表

成分	初始特征值			提取平方和载入			旋转平方和载入	
	合计	方差的%	累积%	合计	方差的%	累积%	方差的%	累积%
21	0.246	0.615	93.242					
22	0.24	0.599	93.841					
23	0.223	0.559	94.399					
24	0.213	0.533	94.932					
25	0.204	0.511	95.443					
26	0.197	0.493	95.936					
27	0.178	0.444	96.38					
28	0.169	0.422	96.802					
29	0.161	0.403	97.205					
30	0.149	0.372	97.577					
31	0.14	0.351	97.928					
32	0.134	0.336	98.263					
33	0.117	0.294	98.557					
34	0.112	0.28	98.837					
35	0.105	0.262	99.099					
36	0.084	0.21	99.31					
37	0.083	0.208	99.517					
38	0.076	0.191	99.708					
39	0.067	0.168	99.877					
40	0.049	0.123	100					

表 5-8　旋转后因子载荷矩阵

指标序号	成分													
	1	2	3	4	5	6	7	8	9	10	11	12	13	14
KI$_1$	0.011	0.033	0.921	0.095	0.045	-0.015	-0.015	0.065	-0.019	-0.02	-0.06	-0.015	-0.055	-0.003
KI$_2$	0.006	-0.037	0.943	0.036	-0.021	0.045	0.001	0.023	0.008	0.025	-0.041	-0.029	-0.026	0
KI$_3$	-0.002	0.026	0.916	0.048	0.027	0.02	0.049	0.016	0.011	-0.013	0.025	-0.068	-0.062	-0.008
KI$_4$	-0.012	-0.003	0.913	0.131	-0.022	-0.003	-0.024	0.023	-0.034	-0.059	-0.049	-0.031	-0.041	-0.034
KI$_5$	0.078	0.015	-0.088	0.024	0.007	0.022	0.033	-0.045	0.095	0.049	-0.07	-0.069	0.927	-0.008
KI$_6$	0.03	0.044	-0.085	-0.057	0.032	-0.041	0.035	0.048	-0.009	-0.001	-0.06	-0.012	0.937	0.026
KI$_7$	-0.052	0.013	-0.048	0.064	-0.022	0.043	-0.031	0.064	0.063	0.094	0.009	-0.007	0.006	0.924
KI$_8$	-0.066	0.001	0.008	0.032	-0.019	0.06	-0.079	0.01	0.05	-0.1	0.075	-0.02	0.016	0.923
KI$_9$	-0.001	-0.071	-0.061	-0.079	-0.024	-0.066	0.1	-0.062	0.001	0.013	0.039	0.936	-0.031	-0.017
KI$_{10}$	-0.047	-0.058	-0.072	-0.068	-0.04	-0.023	-0.006	-0.021	0.014	0.009	-0.02	0.945	-0.048	-0.01
KI$_{11}$	0.003	0.038	-0.017	0.066	-0.001	0.005	0.055	-0.011	0.948	0.045	-0.042	-0.017	0.043	0.05
KI$_{12}$	0.018	0.078	-0.015	0.04	-0.037	-0.002	0.106	0.002	0.944	0.056	-0.014	0.033	0.04	0.061
KI$_{13}$	0.037	0.005	0.039	-0.023	0.059	0.898	-0.006	-0.011	0.031	0.009	0.099	-0.055	-0.023	0.053
KI$_{14}$	0.003	0.035	0.022	0.019	0.059	0.908	0.005	-0.013	0.015	0.012	0.052	-0.009	-0.031	0.016
KI$_{15}$	-0.005	0.052	-0.016	0.033	0.053	0.898	0.089	-0.002	-0.042	0.045	0.038	-0.024	0.035	0.03
KI$_{16}$	0.111	0.064	0.002	0.074	0.011	0	0.871	0.002	-0.024	0.02	0.096	0.059	0.072	-0.154
KI$_{17}$	0.019	0.107	0.034	0.067	0.038	0.068	0.898	0.03	0.051	-0.078	-0.014	-0.005	0.038	-0.043
KI$_{18}$	0.091	0.104	-0.026	-0.009	0.122	0.024	0.877	-0.023	0.154	0.067	-0.035	0.046	-0.037	0.075
KI$_{19}$	-0.057	-0.014	0.05	0.89	0.103	0.038	0.054	-0.037	0.022	-0.043	-0.008	-0.03	0.02	0.056
KI$_{20}$	-0.027	-0.042	0.101	0.926	0.06	-0.019	0.046	-0.059	0.08	0.015	0.023	-0.053	0.003	0.029
KI$_{21}$	0.027	0.007	0.047	0.9	0.108	-0.001	0.004	-0.015	0.018	0.013	0.004	-0.048	0.008	0.003

指标序号	成分													
	1	2	3	4	5	6	7	8	9	10	11	12	13	14
KI22	-0.01	0.015	0.112	0.913	0.052	0.011	0.031	0.009	-0.007	-0.025	0.03	-0.026	-0.069	0.019
KI23	-0.182	0.172	-0.021	0.079	0.013	-0.14	-0.078	-0.155	-0.129	0.298	-0.222	0.018	-0.105	0.164
KI24	0.034	0.029	0.027	0.071	0.916	0.022	0.08	0.043	0.021	-0.005	0.035	-0.023	0.014	-0.04
KI25	0.091	-0.041	-0.015	0.074	0.946	0.061	-0.014	0.036	-0.042	0.012	0.08	-0.007	0.01	0.008
KI26	0.066	-0.02	0.015	0.185	0.876	0.102	0.101	-0.004	-0.02	-0.06	0.083	-0.038	0.017	-0.01
KI27	0.094	0.159	-0.062	0.014	0.09	0.076	0.055	0.012	-0.029	0.064	0.91	-0.005	-0.107	0.047
KI28	0.104	0.086	-0.065	0.043	0.111	0.114	-0.018	-0.023	-0.042	0.009	0.923	0.026	-0.044	0.051
KI29	0.918	0.198	-0.044	0.002	0.045	-0.039	0.078	-0.062	0.02	0.024	0.077	-0.043	0.033	-0.019
KI30	0.921	0.205	-0.009	-0.009	0.076	0.04	0.038	0.01	0.014	-0.024	0.053	-0.02	0.055	-0.061
KI31	0.922	0.209	0.02	-0.031	0.059	-0.014	0.062	-0.028	-0.028	-0.001	0.064	-0.02	0.009	-0.014
KI32	0.924	0.24	0.036	-0.03	0.035	0.055	0.06	-0.071	0.021	-0.017	0.042	0.027	0.029	-0.052
KI33	-0.076	-0.021	0.059	-0.045	0.032	-0.007	0.002	0.962	0.003	0.108	-0.018	-0.049	-0.012	0.045
KI34	-0.054	-0.019	0.062	-0.048	0.044	-0.024	0.006	0.962	-0.014	0.11	0.016	-0.035	0.014	0.031
KI35	0.22	0.873	-0.022	-0.006	-0.014	0.022	0.078	-0.026	0.076	-0.04	0.057	-0.056	0.05	0.023
KI36	0.198	0.907	-0.01	0.003	-0.004	0.049	0.096	-0.043	0.039	0.001	0.022	-0.047	0.015	-0.023
KI37	0.184	0.889	0.012	-0.024	-0.031	0.012	0.047	0.042	0.003	0.017	0.09	-0.007	-0.015	0.01
KI38	0.224	0.902	0.042	-0.01	0.018	0.024	0.079	-0.022	0.017	0.065	0.076	-0.04	0.021	0.01
KI39	0.057	-0.042	-0.033	-0.014	0	0.069	0.019	0.096	0.091	0.922	0.032	0.001	0.048	-0.032
KI40	-0.036	0.042	-0.022	-0.045	-0.051	0.03	0.004	0.15	0.039	0.907	0.062	0.016	0.024	-0.004

注：提取方法：主成分方法；旋转法：Kaiser 标准化的正交旋转法；旋转在 7 次迭代后收敛。

地分布在 14 个公共因子上。此外，考虑到 K_{23} 在 14 个因子上的载荷值最大仅为 0.298，故认为 K_{23} 可以作为一个单独的因子进行处理，命名其为 F_{15}。通过分析各组变量含义，概括归纳出这 15 个综合变量的含义并将其命名，把其作为影响建筑节能政策实施效果的关键障碍因子，如表 5-9 所示。

表 5-9　综合变量命名分析

综合变量	因子命名	指标序号	障碍因素指标	因子荷载
F_1	目标群体专业素质偏低	KI_{32}	目标群体与执行主体的议价能力不强	0.924
		KI_{31}	目标群体对现行政策体系变化应对能力不强	0.922
		KI_{30}	目标群体对现行政策体系理解能力不强	0.921
		KI_{29}	目标群体对现行政策体系熟悉程度不高	0.918
F_2	经济环境发展不足	KI_{36}	建筑节能产业自身发展水平不高	0.907
		KI_{38}	建筑节能市场作用不足	0.902
		KI_{37}	建筑节能相关支持产业发展水平不高	0.889
		KI_{35}	宏观经济发展水平不高	0.873
F_3	现行政策缺乏科学合理性	KI_2	现行政策体系不够完善	0.943
		KI_1	现行政策制定过程不够科学	0.921
		KI_3	现行政策工具有效性不足	0.916
		KI_4	现行政策工具公平合理性不足	0.913
F_4	人财物资源投入不足	KI_{20}	技术创新及技术引进力度不足	0.926
		KI_{22}	金融支持力度不够	0.913
		KI_{21}	财政支持力度不够	0.900
		KI_{19}	专业人才培养及引进力度不足	0.890
F_5	信息资源匮乏	KI_{25}	建筑能耗统计制度不够完善	0.946
		KI_{24}	信息传递渠道及机制不畅	0.916
		KI_{26}	建筑能效信息披露机制不够完善	0.876
F_6	执行主体利益博弈关系	KI_{14}	中央政府与地方政府间利益博弈	0.908
		KI_{13}	中央政府部门间利益博弈	0.898
		KI_{15}	执行主体与目标群体间利益博弈	0.898

续表

综合变量	因子命名	指标序号	障碍因素指标	因子荷载
F₇	缺乏监督机制	KI₁₇	行业协会、第三方机构等作用力度不足	0.898
		KI₁₈	公众舆论作用不足	0.877
		KI₁₆	缺乏有效监督机制	0.871
F₈	目标群体利益取向	KI₃₃	个人价值观念与现行政策导向不一致	0.962
		KI₃₄	企业发展理念与现行政策导向不一致	0.962
F₉	执行主体专业素质偏低	KI₁₁	决策主体决策能力不高	0.948
		KI₁₂	执行主体执行能力不高	0.944
F₁₀	社会政治环境适宜性较差	KI₃₉	节能减排意识形态发展程度不高	0.922
		KI₄₀	国际环境压力及影响	0.907
F₁₁	目标群体政策认可度不高	KI₂₈	业主及公众对现行政策体系认可度不高	0.923
		KI₂₇	企业对现行政策体系认可度不高	0.910
F₁₂	执行主体组织机构设置不合理	KI₁₀	执行组织人员构成不合理	0.945
		KI₉	执行组织结构配置不合理	0.936
F₁₃	现行政策缺乏持续稳定性	KI₆	现行政策文本更新频率慢、周期长	0.937
		KI₅	现行政策工具不够连续	0.927
F₁₄	与其他环保产业政策协同性较差	KI₇	与其他环保产业政策的协调性不足	0.924
		KI₈	与现有行政管理体制的不匹配	0.923
F₁₅	权威资源保障不足	KI₂₃	权威资源保障力度不够	0.298

三、关键障碍因子的重要性排序

（1）关键障碍因子的重要性指数计算。

根据因子载荷矩阵及指标最终呈现情况，对 15 类关键障碍因子进行提炼概括，并运用重要性指数对 40 个指标、15 个关键障碍因子进行重要性计算及分析，具体结果如表 5-10 所示。

重要性指数计算公式为：

$$重要性指数 = \frac{1}{5} \sum \lambda m \times 100\% \tag{5-1}$$

其中，λ 是被调查者对某项影响因素指标的评分，即：$\lambda = \{1,\ 2,\ 3,\ 4,\ 5\}$；$m = \dfrac{n}{N-n}$，$n$ 为对某一影响因素指标做出同一评分的问卷个数，N 为被用于统计分析的问卷总数，即 $N = 217$。

综合变量重要性指数以综合变量内含指标的重要性指数系数均值进行计算。

表 5-10　障碍因素重要性指数计算及其排序

综合变量	指标序号	指标重要性指数	指标重要性指数排序	关键障碍因子重要性指数	关键障碍因子重要性指数排序
F_1	KI_{32}	4.49	32	4.48	12
	KI_{31}	4.39	33		
	KI_{30}	4.54	30		
	KI_{29}	4.51	31		
F_2	KI_{36}	6.61	24	6.63	9
	KI_{38}	6.79	23		
	KI_{37}	6.29	25		
	KI_{35}	6.82	22		
F_3	KI_2	25.09	7	26.01	2
	KI_1	26.75	5		
	KI_3	23.66	12		
	KI_4	28.56	2		
F_4	KI_{20}	27.61	4	28.08	1
	KI_{22}	28.56	3		
	KI_{21}	24.36	9		
	KI_{19}	31.78	1		
F_5	KI_{25}	14.78	16	15.03	6
	KI_{24}	15.73	15		
	KI_{26}	14.59	17		
F_6	KI_{14}	4.27	34	3.69	13
	KI_{13}	4.13	35		
	KI_{15}	2.68	40		

续表

综合变量	指标序号	指标重要性指数	指标重要性指数排序	关键障碍因子重要性指数	关键障碍因子重要性指数排序
F_7	KI_{17}	8.12	19	8.06	8
	KI_{18}	7.93	21		
	KI_{16}	8.12	20		
F_8	KI_{33}	5.78	27	5.78	10
	KI_{34}	5.78	26		
F_9	KI_{11}	19.63	13	19.16	5
	KI_{12}	18.68	14		
F_{10}	KI_{39}	3.37	36	3.36	14
	KI_{40}	3.35	37		
F_{11}	KI_{28}	4.73	28	4.72	11
	KI_{27}	4.7	29		
F_{12}	KI_{10}	23.7	10	24.04	4
	KI_9	24.39	8		
F_{13}	KI_6	23.66	11	24.39	3
	KI_5	25.12	6		
F_{14}	KI_7	3.27	38	3.26	15
	KI_8	3.25	39		
F_{15}	KI_{23}	11.62	18	11.62	7

（2）结果分析。

根据重要性指数对 15 个综合变量进行排序并按照所属维度进行梳理，如表 5-10 及表 5-11 所示，F_4 "人财物资源投入不足"、F_3 "现行政策缺乏科学合理性"、F_{13} "现行政策缺乏持续稳定性"、F_{12} "执行主体组织机构设置不合理"、F_9 "执行主体专业素质偏低"是排名前 5 的关键性障碍因子。

其中，F_4 "人财物资源投入不足"最为关键，这说明人财物资源是影响中国建筑节能政策实施效果的保障和基础。目前，中国建筑节能政策实施过程中仍然呈现高投入、低效率的现象。政府为鼓励建筑节能发展，提高建筑能效，投入了大量人力、物力、财力，但就目前来看，人财物资源仍然制约其政策实施效果，说明既要加大政策实施过程中的资源投入，又要重视政策实施过程中资源使用效率问题。

表5-11　影响建筑节能政策体系实施效果的关键障碍因子

维度	综合变量		综合变量重要性指数
政策质量	F_3	现行政策缺乏科学合理性	26.01
	F_{13}	现行政策缺乏持续稳定性	24.39
	F_{14}	与其他环保产业政策协同性较差	3.26
政策执行主体	F_{12}	执行主体组织机构设置不合理	24.04
	F_9	执行主体专业素质偏低	19.16
	F_6	执行主体利益博弈关系	3.69
	F_7	缺乏监督机制	8.06
政策执行资源	F_4	人财物资源投入不足	28.08
	F_{15}	权威资源保障不足	11.62
	F_5	信息资源匮乏	15.03
政策目标群体	F_{11}	目标群体政策认可度不高	4.72
	F_1	目标群体专业素质偏低	4.48
	F_8	目标群体的利益取向	5.78
政策执行环境	F_2	经济环境发展水平不足	6.63
	F_{10}	社会政治环境适宜性较差	3.36

F_3 "现行政策缺乏科学合理性"、F_{13} "现行政策缺乏持续稳定性"，也是比较关键的障碍因素。在政策制定过程中，是否充分征询利益相关者意见，是否在学术界进行反复可行性论证，政策体系的完善与否，每项政策所包含的具体措施是否科学有效、公平合理等都会影响建筑节能政策的科学合理性，进而影响其政策实施的效果。政策频繁调整、政策在有效期内经常出现废弃现象、政策因决策及执行主体的变动而大幅变化等，都会影响到政策的持续稳定性，降低政策实施效率。目前中国建筑节能政策主要以部门规章规定、行政性文件为主，由全国人民代表大会及其常务委员会、国务院等制定颁布的专门针对建筑节能领域的法律法规较少，这导致了在中国建筑节能政策实施过程中，政策的持续稳定性不高，政策出台延迟时间较长，政策实施的操作性不强。

F_{12} "执行主体组织机构设置不合理"和 F_9 "执行主体专业素质偏低"，也是现阶段中国建筑节能政策实施的关键障碍因素。这是由于建筑节能政策最终实施执行的落脚点在于人，只有通过执行主体来具体推动政策执行资源，以保障政策本身作用于目标群体，才能获取理想的政策效果。建筑节能又具有典型的正外部性，会导致"市场失灵"现象的产生，难以依靠自身市场机制进行克服。因此，建筑节能需要依赖政府进行不断推动，建筑节能政策也需要依赖政府这一主要执行主体来进行落实。现阶段中国建筑节能领域的行政管理体系还不够完善，执行组织结构合理化程度不足，尤其在省市级层面未设置专门的机构和人员负责，组织结构不明晰、岗位职责不清楚。作为建筑节能政策决策及执行主体，其自身的专业素质也会影响到政策执行效率，进而对政策实施效果产生影响。现阶段中国建筑节能政策决策主体对政策的提炼能力、预测能力、决策能力不足，对现行政策体系的认知不足，决策经验不够，存在政策不合理偏好，对建筑节能工作重视程度不够等问题。现行执行主体存在专业知识不足、技术能力欠缺、工作效率低下、职业责任感不够等，使得现阶段政策决策及执行主体的专业素质能力不高。这些问题都会影响到政策执行效率，进而影响到政策实施效果。

通过史密斯政策执行模型及上述讨论，我们可以得知，某项政策实施的实质，是由主体（执行主体）通过手段（政策本身），基于介质（执行资源、执行环境）作用于客体（目标群体）的过程，其实施效果高低取决于由执行主体和目标群体之间不断影响作用的契合度高低。因此，通过梳理对 15 个关键障碍因子的根源进行分析，可以发现各关键障碍因子之间也存在相互影响、相互作用的关系。

例如，F_3 "现行政策缺乏科学合理性"和 F_{14} "缺乏与其他政策的协同性"，都会影响到 F_{13} "现行政策缺乏持续稳定性"。F_2 "经济环境发展水平不足"与 F_{10} "社会政治环境适宜性较差"存在相互作用。F_1 "目标群体专业水平能力不足"、F_{11} "目标群体认可度不高"、F_8 "目标群体利益取向"之间存在相互影响。同时，F_7 "缺乏监督机制"会受到 F_5 "信息资源匮乏"的影响，建筑节能信息传递渠道是否通畅、建筑能耗统计制度的完善、建筑能效信息披露机制的有效性，会影响信息资源获取速度及获取量，进而影响到建筑节能产业中行业协会及非政府组织和公众舆论对建筑节能政策全过程的监督作用。F_2 "经济环境发展水平不足"会影响 F_{11} "目标群体的认可度不高"，这是因为建筑节能市场发展水平、建筑节能产品的应用普及率，均会影响到建筑节能市场内消费者及建筑企业对建筑节能产品的认知程度及认可态度，从而影响对建筑节能政策的认可度。F_{10} "社会环境适宜性较差"，将会影响 F_8 "目标群体利益取向"、F_{13} "现行政策缺乏持续稳定性"，这是由于社会公众的节能环保意识培养、节能减排价值取向的树立等，会影响到目标个体的利益取向确立来自其他国家、国际组织、国际协议、国际舆论等压力，可能会导致中国节能整体战略目标改变，进而影响到产业政策的持续稳定性。

通过上述分析，可以发现影响建筑节能政策体系实施效果的 15 个关键障碍因子存在若干主要作用关系，如图 5-4 所示。由这些关键障碍因子之间的相互关系可以看出，建筑节能政策体系实施效果是受到多方面障碍因子共同影响及作用的，因此需要基于上述 15 个关键障碍因子及其作用关系，对中国现有建筑节能政策体系进行优化，提升中国建筑节能政策体系的实施效果。

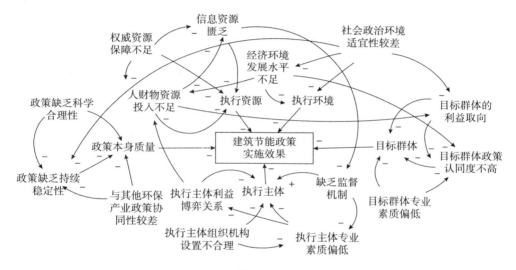

图 5-4　关键障碍因子作用关系

第六章　主要发达国家建筑节能政策国际经验借鉴

1973 年由于石油价格暴涨引发全球能源危机，造成了"二战"以来最严重的全球金融危机。持续 3 年之久的经济危机，严重冲击了发达国家的经济发展，导致工业总产值暴跌，GDP 持续下滑。以此为契机，国外发达国家先后开始开展节能降耗工作，因此建筑节能工作由此发展推广开来。经过近 40 年的努力，发达国家在建筑节能领域取得了显著成果，这与建筑节能政策的不断推进与实施，是密切相关的。本章搜集与整理全球主要发达国家及地区的建筑节能政策，梳理国外建筑节能政策类型、特点、发展过程及成功经验，对比分析国内外建筑节能政策体系的现状，得出发达国家已有经验对完善中国建筑节能政策体系的启示。

第一节　主要发达国家及地区建筑节能政策汇总

本书梳理美国、欧盟、德国、英国、法国、澳大利亚、日本、新加坡等国外主要发达国家及地区现有建筑节能政策，具体政策文件来源网站如表 6-1 所示，整理出主要发达国家及地区建筑节能政策汇总，如表 6-2 至表 6-7 所示，并对各国建筑节能政策发展过程及成功经验进行总结。

表 6-1　主要发达国家和地区建筑节能政策数据来源

国家/地区	数据来源	机构
美国	http：//www.eia.gov/	美国能源信息署
	https：//www.energy.gov/	美国能源部
欧盟	http：//ec.europa.eu/energy/index_en.htm	欧盟能源委员会

续表

国家/地区	数据来源	机构
德国	https：//www. dena. de/	德国能源署
英国	https：//www. gov. uk/government/organisations/department-of-energy-climate-change	英国环境保护部
法国	http：//www. ademe. fr/en	法国能源与环境控制署
澳大利亚	http：//www. environment. gov. au/climate-change	澳大利亚环境保护署
日本	http：//www. meti. go. jp/	日本经济产业省
新加坡	http：//app. mnd. gov. sg/Home. aspx	新加坡建设局

一、美国

1973 年能源危机导致美国经济衰退，迫使联邦政府重视包括建筑领域在内的各个领域的节能降耗工作。在建筑节能法律法规方面，美国国会在 1975 年颁布了《能源政策和节约法 1975》，其中提到在 45 个州进行推广建筑领域的节能减排并取得良好效果。在《国家能源法》中明确提出，"2000 年在 1985 年基础上，降低建筑能耗 20%"，并建立联邦节能基金。在《能源法案 2005》中明确规定了建筑节能具体目标要求，建筑能耗审计要求，耗能产品采购要求，节能效益合同推广及建立建筑物能效测试平台等。在 2007 年出台的《建筑节能法案》中，建立了建筑节能先进技术及方法和商业推广模型及应用示范，并明确规定了实验性节能建筑认证程序。

在节能标准规范制定方面，美国在建筑设计阶段、建造阶段、更新改造阶段均建立了建筑能耗最低标准。虽然美国联邦政府并未强制各州实行统一的建筑节能规范，但是在 2009 年，美国国会规定，任何想要接受"美国复苏与再投资法案 2009"（ARRA）中国家能源部项目资助的州，必须采用更严格标准的建筑能耗标准，美国 50 个州政府与哥伦比亚特区政府也已经书面同意该议案。IECC、ASHRAE 90.1 分别为美国现行住宅建筑和商业建筑的节能标准规范，每 3 年更新一次。各州政府在美国能源部进行该建筑节能标准更新后两年内，对本州的节能标准进行修订，美国政府在建筑节能标准制定过程中，会充分听取利益相关者意见，并举行听证会进行议案表决。与此同时，美国能源部会加速审查被修订后的标准，以减少出版与最终执行的迟延时间。并且，美国推广应用了"能源之

中国建筑节能政策体系评价及优化策略研究

表 6-2　美国主要建筑节能政策

政策工具	年份	政策文本	中文名称	具体措施
法律法规	1974	Housing and Community Development Act of 1974	住宅与社区发展法案	强调节能公众参与，鼓励中低收入居民参与到社区治理建设中
	1975	Energy Policy and Energy Conservation Act	能源政策和节约法	在 45 个州推广，取得良好节能效果
	1992	US Energy Act	国家能源法案 1992	提出"2000 年在 1985 年基础上降低建筑能耗 20%"，建立联邦节能基金
	2000	American Homeownership and Economic Opportunity Act	美国住房和经济机会法	鼓励建筑节能、低碳建筑发展
	2005	US Energy Policy Act of 2005	能源政策法案 2005	提出建筑节能要求，能源使用措施及审计要求等
	2007	US Building Energy Conservation Act	节能建筑法案	构建了建筑节能先进技术及制度的商业应用程序与示范
标准规范		IECC（International Electrical Certification Centre）	住宅建筑节能规范	每 3 年修订一次
	2000	ASHRAE 90.1（American Society of Heating Refrigerating and Air Conditioning Engineers）	商业建筑节能规范	每 3 年修订一次
		Energy Star Portfolio Manager	能源之星——建筑集群管家	线性回归法确定建筑能耗基线，规避由于客观性因素导致建筑能耗差异
补贴	1997	Millions Solar Roof Incentive Plan	太阳能百万屋顶激励计划	到 2010 年在 100 万个屋顶/建筑物其他可用部位，安装太阳能系统
	2001	Establishment of Renewal Communities	社区改造更新鼓励项目	鼓励社区进行节能改造
	2001	Sustainable Communities Initiative	可持续社会发展激励计划	
	2006	Building Performance with ENERGY STAR（BPWES）	能源之星配套经济激励	建筑节能补贴、税收减免、抵押贷款、公益基金等
	2011	Energy Department's Investment Plan on EE R&D	节能技术创新投资项目	包含建材、建筑领域新能源应用

138

续表

政策工具		年份	政策文本	中文名称	具体措施
税收		2000	Community Renwal Tax Relief Act of 2000	社区更新改造税收减免	可持续社会发展激励计划；鼓励社区进行设施更新改造
		2005	Energy Policy Act of 2005（EPAT 2005）	能源政策法案	扩大建筑节能领域税收优惠范围
贷款优惠		2006	Green Building Loan Programs	绿色建筑贷款计划	社区更新改造税收减免；针对社区不同的更新改造采取多种减税政策
认证标识		2000	Leadership in Energy and Environmental Design	LEED 绿色建筑评估体系	被认为是全球最完善、最具影响力的评估标准，已在全球广泛应用
		2008	Energy Star Building	建筑能源之星认证	经能源之星项目认证的项目，可以获得由节能公益基金提供的资金返还
		2009	HERS（Home Energy Rating System）	家庭能源评级认证系统	HERS 指数与私人投资者"白色证书"认证、税收减免、贷款等直接挂钩
		2011	Home Energy Score	家庭用能评价得分	家庭用能评分得分根据家庭用能多少进行等级评分
信息制度		1979	CBECS	公共建筑能耗调查	每 4 年一次包含 6000 多栋公共建筑能信息
		1979	BECS	住宅建筑能耗调查	每 4 年一次包含 5000 多栋公共建筑能耗信息

表 6-3　欧盟主要建筑节能政策

政策工具	年份	政策文本	中文名称	具体措施
法律法规	2002	Building Energy-efficiency Performance 2002/91/EC	欧盟建筑物综合能效准则	提出能耗证书要求
	2002	EPBD "Building Energy Performance Directive"	建筑能效指令	2010 年、2012 年分别修订，每 5 年进行一次更新
	2006	Energy-Efficiency Action Plan	能源效率行动计划	包含降低建筑能耗，提升建筑能效的 70 多项措施
	2005	the Eco-design Directive for Energy-using Products 2005/32/EC	用能产品生态设计指令	2014 年重新修订
补贴	1993	EU Solidarity Fund and Structural Fund	欧盟团结基金、结构基金	帮助欧盟内不发达国家改善居住生态环境
	2002	CEPHEUS Fund (Cost-Efficient Passive Houses as European Standard)	CEPHEUS 专项基金	针对欧盟内满足被动式建筑标准要求的项目的专项基金
	2007	IEE (Intelligent Energy Europe) Programme	IEE 激励计划	鼓励进行建筑节能技术创新及城市清洁生产
	2008	New Energy Technology Development Plan	新能源技术发展计划	
	2009	"Passive On" Special Fund	欧盟被动式建筑专项基金	
税收	2004	EU Energy Tax	欧盟能源税	建筑领域征收能源税；采取差别税率；新能源税收减免
认证标识	2002	Air-conditioning Energy Label Regulation 2002/31/EC	空调能源表现认证规定	
	2010	European Eco Label	欧盟生态标签	
	2012	BIG EE (Bridging the Information Gap on Energy Efficiency in Buildings) project	建筑能效信息统计计划	Big EE 平台提供覆盖全球的建筑节能领域成功实践案例

表 6-4　德国主要建筑节能政策

政策工具	年份	政策文本	中文名称	具体措施
法律法规	1976	EnEG	EnEG 建筑节能法规	首部建筑节能法规，1980 年、2001 年、2005 年、2009 年进行修订
	2002	EnEV	EnEv 建筑节能规范	一部较为完善建筑节能法典，2004 年、2007 年、2009 年、2012 年、2014 年修订
	1991	Building Heating Equipment Regulation	建筑采暖装置条例	对建筑物内采暖和供水要求作出详细规定
	1996	Building Heating Bill Regulation	建筑物供热费用条例	规范建筑物采暖费用分配
标准规范	2006	Building Energy Efficiency Standard	德国建筑节能标准	始终围绕建筑终端能耗，与用户的实际能耗账单挂钩
	2013	German Passivhaus Standard	德国被动式住宅建筑标准	
补贴	1996	KfW Carbon Fund	德国复兴银行碳基金计划	
	1999	100000 Daecher Program	十万绿色屋顶项目	
	2001	CO₂ Building Renovation	既有建筑减碳更新计划	
	2001	Dta Bank Financial Subsidy on Building Energy Efficiency	德意志银行建筑节能补贴计划	
	2003	100000 Buildings Solar Power Project	十万建筑太阳能设施计划	
	2007	KfW Energy-efficient Renovation Fund Program	Kfw 改造基金	鼓励既有建筑改造工程
认证评估	2000	Energy-efficient Building Consultant Service	节能建筑咨询服务项目	
	2009	Generation of Sustainable Building Certificate System (DGNB)	绿色能源评估体系	采用四分法，确定建筑能耗基准值

中国建筑节能政策体系评价及优化策略研究

表 6-5 英国主要建筑节能政策

政策工具		年份	政策文本	中文名称	具体措施
法律法规	法律	2004	Sustainable and Safe Construction Act	可持续与安全建造法案	
	法规	2006	Building Energy-saving Regulation	建筑节能法规	
标准规范	标准	2001	Building Energy-saving Codes	建筑节能标准	
	规范	2006	Code for Sustainable Homes	可持续住户标准	
		2001	Fuel Poverty Strategy	"解决燃料贫困策略"方案	
补贴		2002	Community Energy Project	社区能源计划	提供社区能源改造更新补贴
		2003	Solar Water Heater Plan	太阳能热水计划	鼓励太阳能热水项目
		2012	Green Deal Scheme Fund	建筑绿色方案补贴计划	对绿色建筑、节能建筑进行补贴
贷款优惠		2011	Green Building Loan Project (2011, UK)	绿色建筑贷款计划	
税收		2000	Reduced Value-Added Tax Rate on BEE materials	建筑节能材料增值税率降低计划	提供建筑节能材料税收优惠
认证标识		1990	BREEAM (Building Research Establishment Environ-mental Assessment Method)	英国建筑研究院环境评估方法	

表6-6　法国主要建筑节能政策

政策工具	年份	政策文本	中文名称	具体措施
标准	1973	Residence Heating System Energy-saving Standard	住宅供热系统节能标准	
规范	1974	RT1974	住房采暖节能标准	1977年、1982年、1988年、2001年、2006年更新
补贴	1978	Low-Rent House Reform Subsidy Project	廉租房屋改造补贴项目	廉租房节能改造，提高居民居住舒适度及能效水平
	1980	Building Energy-Efficiency Audit Subsidy	建筑节能源审计补贴计划	
	1997	Environmental-friendly Furniture Subsidy	环保家居补贴计划	
	2000	Solar Equipment Subsidy	太阳能装置补贴计划	
	2000	Sun Action	太阳能行动	
	2009	800 Thousand Residential Building Reconstruction	80万既有建筑节能改造计划	
	2009	Public Housing and Low-Rent Housing Energy-Saving Program	公租房及廉租房节能改造计划	
专项基金	2009	Renewable Thermal Energy Fund	可再生热能源基金	
	2009	Batiment-énergie Fund	房屋建筑节能基金	由法国四大能源利建材公司倡议下成立
税收	1998	Tax Credit for the Installation of Energy-Efficient Equipment	节能装置安装税收抵免计划	
贷款优惠	1995	Zero Interest Rate Loan on BEE Materials and Equipment	建筑节能材料及装置零利率贷款计划	
认证标识	2007	Building Energy-Efficiency Label	建筑能耗标识计划	
市场机制	2005	Energy White Paper	能源白皮书	"强制+市场交易"混合政策，允许进行证书交易

表 6-7 澳大利亚主要建筑节能政策

政策工具	年份	政策文本	中文名称	具体措施
法律法规	2007	National Greenhouse and Energy Reporting Act (NGER)	国家温室气体与能源报告法案	要求推行碳排放信息披露制度，并出台碳排放信息计量、报告及鉴证条例
	2010	Public Law on Building Energy Efficiency	建筑节能公法法	
	2011	Carbon Tax Act	碳税法案	对全国 500 家包括建筑材料生产商、设备生产商等在内的最大污染企业强制征收碳排放税
标准规范	2001	ASHRAE 90.1 (American Society of Heating Refrigerating and Air Conditioning Engineers)	商业建筑节能规范	
	2004	Minimum Energy Performance Standards (MEPS) (2004)	电器产品最低能耗标准认证制度	包含多种家用电器在内
	2006	NAEEEP	国家兼用电器设备能效率项目	
补贴	2008	Nation Solar Energy School	国家太阳能学校推广计划	在全国范围内中小学校园推广太阳能项目
	2009	Renewable Energy Target Plan (RET)	可再生能源目标计划	包含推广家庭为单位的小规模可再生能源项目等
	2010	Solar Hot Water Subsidy	太阳能热水专项补贴项目	
	2011	Energy Department's Investment Plan on EE R&D program	能源部节能创新技术投资计划	针对建筑领域的节能技术及节能方法进行资助
专项基金	2009	Green Building Fund	绿色建筑专项资金	

续表

政策工具	年份	政策文本	中文名称	具体措施
税收减免	2011	Green Building Tax Cut Project	绿色建筑税收减免计划	规定管理投资基金投资节能建筑物预提税率降低至 10%
		Tax Law Amendment	税法修正案	
贷款优惠	2007	Low－interest Loan on Energy－Efficient Building Programs	节能建筑低息贷款项目	
标识认证	1999	Australian Building Greenhouse Rating Scheme	国家建筑温室气体效益评估	

星——建筑集群管家"（Energy Star Portfolio Manager），运用线性回归确定建筑能耗基线，从而避免了由于客观因素导致的建筑能耗差异。

从 20 世纪 60 年代起，美国就开始普遍采用财政补贴、税收优惠、贷款优惠等一系列经济手段鼓励建筑节能领域的新技术、新方法、新材料的研发与创新，并且针对消费者实施了一系列经济激励手段，鼓励其购买节能建筑、低能耗设备及进行房屋建筑节能改造。例如，美国推广的"太阳能百万屋顶激励计划""社区改造更新鼓励项目"，《能源政策法案 2005》中提到的"向购买高能效建筑的消费者提供税收优惠"等。

在节能认证标识及能耗信息制度方面，美国采用了 LEED 绿色建筑评估体系，该体系也被认为是全球最完善、最具影响力的绿色建筑评估体系，已经成为全球推广最为广泛的评价体系，2013 年中国已经成为 LEED 应用的第二大市场。同时，美国也在实行"建筑能源之星""家庭能源评级认证""家庭用能评价得分"等建筑能耗类认证项目，对各类型建筑进行能耗评估及测算。美国鼓励进行自愿性能效标识认证，引入第三方评估机构进行能耗测算，以保证结果的科学有效性。美国政府也建立了相应的"市场抽查机制"和"符合性监督机制"（CMS），以规范建筑能效标识市场的发展。

在 1993 年，美国绿色建筑协会成立，该协会结合技术开发与市场开发，探索自主商业化模式，是现代历史上非营利组织发展最成功的典范，被哈佛商学院列为典型分析案例。近年来，美国建立了 CBECS 公共建筑能耗统计数据库、RECS 住宅建筑能耗统计数据库等，共包含 6000 多栋公共建筑能耗信息、5000 多栋住宅建筑能耗信息。

二、欧盟

在节能法律法规方面，欧盟出台了一系列专门针对建筑节能及建筑能效的准则、指令及计划。其中，2002 年出台的《欧盟建筑物综合能效准则》，要求欧盟建筑物进行能耗证书制度。2002 年起，颁布实施了《建筑能效指令》，这是欧盟成员国在建筑能源利用方面所遵循的一个主要政策，其中重点内容主要为：①建筑物整体能效性能计算方法设定；②新建建筑能源利用效率最低标准设置及大型既有建筑能源利用效率的最低要求；③建筑物能源性能证书等。2010 年、2012 年对其进行修订，在 2010 年版本中，明确指出"提出 2020 年近零能耗建筑目标，从提高建筑能效向控制建筑最终能耗"，进一步强制新建和既有建筑（在售或在租）的能效认证；在 2012 年版本中，规定"中央政府办公建筑节能改造率不低于 3%，大型企业应建立能源审计和管理体系，对区域供暖/供冷系统、冷热电联产系统，建立综合能效评估体系，且该评估体系要求每 5 年进行 1 次更新"。2006 年出台的《能源效率行动计划》提出了包含降低建筑能耗、提升建筑能效在内的 70 多项措施。2005 年出台《用能产品生态设计指令》，2014 年对其进行更新，其中规定"到 2020 年，至少达到节约能源 20% 的目标；市场禁止出售 40 多种大功率家电产品"等。

同时，欧盟也颁布了一系列经济激励措施鼓励建筑节能产业发展。1993 年起设置的欧盟团结基金、结构基金等，被用于帮助改善欧盟成员国的基础设施建设，及成员国中不太发达的国家进行节能减排、改善生态环境。2002 年设置了 CEPHEUS 专项基金、Passive On 专项基金，用以补贴欧盟满足被动式建筑设计标准要求项目，鼓励被动式建筑、低能耗建筑发展。2007~2013 年，欧盟投入 7.3 亿欧元开展 IEE 计划，支持建筑建造技术创新项目（新技术可带来 50% 节能效果），扩大可再生能源的生产及应用范围，鼓励城市节能减排及清洁运输。2004 年，欧盟开始实施能源税，针对用于建筑、民用工程和公共事业的工厂及机器征收能源税，采用差别税率，针对太阳能、风能、生物质能、废弃物再利用能等新能源，进行税收减免。

在节能认证标识及信息制度方面，推广了欧盟生态标签（European Eco Label）及空调能源表现认证规定等认证制度。2010 年，建立 bIG EE 建筑能效信息统计计划，基于 big EE 网站平台，推广包括住宅建筑、商业建筑、公用建筑、工业领域相关建筑技术、材料及设备的建筑节能成果，这些成果包含建筑节能技术、节能选择方案及预期目标、采取的具体政策工具及政策手段、成功经验做法等。

三、德国

德国专门成立了能源署以应对能源短缺、环境恶化等问题，各地方政府也在能源署的指导下，设置了对应的能源管理机构。能源署及各地方能源管理机构通过制定能源计划，落实能源计划配套相关政策，来确保政策实施效果。1976 年，德国出台《EnEG 建筑节能法规》，这是德国第一部以独立单行法形式出台的建筑节能专项法规。2002 年，颁布《EnEV 建筑节能规范》，这是一部较为完善的建筑节能法典，代替了 1977 年出台《建筑保温法》，该规范于 2004 年、2007 年、2009 年、2012 年、2014 年分别进行了修订。2002 年要求"新建建筑的年供暖终端能耗在 1994 年基础上降低 40%"，2009 年要求"新建建筑单位面积能耗再降低 30%"，2014 年提出 "2016 年起，新建建筑一次能源消耗减少至总能耗的 25%"。在《EnEV 建筑节能规范》不断修订的过程中，可以看出德国建筑节能逐渐开始关注终端能耗的转变。在 2006 年版本中，该规范规定了 "新建建筑必须出具采暖需要能耗、建筑能耗核心值及建筑热损失计算结果；开发商必须在售房时出具能源证书" 等。德国的建筑类节能标准要求严格，均始终围绕建筑终端能耗，与用户的实际能耗账单挂钩。居住建筑节能标准，始终与建筑物体形系数相关。并根据参考建筑物，确定公用建筑一次能源需求量。除此之外，德国还出台了专门针对被动式住宅的建筑标准，也针对建筑采暖供热出台相应的法规。

1996 年，德国复兴银行设置了碳基金计划，关注包括建筑领域在内的节能减碳。"10 万绿色屋顶项目" "10 万建筑太阳能设施计划" "德意志银行建筑节能补贴计划" 等项目，专注于推广节能装置、建筑领域新能源。"既有建筑减碳更新计划" "Kfw 既有改造基金" 等针对既有建筑改造工程，以提升建筑舒适度、降低建筑能耗、减少碳排放为目标。

德国从 2009 年开始采取 DGNB 绿色能源评估体系，该体系通过四分法确定建筑能耗基准值，对处于不同基准范围内的建筑提出不同要求。从 2000 年开始，开展 "节能建筑咨询服务项目"，对新建、既有建筑节能改造方案提供咨询。同时，德国普遍推广了能源证书制度，要求新建建筑、既有建筑改造及建筑物处置等，必须强制性出具能源证书，公共建筑能源证书需要进行悬挂展示，便于公众监督。设定了能源证书有效期，超过 10 年需要重新申办。

四、英国

1976 年，英国开始推动建筑节能工作，促进建筑节能产业的发展。1983 年英国政府成立了节能办公室，把该年定为能源效率元年。该办公室一直致力于全国范围内的节能降耗工作，把建筑节能作为三大重点领域之一进行推进。英国能源办公室主要从节能技术手段、节能管理系统及节能第三方咨询等方面，全面开展建筑节能工作，工作重点主要为：①支持建筑节能新方法、新技术、新材料、新设备的研发与推广；②提供既有建筑节能潜力评估与改进的咨询服务；③推广建筑能源管理系统，该系统可以对建筑物能耗进行实时监控，并统计其能耗信息。

2004 年，英国出台了关注绿色施工、可持续建造的《可持续与安全建造法案》，2006 年出台专门针对建筑节能的《建筑节能法规》。并且，英国采取强制性建筑节能标准，每 4~5 年为一个周期，对建筑节能规范与标准进行及时修订与更新，实施动态管理，每次进行标准的更新与修订，均会在之前的基础上提出更为严格的节能要求及更高的节能目标。同时，英国出台了一系列"解决燃料贫困策略"方案、"社区能源计划""太阳能热水计划""建筑绿色方案补贴计划"等财政补贴项目，针对社区能源改造、建筑太阳能应用与推广、绿色建筑等进行针对包括消费者及业主在内的补贴激励。也针对购房者提供"绿色建筑贷款计划"，提供贷款优惠，降低"建筑节能材料增值税税率"，鼓励使用建筑节能材料。同时，英国采用了 BREEAM 建筑研究院环境评估方法针对建筑能耗表现进行评估。

五、法国

法国政府非常重视节能环保，一直不断推动建筑节能产业的发展。1973 年颁布了《住宅供热系统节能标准》，1974 年颁布了《住房采暖节能标准 RT1974》，并于 1977 年、1982 年、1988 年、2001 年、2005 年对其进行更新。与德国一样，法国建筑节能法规也从关注技术措施转向关注实际能耗。《住房采暖节能标准 RT1988》规定"新建建筑热工性能提升 25%"，该标准 2001 年版本中要求"居住建筑节能 10%，非居住建筑节能 25%"，2005 年版本中（目前最新一版）提出"2020 年以前将达到建筑能耗比 2000 年降低 40%的目标"。

"廉租房屋改造补贴项目""公租房及廉租房节能改造计划"等，针对廉租房、保障性住房节能改造进行补贴。也实施了"环保家居补贴""太阳能装置补贴""太阳能行动"等补贴措施，鼓励消费者购置节能设备。2009 年，法国设置可再生能源专项基金，在法国四大能源和建材公司倡议下，成立的"房屋建筑节能基金会"，为建筑节能技术研发项目提供资金支持。1995 年实施"建筑节能材料及装置零利率贷款计划"，对节能建材、设备提供贷款优惠。1998 年实施"节能装置安装税收抵免计划"，免除包括建筑领域运用的太阳能装置、节能门窗、绿色屋顶等部分税费。

2007 年，法国开始实施"建筑能耗标识计划"，对国内建筑能耗表现进行标识认证。2005 年，法国议会通过《国家能源总方向法》，开始实行"能源白皮证书"制度。该制度属于"强制+市场交易"混合型节能政策，其要求所有销售电力、天然气、煤、石油、热力、供冷等能源产品的企业，必须强制履行政府制定的节能量目标，并颁发"能耗白皮证书"予以认证，该证书有效期为 3 年。同时，能源产品企业可以通过能源证书交易市场，进行白皮证书交易。法国一直大力支持节能服务公司（Energy Service Company）发展，与其他国家相比，法国节能服务公司多为行业性质的，尤其在煤气行业、电力行业、供水行业中较为发达。法国的节能服务公司不仅可以提供节能咨询服务，还可承担类似与物业管理方面的节能管理工作。

六、澳大利亚

澳大利亚通过设置一套有效、透明、以结果为导向的节能管理制度，来保障建筑节能政策的实施效果。所有联邦政府机构每年需要向工业及旅游资源部，以书面报告形式，提交本年度自下而上的统计能耗状况，该报告提交国会并接受社会公众查阅。政府节能减排日常工作还需接受澳大利亚国会的检查及监督。

2007 年，颁布《国家温室气体与能源报告法案》，要求推行碳排放信息披露制度，出台了碳排放信息计量、报告及鉴证条例，在建筑领域进行推行。2010年，颁布《建筑节能公共法》。2011 年，颁布《碳税法案》，对全国 500 家包括建筑材料生产商、设备生产商等在内的最大污染企业强制征收碳排放税。2004年，推广包括多种家用电器在内的"电器产品最低能耗标准认证制度"，规定其最低能耗标准。

2008 年，"国家太阳能学校推广计划"，在全国范围内中小学校园内，推广太阳能装置。2009 年，"可再生能源目标计划"针对包含推广家庭为单位的小规模可再生能源项目等。2011 年能源部推出"节能创新技术项目投资计划"，针对建筑领域的节能技术及节能方法进行资助，推广"节能建筑低息贷款项目"等，针对绿色建筑、节能建筑进行税收减免。

澳大利亚也开展了多项节能标识认证制度。例如，"GSC 绿色之星认证项目""NABERS 国家建筑环境评估体系""建筑能源效率认证"等。其中，澳大利亚推广的"最好节能奖标识"，帮助消费者快速识别市场内能效最高的电器及燃气产品。"用水产品—等级标识"规定 2006 年开始，对其覆盖的所有产品实行强制性注册及标识制度，2007 年底对所有洗衣机、抽水马桶、淋浴器等均需粘贴强制性标识，违规会受到强制性处罚。2006 年，出台"绿色产品采购指南与产品列表"，列出建筑领域的节能材料与节能装置。2010 年，实施"CBD 商业建筑信息公开制度"，要求规定 2000 平方米及以上商业建筑，在处置之前，需要公开最近的建筑能源效率认证书。

七、日本

一直以来，日本始终面临着资源匮乏、能源短缺、能源利用外部依赖性较高的发展桎梏。因此，日本政府一直致力于在建筑领域进行能效提升与节能减排。1979 年开始，出台了种类繁多的法律法规，专门用以指导、规范建筑节能产业发展。《节能法》于 1979 年出台，至今先后已进行了 8 次修订。在 2005 年版中，提出"加大建筑节能措施申报义务，要求 2000 平方米以上建筑，必须向当地行政管理机构提交符合现行节能标准的建筑节能措施报告书，同时每 3 年汇报节能措施执行进度"。在 2013 年版本中，修订了以下方面：①增加住宅建筑、商业建筑中节能玻璃材料、保温隔热材料等，以增加领跑者制度服务对象；②修订了能源消费量计算方法等。1999 年，颁布的《住宅品质保证法》，建立建筑住宅性能标准及评价制度，要求住宅性能必须由登记注册的"住宅性能评价组织"评价，其出具的"住宅性能评价书"可作为购买房屋合同时保障住宅品质的有效文本。其他建筑节能法律法规包括《解决全球变暖法案》《绿色采购法案（建筑部分）》《建筑材料循环再利用法》等。

日本 1979 年颁布了《CCREUB 公共建筑节能设计标准》，且于 1993 年、1999 年、2009 年对其进行 3 次更新修订。1980 年颁布了"DCGREUH 居住建筑节能设计和施工导则"，于 1992 年、1999 年、2009 年对其进行了 3 次更新修订。1980 年颁布了《CCREUH 居住设计节能设计标准》，且于 1993 年、1999 年、2009 年对其进行 3 次更新修订。2013 年颁布了《建筑节能标准 2013》，合并了上述 CCREUB、DCGREUH、CCREUH 等标准，并采用设计一次能耗为衡量指标，同时要求到 2020 年，所有建筑物强制执行该标准。

日本出台世界上最为完备、多样化的建筑节能投资贷款制度、财政支持体系，鼓励开展节能设备项目、节能技术创新开发项目等，提供了例如"建筑节能材料及技术低息贷款计划"（可享受低于商业银行 20%～30% 贷款利率优惠）、"国家政策银行建筑节能设备免息贷款计划"（符合条件即可享受免息贷款）等。这些节能投资及贷款来自日本开发银行、住宅金融公库、国民金融公库等政府指定机构。政府可以对满足审查条件、符合审批程序的建筑节能投资项目，提供商业银行贷款政府担保。通过"新太阳能技术创新资助项目""资源可循环住宅项目试点计划""地球降温能源技术创新计划""LED 产品及太阳能产品补贴计划"，鼓励在建筑领域的新能源、创新节能技术及设备的应用。1996 年，通过"建筑节能服务公司推广计划"，在既有建筑节能改造市场大力推广该模式促进产业发展。

日本从 19 世纪 80 年代开始，面向全社会征收电力开发税及石油税，所得税收收入纳入新能源开发利用基金中。并针对高质量建筑税收优惠、节能建筑固定资产税及个人所得税减免、建筑能效提升税收优惠等税收政策，建设节能建筑、购买节能产品及装修、进行节能改造的行为进行经济激励。

采用由日本可持续建筑协会（JSBC）出台 CASBEE 建筑物综合环境性能评价体系，用以评价在特定环境性能条件下建筑物节能措施能够降低环境负荷的程度及效果。还同时推行了例如"住宅建筑能耗表现认证""环境共生住宅建筑认证""住宅建筑能耗表现评估系统"等能耗评估系统。在建筑能耗信息统计与管理制度方面，日本研究开发了如"ESUM 能源单位管理工具系统""ECTT 能源节约量目标工具系统""BEST 建筑能耗模拟工具系统"，用以评估、测量、监控建筑能耗表现及数据收集。

八、新加坡

新加坡出台了《既有建筑强制能源审计规定》《建筑垃圾市场资源化管理规定》及《建筑物资源回收经济规定》，加大对既有建筑节能改造、建筑废弃物资源管理等方面的管理力度。1999 年，开始实行包括建筑领域在内的最低能耗标准。颁布实施了针对绿色建筑的专项补贴计划，例如"绿色住宅计划""绿色办公建筑计划"。注重既有建筑节能改造，提出了"BREEF 既有建筑节能改造财政支持计划""既有建筑节能改造税收优惠计划"等。还有针对建筑环境优化技术、材料资助项目——"建筑环境优化 MND 研究资助项目"及"建筑节能材料及计划低息贷款计划"。采用由新加坡建设局颁布的 Green Mark 绿色建筑认证标签，并推出了配套的"Green Mark 标识补贴计划"。2006 年，开始推广"办公建筑能耗表现汇报制度"，弥补了建筑节能产业发展资金缺口。

第二节 发达国家经验对完善中国建筑节能政策体系的启示

1. 完善建筑节能政府管理体系
现阶段，中国需要完善省级及省级以下层面的建筑节能行政管理机构的设置、专职人员配备，并实行岗位负责制、部门责任制等，更好落实执行住建部出台的各项建筑节能政策、发展规划，组织实施建筑节能项目，支持节能领域开展科技合作。对各项经济激励政策、市场机制及信息手段，实行动态管理，及时更新。

2. 健全建筑节能法律制度
完善中国现行建筑节能领域法律法规体系，组织相关部门进行该领域的法律研究，对现行法律体系进行修订更新，尽量做到全面、合理、具体、可操作性强，使建筑节能工作做到有法可依，用以规范建筑节能产业发展。

3. 优化经济激励机制设计

应当拓展现有经济激励资金来源，引入市场化机制，考虑多样化建筑节能资金来源渠道。实施多样化激励机制，不仅应当进行直接补贴，而且还可以进行税收优惠、贷款优惠、利率降低等措施。扩展激励对象的涵盖面积，针对开发商、建设企业、材料及设备销售商、节能服务公司、物业管理公司、消费者、建筑使用者等多主体进行激励。

4. 推广建筑能耗标识制度

完善建筑能耗第三方检测及评估制度，扩大建筑能耗标识及认证制度应用范围，实现对终端设备、新建建筑物、既有建筑物运行等方面能效检测与认证，完善现有建筑能耗统计制度、建筑能效信息披露制度等。

第七章 建筑节能政策体系优化对策研究

根据第五章针对中国建筑节能政策体系实施效果的障碍分析可以发现，中国建筑节能产业政策在实施过程中，政策质量、执行主体、目标群体、执行资源、执行环境等维度存在多个关键障碍因素。因此，本章基于政策过程理论，结合国外主要发达国家已有成功经验及案例，对中国现有建筑节能政策体系优化提出对策建议，以期提升建筑节能政策体系的实施效果。

第一节 全面提升现行建筑节能政策体系质量

政策制定，作为政策过程的源头一环，对政策最终产出效果起到决定性作用。它并非一个"简单拍脑袋"的行为过程，而是一个基于多方共同参与的、复杂的、系统的过程。政策实施过程中，出现的权责不清、多头管理、利益冲突、不公平不合理等问题，本质是政策制定的问题，没有从根本上把握政策质量。因此，把握好建筑节能产业政策的制定环节，提升建筑节能产业政策制定质量，是政策得以有效执行，取得良好节能效果的前提和基础。在建筑节能政策制定过程中，应当考虑政策目标的科学性、政策内容的系统性、政策工具的多样性、政策手段的灵活性、政策执行区域差异性等因素，全面推动现有建筑节能政策质量的提升与优化。

一、设计科学可行的政策体系目标

2016 年 12 月，国务院印发《"十三五"节能减排综合工作方案》中明确提出，"到 2020 年全国万元国内生产总值能耗比 2015 年下降 15%，能源消费总量控制在 50 亿吨标准煤以内"。而在 2013 年，国务院出台的《能源发展"十二五"规划》中，也已明确规定"到'十二五'末，国家一次能源消费总量应控制在 40 亿标准煤左右"。因此,可以看出,中国节能工作目标设定,已经开始从"能效提升"转向"能源消费总量控制"。这一总体目标的转变,对建筑节能领域意义重大。

现阶段,使用者对环境舒适度及健康度要求的提升、不适宜的建筑运行理念、盲目拔高建筑服务水平,均导致了建筑物用能强度的增加,能耗大量提升但是实际效用并不显著。很难用"能效提升"来界定评价"使用者对建筑物环境舒适度及健康度的追求",该需求不具有上限值,因此建筑节能不应比照工业部门产出品的用能标准,通过提升能效来衡量节能效果。中国现在建筑能耗的飞速提升,很大程度上是因为人们对"建筑物环境及舒适度的过分追求",例如,人居建筑面积的飞速提升、取暖制冷设备的过度使用等。因此,未来建筑节能总体目标应从"能效提升"向"总量提升"转变。

二、识别控制建筑能耗的关键环节

《民用建筑节能条例》中,明确规定建筑节能工作中新建建筑、既有建筑节能、建筑用能系统运行三个主要领域,新建建筑市场准入制度,既有建筑节能改造制度,建筑用能系统运行管理制度,建筑能效测评制度,建筑能耗统计制度,建筑节能技术产品推广、限制、淘汰制度六项基本制度,建立节能服务体系培育政策、建筑节能经济激励政策、可再生能源建筑应用政策等三项基本政策。因此在完善现有建筑节能政策体系过程中,应当重点关注上述领域。

根据建筑能耗总量控制的目标设定,需要关注影响实际能耗的关键环节,即建筑节能与系统形式、运行管理模式、生活方式及建筑物服务标准与使用模式。现阶段,中国不可能按照发达国家建筑能耗强度来发展,必须把建筑能耗水平控制在发达国家水平线之下。因此,要求在现行中国在保持人均建筑用能强度不增长的基础上,通过技术创新改善居住者需求;控制进行建筑能耗上限控制,在上限规制的前提下,进行改善性服务。

三、强调建筑节能政策工具组合模式

从国外发达国家建筑节能实施经验来看,多种政策工具组合模式对推进建筑节能带来良好效果,尤其是"萝卜+大棒"的强制型政策工具与自愿性政策工具、强制型政策工具与经济激励型政策工具组合等。具体包括:

建筑节能标准:将新建建筑节能标准纳入建筑工程全过程监督管理中,抓好施工阶段等薄弱环节、中小城市等薄弱地区等、北方采暖地区及夏热冬冷地区等重点区域的标准执行监管工作，适当提高节能标准设定目标。在普遍推进节能标准整体目标设定的同时，进行有梯度、有差别的设定，例如在北京、天津等特大城市执行更高节能标准，试行更低能耗要求。

既有建筑节能改造：加快北方采暖区既有建筑供热计量改革，针对用户推广分户计量、按温度收费的计费模式，针对热源企业进行一次能源计量，对热源企业进行有效约束，推广住宅用电、用气梯级电价机制。

节能建筑产品示范推广：推动绿色建筑、可再生能源建筑规模化发展。加大对新兴环保类建筑的政策支持力度，通过财政补贴、税收优惠、贷款利率优惠等经济激励型措施鼓励该类建筑发展。推广新型节能建材、可再生建材、新型墙体材料，完善建筑节能材料、产品、设备在其生命周期内质量监管工作，严格准入制度。

公共建筑能耗监管：以能耗统计监测、能源审计、能耗公示等为核心，对公共建筑能耗实现可计量、可监测、对重点耗能公共建筑可识别，对公共建筑节能进行监管，采取限额管理，超过限额应收取用能惩罚性成本或进行强制性改造命令等。

能耗标识制度推广：全面推动民用建筑能耗测评标识、绿色建筑标识认证、民用建筑节能信息公示与披露制度等。

提倡节能消费：促进高效照明灯具推广、节能家电产品推广等；加强城市照片管理；提升全社会节能减排意识，引导消费行为模型。

第二节　完善现行建筑节能政策网络

一、明确建筑节能政策网络构成要素

政策网络（Policy Network）概念及理论，源于美国"利益集团、议会委员会、政府机构"的"铁三角"模型，一直被学界作为既定政策领域内的政策过程分析的有效工具。政策网络是指，在某一具体政策领域内，由于共同利益或共同资源作用而相互影响、依赖、作用在一起的若干组织或群体。这些组织或者群体之间存在动态的、复杂的、交叉的关系，政策网络内部结构

变动、重组、分裂，都直接影响到该政策网络的运行状态，继而影响到政策实施的最终效果。政策网络主要包含政策决策主体、政策执行主体及政策目标群体。

政策网络具有三个基本特征：①多元行动者。多个组织或群体组成该政策网络，且各组织或群体间存在目标、资源及利益导向差异。②相互依赖性。政策网络中的组织或群体相互依赖，通过资源交换达到最终目的。但该网络中的组织和群体并非处于平等地位，存在等级差别，且权利大小不一。③持续性。政策网络中各组织或群体的存在基于固定的规则或制度上的动态互动关系，因而，规则和制度的持续稳定性，决定了该互动关系的持续稳定性。

通过第五章针对建筑节能政策实施效果的影响因素分析，可以得出，建筑节能政策过程具备政策网络理论描述的三个特征。

（1）政策实施过程中包含群体众多，例如，建筑节能行政主管部门、房地产开发商、建筑材料及设备供应商、规划设计单位、施工建设单位、监理单位、节能服务公司、供热单位、物业管理单位、业主、建筑使用者等。这些群体各自的目标及资源拥有均不相同，必然导致其立场不同、采取的行为表现不同。

（2）群体之间存在相互依赖关系。例如，建筑类节能产品、设备供应商、建筑开发商，施工建设单位、节能服务公司等群体，需要了解掌握政府现行针对建筑节能领域的相关政策导向及具体政策手段，进而对企业发展目标（保持现状、局部调整、彻底改变等）和具体应对策略进行决策。行政主管部门也需要得到这些目标群体对已实施政策的态度、意见、建议等信息反馈。

（3）从"政策制定→政策执行→政策评估→政策终结"这一政策过程来看，建筑节能产业中各群体均基于制度化的政策工具及手段，进行动态的、持续的、具有较强稳定性的互动。

根据英国学者罗茨针对政策网络分类模型，结合中国现阶段建筑节能产业政策发展现状，把上述政策执行主体、政策目标群体中多个利益相关者，按照其所形成的网络关系分类，如图7-1所示，分为政策社群、生产者网络、专业网络及议题网络等。

（1）政策社群。政策社群主要包含中央及地方的建筑节能相关的行政管理部门。由于建筑节能具有较强的外部性特征，会导致"市场失灵"情况的出现，这就需要建筑节能行政管理部门采用宏观管理手段，鼓励与支持建筑节能产业发展。这也与政府优化资源配置，鼓励节能环保类产业发展，保障社会公平的职责与目标相吻合。所以，政府是建筑节能产业政策网络中决策者、推动者及管理者。

政策社群	生产者网络	专业网络	议题网络
特征	**特征**	**特征**	**特征**
①关系稳定 ②严格限制行动者数目 ③行动者之间相互依赖 ④有限垂直联结	①行动者数目不定 ②有限水平依赖 ③有限垂直联结 ④提供生产者利益	①关系稳定 ②严格限制行动者数目 ③行动者之间水平依赖 ④有限垂直联结 ⑤提供专业人员利益	①关系不稳定 ②有限的水平相互依赖 ③提供生产者利益
构成	**构成**	**构成**	**构成**
①中央政策社群 全国人大及其常务委员会、国务院、住建部、环保部、科技部、国土资源部、发改委、财政部、国家能源局…… ②地方政策社群 省住建厅、城乡建设综合开发办公室以及下设各服务中心（建筑业管理服务中心、房屋安全鉴定和设备检测中心、城建技术开发中心、建设信息中心/建委宣传中心）；市县环保局、建委、规划局、城建局、房管局及乡镇的建筑节能执行单位……	①项目决策及实施期间投资者、开发商 ②项目运行商 物业管理公司	①科研机构 例如，中国建筑科学研究院、中国建筑业协会建筑节能专业委员会、中国城市科学研究会、中国能源发展战略与政策研究课题组…… ②高校 例如，清华大学建筑节能研究中心、华南理工大学建筑节能研究中心……	新闻媒体 社会大众 节能领域专家学者 业主、建筑居住者 其他利益相关者 节能活动其他参与者 ……

图 7-1 基于罗茨模型的建筑节能产业政策网络分类

（2）生产者网络。生产者网络主要包括项目投资者、项目开发商及物业管理公司。项目投资者及开发商对某一建筑项目是否进行节能、要达到多少节能效果、付出多少额外节能成本，起到了决定性的作用。中国现行的一系列建筑节能产业政策措施中，大多对开发商的不同耗能或节能行为进行了限制、惩罚、支持及奖励。而建筑投入使用后，决定其运行阶段能耗大小的关键，在于建筑物使用过程的管理与维护。这便与物业管理公司实力、管理能力、运作方式及人员素质息息相关。所以，生产网络是建筑节能产业政策网络中主要行动者、执行者。

（3）专业网络。专业网络的范围主要界定于专门进行建筑节能政策研究领域的专家、学者、科研机构及高校。这些群体承担其建筑政策可行性研究，行业标准规范修订，建筑节能领域新材料、新技术、新方法研究等，通过产学研成果转化，促进建筑节能产业的发展。所以，专业网络是建筑节能政策网络中保障者、服务者。

（4）议题网络。议题网络中群体众多，主要有新闻媒体、社会大众、业主及建筑居住者及节能活动的其他参与者。这些群体可以平等、自由地参与建筑节能政策议题的讨论中，并对建筑节能政策制定过程、实施过程进行社会公众监督。在中国，公众参与机制在建筑节能产业政策制定过程的情况还不多见，有待进一步发展。所以，议题网络是建筑节能政策网络的监督者、建议者。

通过明确建筑节能政策网络的构成要素及其角色定位，有助于理顺相关行动者之间的关系，从而帮助建立政策社群、专业网络、生产者网络及议题网络在内的共同联合体，优化完善现行政策网络结构，完善现行建筑节能政策网络。

二、优化建筑节能政策体系网络结构

建筑节能政策实施整个过程，与政策网络中政策社群、生产者网络、专业网络、议题网络中各主体息息相关，因此应当对建筑节能政策体系网络结构进行优化。

1. 建筑节能行政组织结构优化

从建筑节能政策制定及执行过程来看，虽然住房和城乡建设部作为建筑节能政策的主要执行部门，但是仍存在有众多部门参与到政策过程中。因此，需要解决政府部门分割、职能条块化现象，防止建筑节能政策执行过程的"碎片化"问题及权责不清、扯皮推诿的情况发生。从政府职能部门体系来看，由于受到职能部门权利的限制性，很难单一地完全把握管理活动的全部过程，必须依靠部门协同才能共同完成。因此应当尽量划分责任归属，尽量将不同类别的政策管理交由不同的职能部门独立负责，从而形成内部协调机制，破解在建筑节能政策执行过程中权利不均的问题。

2. 完善职能部门间的协作机制

通过划分职能部门职能边界及整合部门职能来解决部门间权责重叠的问题，但相对忽视部门间的协调合作问题。因此，促进中国建筑节能政策的有效协调，需要构建机构职能分工机制，实现跨部门间协调合作制度化与常态化，进一步整合部门相关资源，不断提高对建筑节能政策管理的统筹能力。具体来说，建筑节能管理工作应该由一个专门的机构牵头负责，其他相关职能部门配合，形成建筑节能专门性协调小组，重点处理好建筑节能工作中的各种事物。总之，只有实现顺畅的沟通渠道，才能够保证建筑节能政策协调机制顺利运行。

3. 建立区域间政府协作机制

由于中国政府存在行政区划限制，不同行政区的政策环境并不相同，政策执行力也不尽一样，特别是在地区分割时致使建筑节能政策在实施过程中不协调问题的出现。只有建立起区域间政策协作机制，突破行政区划的限制，才能够解决当前建筑节能政策实施过程中各自为政的现状。同时要解决区域间建筑节能政策实施的不协调问题，还应完善地方政府绩效考核体系，将区域协作贯彻执行政策的有效性纳入到绩效考核中去，激励地方政府积极缩小建筑节能政策过程中的差距，为建筑节能政策创造良好的行政环境。

4. 构建参与式政策管理格局

当前政府已不再是公共决策和公共管理的唯一主体。社会组织和社会公众开始积极参与到政府治理中，发挥着重要作用。政府作为重要的责任主体，就应该树立起协同治理的理念，让广大利益相关者（企业、社会组织、公众等）参与到建筑节能政策全过程中，形成以政府为主导、其他利益相关者参与的建筑节能政策管理格局，不断培育政策管理活动的合作力量，让广大利益相关者成为政策制定者、政策宣传者、政策执行者、政策监督者。

参考文献

［1］ Amstalden R W, Kost M, Nathani C, et al. Economic potential of energy-efficient retrofitting in the Swiss residential building sector: The effects of policy instruments and energy price expectations ［J］. Energy Policy, 2007, 35（3）: 1819-1829.

［2］ Annunziata E, Frey M, Rizzi F. Towards nearly zero-energy buildings: The state-of-art of national regulations in Europe ［J］. Energy, 2013, 57（3）: 125-133.

［3］ B. A. Atkinson, Mcmahon J E, Mills E, et al. Analysis of federal policy options for improving US lighting energy efficiency: Commercial and residential buildings ［J］. Lipids, 1992, 26（12）: 1283-1286.

［4］ Beerepoot M. Public energy performance policy and the effect on diffusion of solar thermal systems in buildings: A Dutch experience ［J］. Renewable Energy, 2007, 32（11）: 1882-1897.

［5］ Beerepoot W M C. Energy policy instruments and technical change in the residential building sector ［J］. Ios Press, 2007, 15（4）: 266-285.

［6］ Beuuséjour L, Lenjosek G, Smart M. A CGE approach to modelling carbon dioxide emissions control in canada and the United States ［J］. World Economy, 2007, 18（3）: 457-488.

［7］ Breed D. Meyer. Natural and Quasi-Experiments in economics ［J］. Journal of Business & Economic Statistics, 1995, 13（2）: 151-161.

［8］ Broin E Ó, Érika Mata, Göransson A, et al. The effect of improved efficiency on energy savings in EU-27 buildings ［J］. Energy, 2013, 57（8）: 134-148.

［9］ Chandel S S, Sharma A, Marwaha B M. Review of energy efficiency initiatives and regulations for residential buildings in India ［J］. Renewable & Sustainable Energy Reviews, 2016, 54（2016）: 1443-1458.

［10］ Charlier D, Risch A. Evaluation of the impact of environmental public policy measures on energy consumption and greenhouse gas emissions in the French residential sector ［J］. Energy Policy, 2012, 46（3）: 170-184.

［11］ Chirarattananon S, Limmeechokchai B. A new building energy-efficiency law in Thailand: Impact on new buildings ［J］. Energy, 1994, 19 （2）: 269-278.

［12］ Chung W, Hui Y V, Lam Y M. Benchmarking the energy efficiency of commercial buildings ［J］. Applied Energy, 2005, 83 （1）: 1-14.

［13］ Cronbach L J. Coefficient alpha and the internal structure of tests ［J］. Psychometrika, 1951, 16 （3）: 297-334.

［14］ Cubbage F, Harou P, Sills E. Policy instruments to enhance multi-functional forest management ［J］. Forest Policy and Economics, 2007, 9 （7）: 833-851.

［15］ Decanio S J. Barriers within firms to energy-efficient investments ［J］. Energy Policy, 1993, 21 （9）: 906-914.

［16］ Dodoo A, Gustavsson L, Sathre R. Building energy-efficiency standards in a life cycle primary energy perspective ［J］. Energy & Buildings, 2011, 43 （7）: 1589-1597.

［17］ Drezner J A. Designing effective incentives for energy conservation in the public sector ［J］. Dissertation Abstracts International, 1999, 60 （2）: 531.

［18］ Ferraro P J, Lawlor K, Mullan K L, et al. Forest figures: Ecosystem services valuation and policy evaluation in developing countries ［J］. Review of Environmental Economics and Policy, 2012: 19.

［19］ Glicksman L R, And L K N, Greden L V. Energy conservation in Chinese residential buildings: Progress and opportunities in design and policy ［J］. Annual Review of Energy & the Environment, 2001, 26 （1）: 83-115.

［20］ Hasselknippe H, Christiansen A C. Energy taxation in Europe: Current status-drivers and barriers-future prospects ［J］. Fridtjof Nansen Institute, 2003.

［21］ He B, Jiao L, Song X, et al. Country review on the main building energy-efficiency policy instrument ［M］// Proceedings of the 19th International Symposium on Advancement of Construction Management and Real Estate. Springer Berlin Heidelberg, 2015: 379-396.

［22］ Henryson J, Håkansson T, Pyrko J. Energy efficiency in buildings through information-swedish perspective ［J］. Energy Policy, 2000, 28 （3）: 169-180.

［23］ Charisi, Stergiani. The Role of the Building Envelope in Achieving Nearly-zero EnergyBuildings （nZEBs） ［J］. Procedia Environmental Sciences, 2017, 38: 115-120.

［24］ Hirst E, Tyler R, Eastes C, et al. Engineering audits at state-owned buildings in Minnesota [J]. Energy, 1980, 5 (3): 271-283.

[25] Hou J, Liu Y, Wu Y, et al. Comparative study of commercial building ener-gy-efficiency retrofit policies in four pilot cities in China [J]. Energy Policy, 2016, 88: 204-215.

[26] Howlett M, Ramesh M, Perl A. Studying public policy: Policy cycles and policy subsystems [M]. Toronto: Oxford University Press, 1995.

[27] Howlett M. Governance modes, policy regimes and operational plans: A multi-level nested model of policy instrument choice and policy design [J]. Policy Sci-ences, 2009, 42 (1): 73-89.

[28] Howlett M. What is a policy instrument? Tools, mixes, and implementation styles [J]. Designing Government: From Instruments to Governance, 2005: 31-50.

[29] International Energy Agency. World Energy Outlook 2004: (Complete Edi-tion-ISBN 9264108173 [J]. sourceoecd energy, 2004, volume 2006 (22): i-576.

[30] Iwaro J, Mwasha A. A review of building energy regulation and policy for energy conservation in developing countries [J]. Energy Policy, 2010, 38 (12): 7744-7755.

[31] Kong X, Lu S, Yong W. A review of building energy efficiency in China dur-ing "Eleventh Five-Year Plan" period [J]. Energy Policy, 2012, 41 (41): 624-635.

[32] Konidari P, Mavrakis D. A multi-criteria evaluation method for climate change mitigation policy instruments [J]. Energy Policy, 2007, 35 (12): 6235-6257.

[33] Jones CO, Lasswell H D. A pre-view of policy sciences [J]. Amercian Po-liticalence Association, 1973, 67 (4): 1363.

[34] Lee W L, Yik F W H. Regulatory and voluntary approaches for enhancing building energy efficiency [J]. Progress in Energy & Combustion Science, 2004, 30 (5): 477-499.

[35] Li J, Colombier M. Managing carbon emissions in China through building en-ergy efficiency [J]. Journal of Environmental Management, 2009, 90 (8): 2436-2447.

[36] Li J, Shui B. A comprehensive analysis of building energy efficiency policies in China: Status quo and development perspective [J]. Journal of Cleaner Production, 2015 (90): 326-344.

[37] Li L, Tan Z, Wang J, et al. Energy conservation and emission reduction policies for the electric power industry in China [J]. Energy Policy, 2011, 39 (6): 3669-3679.

［38］ Libecap G D. Contracting for property rights ［M］. New York: Cambridge University Press, 1993.

［39］ Mcneil M A, Feng W, Can S D L R D, et al. Energy efficiency outlook in China's urban buildings sector through 2030 ［J］. Energy Policy, 2016 (97): 532-539.

［40］ Mcwhinney M, Fanara A, Clark R, et al. ENERGY STAR product specification development framework: Using data and analysis to make program decisions ［J］. Energy Policy, 2005, 33 (12): 1613-1625.

［41］ Kim M J, Oh M W, Kim J T. A method for evaluating the performance of green buildings with a focus on user experience ［J］. Energy & Buildings, 2013 (66): 203-210.

［42］ Mickwitz P. A framework for evaluating environmental policy instruments context and key concepts ［J］. Evaluation, 2003, 9 (4): 415-436.

［43］ Miteva D A, Pattanayak S K, Ferraro P J. Evaluation of biodiversity policy instruments: What works and what doesn't? ［J］. Oxford Review of Economic Policy, 2012, 28 (1): 69-92.

［44］ Mundaca L, Neij L, Worrell E, et al. Evaluating energy efficiency policies with energy-economy models ［J］. Annual Review of Environment & Resources, 2010, 35 (1): 305-344.

［45］ Murphy L, Meijer F, Visscher H. A qualitative evaluation of policy instruments used to improve energy performance of existing private dwellings in the Netherlands ［J］. Energy Policy, 2012, 45 (11): 459-468.

［46］ Nair G, Gustavsson L, Mahapatra K. Owners perception on the adoption of building envelope energy efficiency measures in Swedish detached houses ［J］. Applied Energy, 2010, 87 (7): 2411-2419.

［47］ Noailly J, Batrakova S. Stimulating energy-efficient innovations in the Dutch building sector: Empirical evidence from patent counts and policy lessons ［J］. Energy Policy, 2010, 38 (12): 7803-7817.

［48］ Noailly J. Improving the energy efficiency of buildings: The impact of environmental policy on technological innovation ［J］. Energy Economics, 2010, 34 (137): 795-806.

［49］ Nordhaus W D. Modeling induced innovation in climate-change policy ［J］. Technological Change and the Environment, 2002 (9): 259-290.

［50］ Nwaobi G C. Emission policies and the Nigerian economy: Simulations from a dynamic applied general equilibrium model [J]. Energy Economics, 2004, 26 (5): 921–936.

[51] Randall A. Market solutions to externality problems: Theory and practice [J]. American Journal of Agricultural Economics, 1972, 54 (2): 175–183.

[52] Requate T. Dynamic incentives by environmental policy instruments—A survey [J]. Ecological Economics, 2005, 54 (2): 175–195.

[53] Rocha P, Siddiqui A, Stadler M. Improving energy efficiency via smart building energy management systems: A comparison with policy measures [J]. Energy & Buildings, 2015 (88): 203–213.

[54] Ruparathna R, Hewage K, Sadiq R. Improving the energy efficiency of the existing building stock: A critical review of commercial and institutional buildings [J]. Renewable & Sustainable Energy Reviews, 2016 (53): 1032–1045.

[55] Ryghaug M, Sorensen K H. How energy efficiency fails in the building industry [J]. Energy Policy, 2009, 37 (3): 984–991.

[56] Samuelson P A. Aspects of public expenditure theories [J]. The Review of Economics and Statistics, 1958: 332–338.

[57] Savas E S. Privatization and public–private partnerships [M]. New York: Chatham House, 2000.

[58] Sawhill J C, Palmer C N. Energy conservation and public policy [J]. Environment: Science and Policy for Sustainable Development, 1979, 21 (10): 37.

[59] Sawyer S W, Wirtshafter R M. Market stimulation by renewable energy tax incentives [J]. Energy, 1984, 9 (11–12): 1017–1022.

[60] Shaikh P H, Nor N B M, Sahito A A, et al. Building energy for sustainable development in Malaysia: A review [J]. Renewable & Sustainable Energy Reviews, 2017, 75 (8): 1392–1403.

[61] Shama A. Energy conservation in US buildings : Solving the high potential/low adoption paradox from a behavioural perspective [J]. Energy Policy, 1983, 11 (2): 148–167.

[62] Smith T B. The policy implementation process [J]. Policy Sciences, 1973, 4 (2): 197–209.

[63] Smits R, Kuhlmann S. The rise of systemic instruments in innovation policy [J]. International Journal of Foresight and Innovation Policy, 2004, 1 (1–2): 4–32.

[64] Sun J Y, Yin B, Feng J H, et al. Policy analysis and mode design on incre-

mental investment and financing of building energy efficient market in China ［J］. IEEE, 2009：1913-1920.

［65］Tambach M, Hasselaar E, Itard L. Assessment of current Dutch energy transition policy instruments for the existing housing stock ［J］. Energy Policy, 2010, 38（2）：981-996.

［66］Tuominen P, Klobut K, Tolman A, et al. Energy savings potential in buildings and overcoming market barriers in member states of the European Union ［J］. Energy & Buildings, 2012, 51（51）：48-55.

［67］Viglizzo E F, Paruelo J M, Laterra P, et al. Ecosystem service evaluation to support land-use policy ［J］. Agriculture, Ecosystems & Environment, 2012（154）：78-84.

［68］Vreuls H, De Groote W, Bach P, et al. Evaluating energy efficiency policy measures & DSM programmes-volume I：Evaluation guidebook ［M］. Paris, France：International Energy Agency Implementing Agreement on Demand-Side Management Technologies and Programs（IEA-DSM）, 2005.

［69］Vringer K, Middelkoop M V, Hoogervorst N. Saving energy is not easy：An impact assessment of Dutch policy to reduce the energy requirements of buildings ［J］. Energy Policy, 2016（93）：23-32.

［70］Wei M H, Lee G W M. GHG legislation：Lessons from Taiwan ［J］. Energy Policy, 2009, 37（7）：2696-2707.

［71］Willett Kempton, Linda L Layne. The consumer's energy analysis environment ［J］. Energy Policy, 1994, 22（10）：857-866.

［72］Zhang Y, Wang Y. Barriers' and policies' analysis of China's building energy efficiency ［J］. Energy Policy, 2013, 62（C）：768-773.

［73］安烨, 钟廷勇. PCDM 与我国居住建筑节能关系研究 ［J］. 财经问题研究, 2009（6）：101-105.

［74］奥理·塞佩宁, 张磊华, 陆海璇. 欧洲建筑节能优化措施与政策 ［J］. 暖通空调, 2013（7）：9-16.

［75］白胜芳. 我国既有建筑的节能改造分析 ［J］. 新型建筑材料, 2002（4）：34-36.

［76］保罗·萨缪尔森. 经济学 ［M］. 北京：商务印书馆, 1988：505.

［77］卜增文, 孙大明, 林波荣, 等. 实践与创新：中国绿色建筑发展综述 ［J］. 暖通空调, 2012, 42（10）：1-8.

［78］蔡文婷，于静，曹珊. 采暖地区建筑节能监查技术研究［J］. 城市发展研究，2008，15（1）：139-141.

［79］蔡宗翰，任叶倩，施昱年. 国内外建筑节能立法比较及启示［J］. 法学杂志，2010（S1）：141-144.

［80］陈超，渡边俊行，谢光亚，等. 日本的建筑节能概念与政策［J］. 暖通空调，2002，32（6）：40-43.

［81］陈工云. 产业组织与公共政策：规制抑或放松规制？［J］. 外国经济与管理，2000（6）：7-12.

［82］陈海波，朱颖心. 基于案例调查的公共建筑节能进展缓慢的障碍分析［J］. 建筑科学，2009，25（6）：1-5.

［83］陈军，张韵君. 基于政策工具视角的新能源汽车发展政策研究［J］. 经济与管理，2013，27（8）：77-83.

［84］陈伟，罗来明. 技术进步与经济增长的关系研究［J］. 社会科学研究，2002（4）：44-46.

［85］陈小龙，刘小兵. 基于碳税/补贴的建筑碳排放管制政策研究——以欧盟的建筑碳排放政策为例［J］. 城市发展研究，2013，20（10）：21-27.

［86］陈雨欣，陈建国，王雪青，等. 建筑业碳排放预测与减排策略研究［J］. 建筑经济，2016，37（10）：14-18.

［87］陈钊，熊瑞祥. 比较优势与产业政策效果——来自出口加工区准实验的证据［J］. 管理世界，2015（8）：67-80.

［88］陈振明. 政策科学［M］. 北京：中国人民大学出版社，1996.

［89］程杰，郝斌，刘珊，等. 建筑节能发展趋势分析与模式探讨［J］. 建筑经济，2013，000（8）：97-99.

［90］程荃. 新能源视角下欧盟2011年节能与能效立法措施评析［J］. 湖南师范大学社会科学学报，2012，41（4）：19-23.

［91］仇保兴. 进一步加快绿色建筑发展步伐——中国绿色建筑行动纲要（草案）解读［J］. 城市发展研究，2011，18（7）：10-14.

［92］戴雪芝，何维达，狄彦强. 建筑节能经济激励政策多指标综合评价体系研究［J］. 建筑科学，2007，23（2）：54-60.

［93］邓柏峻，李仲飞，张浩. 限购政策对房价的调控有效吗［J］. 统计研究，2014，31（11）：50-57.

［94］邓建英，马超群. 在推行建筑节能进程中政府之间政令执行模型［J］. 求索，2012（1）：67-68.

［95］董微微. 政府干预对创新集群演化过程的影响研究——基于 BBV 模型的仿真［J］. 科技管理研究, 2016, 36（18）: 7-12.

［96］豆志杰, 张春颖. 建筑节能的经济学分析［J］. 山西财经大学学报, 2012（S3）: 6-8.

［97］方勇, 孙绍荣. 基于认知心理学的风险决策行为［J］. 统计与决策, 2006（6）: 42-44.

［98］冯悦怡, 张力小. 城市节能与碳减排政策情景分析——以北京市为例［J］. 资源科学, 2012, 34（3）: 541-550.

［99］冯忠垒. 节能技术许可与政府 R&D 补贴策略研究［J］. 统计与决策, 2014（8）: 40-43.

［100］傅广宛, 韦彩玲, 傅雨飞. 中国公共政策量化分析的发展模式研究——以 13 种二次文献为观察单元［J］. 北京行政学院学报, 2013（4）: 35-39.

［101］傅雨飞. 公共政策量化分析: 研究范式转换的动因和价值［J］. 中国行政管理, 2015（8）: 24.

［102］傅志寰, 宋忠奎, 陈小寰, 等. 我国节能环保产业发展的思考［J］. 中国工程科学, 2015（8）: 75-80.

［103］高新才, 仵雁鹏. 中国能源消费系统预测模型的构建［J］. 统计与决策, 2009（5）: 28-29.

［104］葛继红, 郭汉丁, 窦媛. 建筑节能服务市场发展问题分析与对策［J］. 建筑科学, 2011, 27（2）: 17-20.

［105］谷继建, 刘定云, 吴安新, 等. 福利经济学对农民均衡分享经济发展成果诠释［J］. 城市发展研究, 2009（1）: 20-23.

［106］郭建卿, 李孟刚. 我国节能环保产业发展难点及突破策略［J］. 经济纵横, 2016（6）: 52-56.

［107］郭理桥. 建筑节能与绿色建筑模型系统构建思路［J］. 城市发展研究, 2010（7）: 36-44.

［108］郭莉莉. 建筑能耗现状及节能潜力［J］. 铁道工程学报, 2006, 23（4）: 75-78.

［109］郭研, 郭迪, 姜坤. 市场失灵、政府干预与创新激励——对科技型中小企业创新基金的实证检验［J］. 经济科学, 2016（3）: 114-128.

［110］韩青苗, 刘长滨, 王洪波, 等. 基于交易费用理论的建筑节能服务市场分析［J］. 暖通空调, 2007, 37（10）: 1-6.

［111］韩青苗, 杨晓冬, 占松林, 等. 建筑节能经济激励政策实施效果评价

指标体系构建 [J]. 北京交通大学学报（社会科学版），2010，9（3）：59-63.

[112] 何清华，王歌，谢坚勋，等. 建筑业低碳技术创新图谱分析及政策启示 [J]. 科技管理研究，2016，36（9）：216-220.

[113] 何祚庥. 寻求建筑结构节能和可再生能源节能的结合 [J]. 城市发展研究，2009，16（8）：24-28.

[114] 贺霖龄. 建筑节能中公众参与意识的影响因素分析——基于对西安市公众的实证调查 [J]. 南京师大学报社会科学版，2014（A01）：122-125.

[115] 侯静，武涌，刘伊生. 既有公共建筑节能改造市场化途径研究 [J]. 城市发展研究，2014，21（6）.

[116] 侯艳良，王晓明. 可竞争性、竞争性与中国工业市场绩效 [J]. 经济与管理研究，2014（10）：81-91.

[117] 胡鞍钢，过勇. 从垄断市场到竞争市场：深刻的社会变革 [J]. 改革，2002（1）：17-28.

[118] 胡赛全，詹正茂，钱悦，等. 战略性新兴产业发展的政策工具体系研究——基于政策文本的内容分析 [J]. 科学管理研究，2013（3）：66-69.

[119] 胡卫国，方海峰. 汽车产业发展政策分析：产业组织理论的视角 [J]. 科学学与科学技术管理，2007，28（2）：153-157.

[120] 胡仙芝，沈继伦，张平谈. 加快发展节能环保产业的主要举措 [J]. 经济研究参考，2011（60）：22-23.

[121] 华贲，龚婕. 发展以分布式冷热电联供为核心的第二代城市能源供应系统 [J]. 建筑科学，2007，23（4）：5-8.

[122] 黄萃，苏竣，施丽萍，等. 政策工具视角的中国风能政策文本量化研究 [J]. 科学学研究，2011，29（6）：876-882.

[123] 黄俊辉，徐自强.《校车安全条例（草案）》的政策议程分析 [J]. 公共管理学报，2012（3）：19-31.

[124] 黄明强，崔胜辉，李秀芳. 建筑节能产品推广应用影响因素结构方程模型分析 [J]. 华侨大学学报（自然科学版），2016（37）：450.

[125] 黄有亮，杨江金，孙林. 我国建筑节能技术成熟度评价与预测 [J]. 科技管理研究，2010，30（5）：47-50.

[126] 江伟，刘婵. 基于 PSR—EAHP 的农业生产活动的环境效应评价指标体系研究——以阿拉尔垦区为例 [J]. 数学的实践与认识，2015（1）：106-111.

[127] 江小涓. 理论、实践、借鉴与中国经济学的发展——以产业结构理论研究为例 [J]. 中国社会科学，1999（6）：4-18.

［128］江亿. 我国建筑耗能状况及有效的节能途径［J］. 暖通空调，2005，35（5）：64.

［129］江亿. 我国建筑节能战略研究［J］. 中国工程科学，2011，13（6）：30-38.

［130］蒋旻. 推进建筑节能的动力耦合机制研究［J］. 建筑经济，2012（1）：70-73.

［131］金占勇，武涌，刘长滨. 基于外部性分析的北方供暖地区既有居住建筑节能改造经济激励政策设计［J］. 暖通空调，2007，37（9）：14-19.

［132］金振星，武涌，梁境. 大型公共建筑节能监管制度设计研究［J］. 暖通空调，2007，37（8）：19-22.

［133］康艳兵，李亚平. 我国建筑节能的障碍及对策研究［J］. 暖通空调，2006，36（8）：33-36.

［134］康艳兵，张扬，韩凤芹. 关于鼓励节能建筑的财税政策建议［J］. 中国能源，2009，31（11）：34-37.

［135］康艳兵. 建筑节能政策解读［M］. 北京：中国建筑工业出版社，2008.

［136］黎文靖，郑曼妮. 实质性创新还是策略性创新？——宏观产业政策对微观企业创新的影响［J］. 经济研究，2016（4）：60-73.

［137］李德智，谭凤，陈艳超，等. 美国提高保障房项目可持续性的策略及启示［J］. 城市发展研究，2015，22（11）：109-113.

［138］李凡，章东明，刘沛罡，等. 技术创新政策比较研究框架构建及应用——基于金砖国家政策文本的分析［J］. 科学学与科学技术管理，2016，37（3）：3-12.

［139］李飞. 区域主导产业选择研究综述［J］. 河南社会科学，2007，15（2）：106-108.

［140］李慧，卢才武，李芊. 中国建筑节能政策管理研究［J］. 科技进步与对策，2008，25（10）：154-157.

［141］李健. 规制俘获理论评述［J］. 社会科学管理与评论，2012（1）：92-97.

［142］李菁，马彦琳，梁晓群. 既有建筑节能改造的融资障碍及对策研究［J］. 建筑经济，2007（12）：37-40.

［143］李琳娜. 低碳交通运输政策节能效果评价实证研究［D］. 长安大学，2014.

［144］李胜会，刘金英. 中国战略性新兴产业政策分析与绩效评价——"非政策失败理论"及实证研究［J］. 宏观经济研究，2015（10）：3-13.

［145］李佐军，赵西君. 我国建筑节能减排的难点与对策［J］. 江淮论坛，2014（2）：5-9.

［146］梁境，李百战，武涌.中国建筑节能现状与趋势调研分析［J］.暖通空调，2008，38（7）：29-35.

［147］梁境，李百战.中国公共建筑节能管理与改造制度研究［J］.建筑科学，2007，23（4）：9-14.

［148］林民书，张树全.资源的全球配置对产业政策的影响［J］.财经研究，2003，29（10）：3-8.

［149］林毅夫.发展与转型：思潮、战略和自生能力［J］.北京交通大学学报社会科学版，2008，7（4）：1-3.

［150］林泽，郝斌.建筑节能推行合同能源管理的思考［J］.建设科技，2010（16）：25-27.

［151］刘蓓华，刘爱东.建筑产业低碳发展路径选择：耦合、脱钩与创新［J］.求索，2011（2）：88-89.

［152］刘澄，顾强，董瑞青.产业政策在战略性新兴产业发展中的作用［J］.经济社会体制比较，2011（1）：196-203.

［153］刘洪玉，陈伟，王松涛.我国节能住宅供求决策的影响因素与政策框架［J］.中国软科学，2006（8）：41-48.

［154］刘桦，李亮亮.居住建筑的合同能源管理［J］.城市问题，2012（2）：85-89.

［155］刘建生，郧文聚，赵小敏，等.农村居民点重构典型模式对比研究——基于浙江省吴兴区的案例［J］.中国土地科学，2013，27（2）：46-53.

［156］刘念雄.英国低造价、适应性、低碳排放住宅建设计划［J］.建筑学报，2009（8）：40-43.

［157］刘淑影，于芳.我国公共政策执行阻滞的制度因素分析及对策探讨［J］.桂海论丛，2006，22（2）：141-144.

［158］刘树青，王笑雪，刘红梅.建筑节能三大主体间的博弈分析［J］.建筑科学，2011（S2）：233-237.

［159］刘小兵，武涌，陈小龙.我国建筑碳排放权交易体系发展现状研究［J］.城市发展研究，2013，20（8）：64-69.

［160］刘玉明，刘长滨.既有建筑节能改造的经济激励政策分析［J］.北京交通大学学报（社会科学版），2010，9（2）：52-57.

［161］刘志鹏.公共政策过程中的信息不对称及其治理［J］.国家行政学院学报，2010（3）：52-56.

［162］龙惟定，张蓓红.美国政府的联邦能源管理计划（FEMP）［J］.暖通

空调，2004，34（2）：9-12.

　　［163］卢求.德国生态节能建筑资助政策与措施［J］.建筑学报，2008（9）：89-91.

　　［164］卢双全.建筑节能改造的外部性分析与激励政策［J］.建筑经济，2007（4）：43-46.

　　［165］卢现祥.寻租经济学导论［M］.北京：中国财政经济出版社，2000.

　　［166］吕明洁，陈松.我国高技术产业政策绩效及其收敛分析［J］.科学学与科学技术管理，2011，32（2）：43-47.

　　［167］吕明洁，陈瑜，曹莉萍.中国新能源企业创新绩效的影响因素——基于产业政策视角［J］.技术经济，2016，35（1）：43-50.

　　［168］马岩，杨永会.节能环保住宅评价指标体系构建研究［J］.理论月刊，2010（8）：93-95.

　　［169］毛义华，蔡临申.我国建筑节能的现状及其对策分析［J］.技术经济与管理研究，2007（1）：58-59.

　　［170］梅仕江.公共政策评估研究综述［J］.改革与开放，2013（8）：32-33.

　　［171］孟昌.产业结构研究进展述评——兼论资源环境约束下的区域产业结构研究取向［J］.现代财经-天津财经大学学报，2012（1）：99-106.

　　［172］牛犇，杨杰.基于开发商视角的建筑节能经济激励制度研究［J］.山东社会科学，2011（7）：157-159.

　　［173］牛桂敏.我国节能环保产业发展探析［J］.理论学刊，2014（5）：43-47.

　　［174］牛云翥，牛叔文，张馨，等.家庭能源消费与节能减排的政策选择［J］.中国软科学，2013（5）：45-55.

　　［175］潘红波，夏新平，余明桂.政府干预，政治关联与地方国有企业并购［J］.经济研究，2008，4（4）：41-53.

　　［176］彭琛，郝斌.关于建筑节能的评价：能耗和能效的思辨与未来发展思考［J］.暖通空调，2015（9）：1-6.

　　［177］乔治，恩德勒.面向行动的经济伦理学［M］.上海：上海社会科学院出版社，2002.

　　［178］秦颖.论公共产品的本质——兼论公共产品理论的局限性［J］.经济学家，2006（3）：77-82.

　　［179］清华大学建筑节能研究课题组.社会地位结构与节能行为关系研究［J］.江苏社会科学，2011（6）：47-54.

　　［180］清华大学建筑节能研究中心.中国建筑节能年度发展研究报告［M］.

北京：中国建筑工业出版社，2012.

[181] 邱兆林. 中国产业政策的特征及转型分析 [J]. 现代经济探讨，2015（7）：10-14.

[182] 饶蕾，李传忠. 欧盟建筑节能证书制度对我国的启示 [J]. 四川大学学报（哲学社会科学版），2015.

[183] 申笑颜. 中国碳排放影响因素的分析与预测 [J]. 统计与决策，2010（19）：90-92.

[184] 沈满洪，何灵巧. 外部性的分类及外部性理论的演化 [J]. 浙江大学学报（人文社会科学版），2002，32（1）：152-160.

[185] 沈满洪. 论环境经济手段 [J]. 经济研究，1997（10）：54-61.

[186] 石锋，王要武，王一越. 政府动态培育政策对建筑节能服务市场的影响研究 [J]. 土木工程学报，2014（7）：136-144.

[187] 舒春，綦良群，常伟. 日本、美国、中国三国高新技术产业政策的比较分析 [J]. 科技与管理，2004，6（005）：20-22.

[188] 舒海文，端木琳，季永明. 我国北方地区居住建筑节能率再提高的瓶颈问题分析 [J]. 暖通空调，2012，42（002）：13-17.

[189] 舒锐. 产业政策一定有效吗？——基于工业数据的实证分析 [J]. 产业经济研究，2013（3）：45-54.

[190] 司言武. 环境税"双重红利"假说述评 [J]. 经济理论与经济管理，2008（1）：34-38.

[191] 宋琪，印保刚，杨柳. 我国发展被动式建筑的障碍因素及对策分析 [J]. 建筑经济，2014（01）：12-14.

[192] 苏靖. 关于促进自主创新政策落实的若干思考 [J]. 中国科技论坛，2012，（02）：5-7.

[193] 苏明，傅志华，包全永. 鼓励和促进我国节能事业的财税政策研究 [J]. 财政研究，2005（2）：33-37.

[194] 苏迎社，陈林. 新型墙体材料与节能建筑的保温技术初探 [J]. 煤炭技术，2011，30（7）：244-246.

[195] 孙红霞. 绿色建筑发展中的问题及其解决途径——以河南省为例 [J]. 城市问题，2012（6）：56-58.

[196] 孙金颖，刘长滨，西宝，等. 中国建筑节能市场投融资环境分析 [J]. 土木工程学报，2007，40（12）：89-94.

[197] 孙金颖，刘长滨. 推动可再生能源在建筑中规模化应用的经济政策研

究 [J]. 建筑科学, 2008, 24 (4): 1-4.

[198] 孙鹏程, 刘应宗, 梁俊强, 等. 建筑节能领域的政府失灵及其对策 [J]. 建筑科学, 2007, 23 (12): 1-6.

[199] 孙萍, 宋琳琳. 我国建筑节能政策研究述评 [J]. 山西大学学报 (哲学社会科学版), 2011, 34 (003): 8-12.

[200] 孙晓冰, 沙凯逊. 新农村社区建筑节能工作的基本原则与思路 [J]. 建筑经济, 2012 (07): 94-96.

[201] 孙晓冰. 新农村建筑节能法律政策研究 [J]. 中国人口·资源与环境, 2013, 23 (159): 444-447.

[202] 汤民, 孙大明, 马素贞. 绿色建筑运行实效问题与碳减排研究分析 [J]. 施工技术, 2012 (03): 37-40.

[203] 汤小京. 北京地区住宅采暖分户热计量设计经验与体会 [J]. 建筑科学, 2004, 20 (s1): 26-30.

[204] 唐云松, 张胥. 保障性住房规模影响因素分析——以长沙市为例 [J]. 求索, 2011 (7): 20-22.

[205] 童丽萍. 从能源危机看建筑节能的必然趋势 [J]. 郑州大学学报 (理学版), 2008, 40 (4): 105-109.

[206] 涂逢祥, 徐宗威. 波兰丹麦建筑供暖计量收费情况考察报告 [J]. 暖通空调, 2000, 30 (1): 25-28.

[207] 汪建丰, 李志刚. 沪杭高铁对沿线区域经济发展影响的实证分析 [J]. 经济问题探索, 2014 (9): 74-77.

[208] 汪青松, 陈莉, 陈二祥, 等. 节能减排与绿色建筑的推广——安徽省安庆市绿色建筑建设的调查 [J]. 中国科技论坛, 2008 (5): 115-119.

[209] 王冰. 市场失灵理论的新发展与类型划分 [J]. 学术研究, 2000 (9): 37-41.

[210] 王洪波, 刘长滨, 王煜. 我国节能建筑市场供求分析及激励政策对象选择 [J]. 建筑经济, 2007 (12): 99-101.

[211] 王洪波, 刘长滨. 基于博弈分析的新建建筑节能激励机制设计 [J]. 建筑科学, 2009, 25 (2): 24-28.

[212] 王惠, 赵军, 安青松, 等. 不同建筑负荷下分布式能源系统优化与政策激励研究 [J]. 中国电机工程学报, 2015, 35 (14): 3734-3740.

[213] 王建玲, 刘思峰, 邱广华, 等. 苏州市科技创新人才建设现状及供给预测研究 [J]. 科技进步与对策, 2010, 27 (12): 141-144.

[214] 王建声，段永辉，杨明宇. 浅谈我国建筑节能的管理现状与对策 [J]. 建筑经济，2006，000（004）：87-89.

[215] 王莉，杨继瑞，孙建华. 公共建筑节能经济激励政策研究 [J]. 社会科学研究，2015，000（003）：134-136.

[216] 王清勤. 国际建筑节能经验对我国建筑节能发展的启发 [J]. 节能，2006，25（1）：8-10.

[217] 王素凤. 建筑节能政策保障机制的博弈研究 [J]. 科技管理研究，2010，30（20）：26-28.

[218] 王涛，曹永旭. 论产业结构合理化 [J]. 生产力研究，2009（14）：19-21.

[219] 王文，孙早，牛泽东. 产业政策，市场竞争与资源错配 [J]. 经济学家，2014（9）：22-32.

[220] 王星，郭汉丁，陶凯，等. 既有建筑节能改造市场发展协同激励路径优化研究路径优化研究综述 [J]. 建筑经济，2016（7）：100-104.

[221] 王怡红，高珂强. 山东省低碳房地产业发展存在的问题与对策 [J]. 山东社会科学，2012（11）：186-188.

[222] 王茵，郁建兴. 中德推广可再生能源建筑应用的政策工具比较 [J]. 东南学术，2014（4）：80-87.

[223] 王英，刘思峰. 项目后评价中"有无对比法"的正确使用——以连徐高速公路经济影响后评价为例 [J]. 南京航空航天大学学报（社科版），2007，9（3）：15-18.

[224] 王有为. 中国绿色施工解析 [J]. 施工技术，2008，37（6）：1-6.

[225] 王再进，方衍，田德录. 国家中长期科技规划纲要配套政策评估指标体系研究 [J]. 中国科技论坛，2011（9）：5-10.

[226] 魏艺明，姚博. 出口退税政策效用的实验性评估——基于倍差法分析的再检验 [J]. 北京理工大学学报（社会科学版），2016，18（6）.

[227] 温丽. 对推进我国供热系统节能的看法和建议 [J]. 暖通空调，1998（1）：1-7.

[228] 吴玲. 利益相关者：企业持续发展的新理念 [J]. 四川大学学报（哲学社会科学版），2003（5）：5-8.

[229] 吴晓. 北欧生态型城镇的规划建设及思考 [J]. 城市规划，2009（7）：64-72.

[230] 仵志忠. 信息不对称理论及其经济学意义 [J]. 经济学动态，1997（1）：66-69.

[231] 武涌, 刘兴民, 李沁. 三北地区农村建筑节能: 现状、趋势及发展方向研究 [J]. 建筑科学, 2010, 26 (12): 7-14.

[232] 武涌, 孙金颖, 吕石磊. 欧盟及法国建筑节能政策与融资机制借鉴与启示 [J]. 建筑科学, 2010, 26 (2): 1-12.

[233] 席卫群. 节能减排税收政策的有效性分析——基于工业高耗能行业数据 [J]. 当代财经, 2014 (6): 5-12.

[234] 肖雁飞, 张琼, 曹休宁, 等. 武广高铁对湖南生产性服务业发展的影响 [J]. 经济地理, 2013, 33 (10): 103-107.

[235] 邢金城, 高峰, 涂光备. 供热价格的制定及其对相关方面影响——以天津市为例 [J]. 价格理论与实践, 2004 (10): 39-40.

[236] 胥小龙, 武涌, 李妍. 推进北方供暖地区既有居住建筑节能改造的组织体系研究 [J]. 暖通空调, 2007, 37 (9): 29-34.

[237] 徐策, 张伟超. 市场失灵的三大表现及其宏观调控对策 [J]. 黑龙江社会科学, 2004 (4): 44-46.

[238] 徐雯, 刘幸. 建筑节能激励政策的演化博弈分析 [J]. 武汉理工大学学报 (交通科学与工程版), 2009, 33 (1): 184-187.

[239] 徐占发. 建筑节能常用数据速查手册 [J]. 北京: 中国建筑工业出版社, 2006.

[240] 苟明俐. 政府干预市场的三重边界——基于公共责任视角 [J]. 中国行政管理, 2016 (4).

[241] 闫瑾. 发展绿色建筑的政策激励研究 [J]. 统计与决策, 2008 (10): 119-121.

[242] 杨成伟, 唐炎, 张赫, 等. 青少年体质健康政策的有效执行路径研究——基于米特-霍恩政策执行系统模型的视角 [J]. 体育科学, 2014, 34 (8): 56-63.

[243] 杨杰, 房勤英. 基于协动作用的建筑节能管理研究 [J]. 山东社会科学, 2010 (2): 91-93.

[244] 杨杰. 基于利益相关者的建筑节能管理机制研究 [J]. 山东社会科学, 2010 (10): 93-95.

[245] 杨克磊, 张振宇. 天津市碳排放预测及低碳经济发展对策分析——基于改进 GM (1, 1) 模型 [J]. 重庆理工大学学报 (自然科学版), 2014, 28 (2): 111-114.

[246] 杨茂盛, 闫晓燕. 基于物元理论的西安市住宅建筑节能效果评价 [J]. 科技管理研究, 2012, 32 (20): 67-70.

［247］杨瑞龙，聂辉华．不完全契约理论：一个综述［J］．经济研究，2006（2）：104-115．

［248］杨玉兰，李百战，姚润明．政策法规对建筑节能的作用——欧盟经验参考［J］．暖通空调，2007，37（4）：52-56．

［249］叶凌，程志军，王清勤，等．合同能源管理新进展及在建筑领域的发展建议［J］．建筑科学，2011，27（12）：1-5．

［250］叶祖达．低碳绿色建筑：从政策到经济成本效益分析［M］．北京：中国建筑工业出版社，2013．

［251］尹波，刘应宗．建筑节能领域市场失灵的外部经济性分析［J］．土木工程与管理学报，2005（4）：65-68．

［252］于凤光，蒋霞，韩宜康．我国引入欧美国家可交易证书机制的相关研究——基于绿色证书和白色证书机制的研究［J］．工业安全与环保，2014，000（009）：90-92．

［253］于晗．产业结构与就业结构演进趋势及预测［J］．财经问题研究，2015（6）：26-31．

［254］俞宪忠．市场失灵与政府失灵［J］．学术论坛，2004（6）：94-98．

［255］翟纪超．基于信息不对称的政策执行互动分析［J］．管理学刊，2010，23（4）：46-48．

［256］张成福．论政府治理工具及其选择［J］．中国机构，2003（1）：28．

［257］张诚，周安，张志坚．低碳经济下物流碳足迹动态预测研究——基于2004-2012年30省市面板数据［J］．科技管理研究，2015，35（24）：211-215．

［258］张国兴，高秀林，汪应洛，等．中国节能减排政策的测量，协同与演变——基于1978-2013年政策数据的研究［J］．中国人口·资源与环境，2014，24（12）：62-73．

［259］张国兴，张绪涛，汪应洛，等．节能减排政府补贴的最优边界问题研究［J］．管理科学学报，2014，17（11）：129-138．

［260］张红凤．利益集团规制理论的演进［J］．经济社会体制比较，2006（1）：56-63．

［261］张家力．基于全寿命周期的建筑节能管理研究［J］．城乡建设，2013．

［262］张江雪．我国技术市场发展程度的测度［J］．科研管理，2010（5）：79-86．

［263］张镧．湖北省高新技术产业政策有效性评估［J］．中国科技论坛，2015（5）：89-95．

［264］张丽娟．美国贸易政策的逻辑［J］．美国研究，2016（2）：18-34．

[265] 张凌，王为. 基于集对分析的黑龙江省技术创新政策效果评价 [J]. 科技进步与对策，2008，25（2）：119-122.

[266] 张琦. 国外建筑节能政策比较分析及启示 [J]. 国际经济合作，2012（5）：48-53.

[267] 张时聪，徐伟，姜益强，等. 国际典型"零能耗建筑"示范工程技术路线研究 [J]. 暖通空调，2014，000（001）：52-59.

[268] 张仕廉，李学征，刘一. 绿色建筑经济激励政策分析 [J]. 生态经济（中文版），2006（5）：312-315.

[269] 张维迎. 博弈论和信息经济学 [M]. 上海：三联书店，上海人民出版社，2004.

[270] 张维迎. 市场经济可以避免无知导致的灾难——由价格双轨制引起的思考 [J]. 当代财经，2012（1）：7-8.

[271] 张向荣，刘斐. 国内外建筑节能标准化比较及其对我国的启示 [J]. 未来与发展，2008，29（2）：140-144.

[272] 张严柱. 我国公共建筑节能政策设计原则与建议 [J]. 建筑经济，2012（4）：5-7.

[273] 张泽平，李珠，董彦莉. 建筑保温节能墙体的发展现状与展望 [J]. 工程力学，2007，24（s2）：121-128.

[274] 张璋. 政府治理工具的选择与创新——新公共管理理论的主张及启示 [J]. 新视野，2001，5（41）：39-41.

[275] 张振华. 基于灰色GM（1，1）模型的城市人口老龄化预测 [J]. 统计与决策，2015（19）：76-79.

[276] 赵峦，孙文凯. 农信社改革对改善金融支农的政策效应评估——基于全国农户调查面板数据的倍差法分析 [J]. 金融研究，2010（3）：194-206.

[277] 赵锡斌，邹薇，庄子银. 政府对市场的宏观调控：理论与政策 [M]. 武汉：武汉大学出版社，1995.

[278] 郑代良，钟书华. 中国高层次人才政策现状，问题与对策 [J]. 科研管理，2012（9）：130-137.

[279] 郑娟尔，吴次芳. 我国建筑节能的现状、潜力与政策设计研究——一个基于控制论的分析框架 [J]. 中国软科学，2005（5）：71-75.

[280] 郑晓云，胡金玉. 有无比较法在公路项目节能评价中的应用研究 [J]. 交通节能与环保，2010（3）：36-38.

[281] 周珂，尹兵. 我国低碳建筑发展的政策与法律分析 [J]. 新视野，2010

（6）：72-74.

［282］周鲜华，曹斯雯，夏宝晖. 低碳经济驱动的既有建筑节能改造融资策略研究［J］. 中国软科学，2010（S1）：97-101.

［283］周震虹，王晓国，谌立平. 西方产业结构理论及其在我国的发展［J］. 湖南师范大学社会科学学报，2004，33（4）：96-100.

［284］朱建军，刘思峰，张里，等. 基于灰色组合预测的节能政策能源节约量测算模型［J］. 软科学，2009，23（5）：42-45.

［285］朱建军，张里，刘思峰. 基于区间数偏好的政府节能政策贡献度测算模型［J］. 统计与决策，2010（10）：13-16.

［286］朱金亮，李玉平，蔡运龙. 基于灰色预测模型的河北省生态足迹动态分析与预测［J］. 干旱区资源与环境，2011，25（2）：24-28.

［287］朱宁宁，朱建军，刘思峰，等. 我国政府建筑节能政策（措施）的实施效果评价［J］. 中国管理科学，2008（S1）：576-580.

［288］洪广欣. 如何理解亚当·斯密的"看不见的手"［J］. 探索，2008（6）：190-192.

［289］朱玉知，孙海彬，李国荣. 光伏发电政策工具与政府选择——基于德国、日本和中国的比较研究［J］. 生态经济，2011（8）：128-132.

附　录

附录 A　建筑节能政策文本原始数据目录（1986～2015 年）

PI-A₁：建筑节能相关标准、规范

附表 A1　PI-A：直接型政策工具

序号	名称	颁布时间	政策文号		颁布机构
1	民用建筑节能设计标准（采暖居住建筑部分）	1986–03	JGJ 26–86	城设字第 95 号	城乡建设环境保护部
2	采暖通风与空调节能设计规范	1987–12	GBJ 19–1987	计标 [1987] 2480 号	国家计划委员会
3	民用建筑隔声设计规范	1988–03	GBJ 118–88	计标 [1988] 389 号	城乡建设环境保护部
4	宾馆、饭店合理用电	1990–10	GB/T 12455–90	—	国家计划委员会、国家技术监督局
5	民用建筑电气设计规范	1993–02	JGJ/T 16–92	建标 [1993] 139 号	建设部
6	民用建筑热工设计规范	1993–03	GB 50176–93	建标 [1993] 196 号	建设部
7	民用建筑节能设计标准（采暖居住建筑部分）	1995–12	JGJ 26–95	建标 [1995] 708 号	建设部
8	通风与空调工程施工质量验收规范	1997–10	GB 50243–97	建标 [1997] 313 号	国家技术监督局、建设部

续表

PI-A₁：建筑节能相关标准、规范

序号	名称	颁布时间	政策文号		颁布机构
9	既有采暖居住建筑节能改造技术规程	2000-10	JGJ 129-2000	建标〔2000〕224号	建设部
10	采暖居住建筑节能检验标准	2001-02	JGJ 132-2001	建标〔2001〕33号	建设部
11	采暖通风与空气调节设计规范	2001-03	GBJ 19-1987（2001版）	工程建设标准局部公告第26号	建设部
12	夏热冬冷地区居住建筑节能设计标准	2001-07	JGJ 134-2001	建标〔2001〕139号	建设部
13	建筑采光设计标准	2001-11	GB/T 50033-2001	建标〔2001〕172号	建设部、国家质量监督检验检疫总局
14	民用建筑工程室内环境污染控制规范	2001-12	GB 50325-2001	建标〔2001〕263号	建设部、国家质量监督检验检疫总局
15	通风与空调工程施工质量验收规范	2002-03	GB 50243-2002	建标〔2002〕60号	建设部、国家质量监督检验检疫总局
16	夏热冬暖地区居住建筑节能设计标准	2003-07	JGJ 75-2003	建设部公告第165号	建设部
17	采暖通风与空气调节设计规范	2003-11	GB50019-2003	建设部公告第192号	建设部
18	建筑照明设计标准	2004-06	GB 50034-2004	建设部公告第247号	建设部
19	辐射供暖技术规程	2004-06	JGJ 142-2004		建设部
20	外墙外保温工程技术规程	2005-01	JGJ 144-2004	建设部公告第305号	建设部
21	公共建筑节能设计标准	2005-04	GB 50189-2005	建设部公告第319号	建设部、国家质量监督检验检疫总局
22	关于印发《绿色建筑技术导则》的通知	2005-11	—	建科〔2005〕199号	建设部、科学技术部
23	住宅建筑规范	2005-11	GB 50368-2005	建设部公告第385号	建设部、国家质量监督检验检疫总局
24	地源热泵系统工程技术规范	2005-11	GB 50366-2005	建设部公告第386号	建设部、国家质量监督检验检疫总局

续表

PI-A₁：建筑节能相关标准、规范

序号	名称	颁布时间	政策文号	颁布机构
25	住宅性能评定技术标准	2005–11	GB/T 50362–2005	建设部、国家质量监督检验检疫总局
26	空调通风系统运行管理规范	2005–11	GB 50365–2005	建设部、国家质量监督检验检疫总局
27	民用建筑太阳能热水系统应用技术规范	2005–12	GB 50364–2005	建设部、国家质量监督检验检疫总局
28	绿色建筑评价标准	2006–03	GB/T 50378–2006	建设部、国家质量监督检验检疫总局
29	民用建筑工程室内环境污染控制规范	2006–04	GB 50235–2006	建设部、国家质量监督检验检疫总局
30	建筑节能与小区雨水利用工程技术规范	2006–09	GB 50400–2006	建设部
31	建筑节能工程施工质量验收规范	2007–01	GB 50411–2007	建设部
32	关于印发《绿色建筑评价技术细则》（试行）的通知	2007–08	—	建科 [2007] 205 号 建设部
33	关于印发《绿色施工导则》的通知	2007–09		建质 [2007] 223 号 建设部
34	民用建筑电气设计规范	2008–01	JGJ 16–2008	建设部公告第 800 号 建设部
35	高等学校节约型校园建设管理与技术导则（试行）	2008–05	—	建科 [2008] 89 号 住房和城乡建设部
36	关于印发《绿色建筑评价技术细则补充说明（规划设计部分）》的通知	2008–06		建科 [2008] 113 号 住房和城乡建设部
37	关于印发《北方采暖地区既有居住建筑供热计量及节能改造技术导则》（试行）的通知	2008–07	—	建科 [2008] 126 号 住房和城乡建设部
38	地源热泵系统工程技术规范	2009–03	GB–50366–2009	住建部公告第 234 号 住房和城乡建设部、国家质量监督检验检疫总局

续表

P1-A₁：建筑节能相关标准、规范

序号	名称	颁布时间	政策文号		颁布机构
39	关于印发《绿色建筑评价技术细则补充说明（运行使用部分）》的通知	2009-09	—	建科函〔2009〕235号	住房和城乡建设部
40	关于印发《北方采暖地区既有居住建筑供热计量及节能改造项目验收办法》的通知	2009-11	—	建科〔2009〕261号	住房和城乡建设部
41	公共建筑节能检测标准	2009-12	JGJ/T 177-2009	住建部公告第460号	住房和城乡建设部
42	居住建筑节能检验标准	2009-12	JGJ/T 132-2009	住建部公告第461号	住房和城乡建设部
43	严寒和寒冷地区居住建筑节能设计标准	2010-03	JGJ 26-2010	住建部公告第522号	住房和城乡建设部
44	夏热冬冷地区居住建筑节能设计标准	2010-03	JGJ 134-2010	住建部公告第523号	住房和城乡建设部
45	关于印发《绿色工业建筑评价导则》的通知	2010-08	—	建科〔2010〕131号	住房和城乡建设部
46	墙体材料应用统一技术规范	2010-08	GB 50574-2010	住建部公告第733号	住房和城乡建设部、国家质量监督检验检疫总局
47	民用建筑隔声设计规范	2010-08	GB 50118-2010	住建部公告第744号	住房和城乡建设部、国家质量监督检验检疫总局
48	民用建筑工程室内环境污染控制规范	2010-08	GB 50325-2010	住建部公告第64号	住房和城乡建设部、国家质量监督检验检疫总局
49	宾馆、饭店合理用电	2010-11	GB/T 12455-2010	—	国家质量监督检验检疫总局、国家标准化管理委员会
50	民用建筑绿色设计规范	2010-11	JGJ/T 229-2010	住建部公告第806号	住房和城乡建设部

续表

PI-A₁: 建筑节能相关标准、规范

序号	名称	颁布时间	政策文号	颁布机构
51	建筑工程绿色施工评价标准	2010-11	GB/T 50640-2010	住房和城乡建设部、国家质量监督检验检疫总局
52	民用建筑供暖通风与空气调节设计规范	2012-01	GB 50736-2012	住房和城乡建设部、国家质量监督检验检疫总局
53	关于印发《绿色超高层建筑评价技术细则》的通知	2012-05	—	住房和城乡建设部
54	辐射供暖技术规程	2012-08	JGJ 142-2012	住房和城乡建设部
55	既有采暖居住建筑节能改造技术规程	2012-10	JGJ/T 129-2012	住房和城乡建设部
56	夏热冬暖地区居住建筑节能设计标准	2012-11	JGJ 75-2012	住房和城乡建设部
57	关于印发夏热冬冷地区既有居住建筑节能改造技术导则（试行）的通知	2012-12	—	住房和城乡建设部
58	建筑采光设计标准	2012-12	GB 50034-2013	住房和城乡建设部、国家质量监督检验检疫总局
59	农村居住建筑节能设计标准	2012-12	GB/T 50824-2013	住房和城乡建设部、国家质量监督检验检疫总局
60	绿色工业建筑评价标准	2013-08	GB/T 50878-2013	住房和城乡建设部、国家质量监督检验检疫总局
61	绿色办公建筑评价标准	2013-09	GB/T 50908-2013	住房和城乡建设部、国家质量监督检验检疫总局

序号	政策文号（附加列）
51	住建部公告第 813 号
52	住建部公告第 1270 号
53	建科 [2012] 76 号
54	建设部公告第 1450 号
55	住建部公告第 1504 号
56	住建部公告第 1533 号
57	建科 [2012] 173 号
58	住建部公告第 1607 号
59	住建部公告第 1608 号
60	住建部公告第 113 号
61	住建部公告第 146 号

续表

PI-A₁：建筑节能相关标准、规范

序号	名称	颁布时间	政策文号	颁布机构
62	建筑照明设计标准	2013-11	GB 50034-2013	住房和城乡建设部、国家质量监督检验检疫总局
63	建筑工程绿色施工规范	2014-01	GB/T 50905-2014	住房和城乡建设部、国家质量监督检验检疫总局
64	绿色建筑评价标准	2014-04	GB/T 50378-2014	住房和城乡建设部、国家质量监督检验检疫总局
65	关于印发《绿色工业建筑评价技术细则》的通知	2015-02	—	住房和城乡建设部
66	关于印发被动式超低能耗绿色建筑技术导则（试行）（居住建筑）的通知	2015-11	—	住房和城乡建设部
67	住房城乡建设部关于印发《绿色数据中心建筑评价技术细则》的通知	2015-12	—	住房和城乡建设部

PI-A₂：建筑节能行政性规章、制度

序号	名称	颁布时间	政策文号	颁布机构
1	中华人民共和国土地管理法	1986-06	—	全国人民代表大会常务委员会
2	中华人民共和国土地管理法	1988-12	—	全国人民代表大会常务委员会
3	关于印发依靠科技进步提高住宅建设水平的几点意见的通知	1989-10	建科字 [1989] 478 号	建设部
4	中华人民共和国环境保护法	1989-12	—	全国人民代表大会常务委员会

续表

PI-A₂：建筑节能行政性规章、制度

序号	名称	颁布时间	政策文号	颁布机构
5	中华人民共和国城市规划法	1989-12	—	全国人民代表大会常务委员会
6	城市规划编制办法	1991-09	建设部令第 14 号	建设部
7	城市绿化条例	1992-05	国务院令 100 号	国务院
8	城市生活垃圾管理办法	1993-09	建设部令 27 号	建设部
9	城市供水条例	1994-07	国务院令 158 号	国务院
10	中华人民共和国建筑法	1997-11	—	全国人民代表大会常务委员会
11	中华人民共和国节约能源法	1997-11	—	全国人民代表大会常务委员会
12	建设项目环境保护管理条例	1998-11	国务院令 253 号	国务院
13	闲置土地处置办法	1999-04	国土资源部令 5 号	国土资源部
14	建设工程质量管理条例	2000-01	国务院令 279 号	国务院
15	建设工程勘察设计管理条例	2000-09	国务院令 293 号	国务院
16	民用建筑节能管理规定	2000-10	建设部令第 76 号	建设部
17	住宅室内装饰装修管理办法	2002-03	建设部令 110 号	建设部
18	建设部建筑节能"十五"计划纲要	2002-06	建科 [2002] 175 号	建设部
19	中华人民共和国环境影响评估法	2002-10	—	全国人民代表大会常务委员会
20	中华人民共和国土地管理法	2004-08	—	全国人民代表大会常务委员会
21	关于加强民用建筑工程项目建筑节能审查工作的通知	2004-10	建科 [2004] 174 号	建设部

续表

PI-A₂：建筑节能行政性规章、制度

序号	名称	颁布时间	政策文号	颁布机构
22	土地利用年度计划管理办法	2004-11	国土资源部令 26 号	国土资源部
23	节能中长期专项规划	2004-11	发改环资 [2004] 2505 号	发改委
24	中华人民共和国固体废弃物污染环境防治法	2004-12	—	全国人民代表大会常务委员会
25	中华人民共和国可再生能源法	2005-02	—	全国人民代表大会常务委员会
26	城市建筑垃圾管理规定	2005-03	建设部 139 号	建设部
27	关于新建居住建筑严格执行节能设计标准的通知	2005-04	建科 [2005] 55 号	建设部
28	关于发展节能省地型住宅和公共建筑的指导意见	2005-05	建科 [2005] 78 号	建设部
29	关于做好建设资源节约型社会近期重点工作的通知	2005-06	国务院令 21 号	国务院
30	关于加快发展循环经济的若干意见	2005-07	国务院令 22 号	国务院
31	关于进一步加强建筑节能标准实施监管工作的通知	2005-08	建办市 [2005] 68 号	建设部
32	关于进一步加强城市照明节电工作的通知	2005-08	建城函 [2005] 234 号	建设部
33	民用建筑节能管理规定	2005-11	建设部令第 143 号	建设部
34	城市规划编制办法	2005-12	建城 [2005] 146 号	建设部
35	建设部等部委关于进一步推进城镇供热体制改革的意见	2005-12	建城 [2005] 220 号	建设部、国家发展和改革委员会、财政部、人事部、民政部、劳动和社会保障部、国家税务总局、国家环境保护总局

续表

PI-A₂：建筑节能行政性规章、制度

序号	名称	颁布时间	政策文号	颁布机构
36	国务院关于落实科学发展观加强环境保护的决定	2005-12	国发 [2005] 39 号	国务院
37	公共场所集中空调通风系统卫生管理办法	2006-02	卫监督法 [2006] 53 号	卫生部
38	关于推进供热计量的实施意见	2006-06	建城 [2006] 159 号	建设部
39	关于印发《"十一五"城市绿色照明工程规划纲要》的通知	2006-07	建办城 [2006] 48 号	建设部
40	关于印发《民用建筑节能工程质量监督管理办法》的通知	2006-07	建质 [2006] 192 号	建设部
41	关于贯彻《国务院关于加强节能工作的决定》的实施意见	2006-09	建科 [2006] 231 号	建设部
42	土地利用年度计划管理办法	2006-12	国土资源部令第 37 号	国土资源部
43	中华人民共和国物权法	2007-03	—	全国人民代表大会常务委员会
44	城市生活垃圾管理办法	2007-04	建设部令 157 号	建设部
45	关于印发节能减排综合性工作方案的通知	2007-05	国发 [2007] 15 号	国务院
46	关于严格执行公共建筑空调温度控制标准的通知	2007-06	国发办 [2007] 42 号	国务院
47	关于印发《建设部关于落实〈国务院关于印发节能减排综合性工作方案的通知〉的实施方案》的通知	2007-06	建科 [2007] 159 号	建设部
48	中华人民共和国城乡规划法	2007-10	—	全国人民代表大会常务委员会

续表

P1-A₂：建筑节能行政性规章、制度

序号	名称	颁布时间	政策文号	颁布机构
49	中华人民共和国节约能源法	2007-10	—	全国人民代表大会常务委员会
50	关于推进高等学校节约型校园建设进一步加强高等学校节能节水工作的意见	2008-05	建科〔2008〕90号	住房和城乡建设部、教育部
51	关于印发《公共建筑室内温度控制管理办法》的通知	2008-06	建科〔2008〕115号	住房和城乡建设部
52	民用建筑节能条例	2008-08	国务院令第530号	国务院
53	公共机构节能条例	2008-08	国务院令第531号	国务院
54	关于加强建筑节能材料和产品质量监督管理的通知	2008-08	建科〔2008〕147号	住房和城乡建设部、工商行政管理总局、质量监督检验检疫总局
55	关于切实加强政府办公和大型公共建筑节能管理工作的通知	2010-06	建科〔2010〕90号	住房和城乡建设部
56	固定资产投资项目节能评估和审查暂行办法	2010-09	国家发改委令6号	国家发展和改革委员会
57	关于水泥工业节能减排的指导意见	2010-11	工信部节〔2010〕582号	工业和信息化部
58	城市绿化条例	2011-01	国务院令第588号	国务院
59	中华人民共和国建筑法	2011-04	—	全国人民代表大会常务委员会
60	关于印发"十二五"节能减排综合性工作方案的通知	2011-08	国发〔2011〕26号	国务院

续表

PI-A₂: 建筑节能行政性规章、制度

序号	名称	颁布时间	政策文号	颁布机构
61	关于落实《国务院关于印发"十二五"节能减排综合性工作方案的通知》的实施方案	2011-12	建科 [2011] 194号	住房和城乡建设部
62	关于印发"十二五"建筑节能专项规划的通知	2012-05	建科 [2012] 72号	住房和城乡建设部
63	闲置土地处置办法	2012-06	国土资源部令第53号	国土资源部
64	中华人民共和国环境保护法	2014-04	—	全国人民代表大会常务委员会
65	关于印发2014-2015年节能减排低碳发展行动方案的通知	2014-05	国办发 [2014] 23号	国务院
66	关于印发能源发展战略行动计划 (2014-2020年) 的通知	2014-06	国办发 [2014] 31号	国务院
67	关于印发促进智慧城市健康发展的指导意见的通知	2014-08	发改高技 [2014] 1770号	国家发展和改革委员会、工业和信息化部、科学技术部、公安部、财政部、国土资源部、住房和城乡建设部、交通运输部
68	中华人民共和国城乡规划法	2015-04	—	全国人民代表大会常务委员会

PI-A₃: 与建筑相关最低能效标准

序号	名称	颁布时间	政策文号	颁布机构
1	房间空调器能效限定值及能源效率等级	2000-06	GB 12021.3-2000	国家质量监督检验检疫总局、国家标准化管理委员会

续表

PI-A₃：与建筑相关最低能效标准

序号	名称	颁布时间	政策文号	颁布机构
2	房间空气调节器能效限定值及能源效率等级	2004-08	GB 12021.3-2004	国家质量监督检验检疫总局、国家标准化管理委员会
3	家用燃气快速热水器和燃气采暖热水炉能效限定值及能效等级	2006-12	GB 20665-2006	国家质量监督检验检疫总局、国家标准化管理委员会
4	储水式电热水器能效限定值及能效等级	2008-04	GB 21519-2008	国家质量监督检验检疫总局、国家标准化管理委员会
5	房间空气调节器能效限定值及能源效率等级	2010-02	GB12021.3-2010	国家质量监督检验检疫总局、国家标准化管理委员会
6	家用太阳能热水系统能效限定值及能效等级	2011-10	GB 26969-2011	国家质量监督检验检疫总局、国家标准化管理委员会
7	家用燃气快速热水器和燃气采暖热水炉能效限定值及能效等级	2015-06	GB 20665-2015	国家质量监督检验检疫总局、国家标准化管理委员会

附表 A2 PI-B：经济激励型政策工具

PI-B₁：建筑节能项目、节能产品直接性补贴

序号	名称	颁布时间	政策文号	颁布机构
1	关于印发《全国绿色建筑创新奖管理办法》的通知	2004-08	建科函 [2004] 183 号	建设部
2	全国绿色建筑创新奖实施细则（试行）	2004-10	建科 [2004] 177 号	建设部
3	关于建立热价价格联动机制的指导意见的通知	2005-10	发改价格 [2005] 2200 号	国家发展和改革委员会、建设部
4	关于城市供热价格管理暂行办法》的通知	2007-06	发改价格 [2007] 1195 号	国家发展和改革委员会、建设部
5	关于印发《太阳能光电建筑应用财政补助资金管理暂行办法》的通知	2009-03	财建 [2009] 129 号	财政部
6	关于组织申请国家机关办公建筑和大型公共建筑节能监管体系建设补助资金的通知	2010-04	财办建 [2010] 28 号	财政部、住房和城乡建设部
7	关于印发《合同能源管理项目财政奖励资金管理暂行办法》的通知	2010-06	财建 [2010] 249 号	财政部、国家发展和改革委员会
8	关于印发《全国绿色建筑创新奖实施细则》和《全国绿色建筑创新奖评审标准》的通知	2010-12	建科 [2010] 216 号	住房和城乡建设部
9	关于印发《节能技术改造财政奖励资金管理办法》的通知	2011-06	财建 [2011] 367 号	财政部、国家发展和改革委员会
10	关于开展节能减排财政政策综合示范工作的通知	2011-06	财建 [2011] 383 号	财政部、国家发展和改革委员会
11	关于推进夏热冬冷地区既有居住建筑节能改造工作的实施意见（补贴）	2012-04	建科 [2012] 55 号	住房和城乡建设部、财政部
12	关于印发《夏热冬冷地区既有居住建筑节能改造补助资金管理暂行办法》的通知	2012-04	财建 [2012] 148 号	财政部
13	关于加快推动中国绿色建筑发展的实施意见	2012-04	财建 [2012] 167 号	财政部、住房和城乡建设部
14	关于完善可再生能源建筑应用政策及调整资金分配管理方式的通知	2012-08	财建 [2012] 604 号	财政部、住房和城乡建设部
15	关于开展 2015 年度全国绿色建筑创新奖申报工作的通知	2014-11	建办科函 [2014] 699 号	住房和城乡建设部
16	关于印发《节能减排补助资金管理暂行办法》的通知	2015-05	财建 [2015] 161 号	财政部
17	关于印发推进财政节能减排资金统筹使用方案的通知	2015-06	国发 [2015] 35 号	国务院

PI-B₂: 税收政策

序号	名称	颁布时间	政策文号	颁布机构
1	中华人民共和国固定资产投资方向调节税暂行条例	1991-04~ 2013-01	国务院令 82 号	国务院
2	关于资源综合利用及其他产品增值税政策的通知	2008-12	财税 [2008] 156 号	财政部、国家税务总局
3	关于资源综合利用及其他产品增值税政策的补充的通知	2009-12	财税 [2009] 163 号	财政部、国家税务总局
4	关于公布环境保护节能节水项目企业所得税优惠目录（试行）的通知	2009-12	财税 [2009] 166 号	财政部、国家税务总局、国家发展和改革委员会
5	关于加快推行合同能源管理促进节能服务产业发展意见的通知	2010-04	国办发 [2010] 25 号	国务院办公厅
6	关于促进节能服务产业发展增值税、营业税和企业所得税政策问题的通知	2010-12	财税 [2010] 110 号	财政部、国家税务总局
7	关于调整完善资源综合利用产品及劳务增值税政策的通知	2011-11	财税 [2011] 115 号	财政部、国家税务总局
8	关于新型墙体材料增值税政策的通知	2015-06	财税 [2015] 73 号	财政部、国家税务总局
9	关于印发《资源综合利用产品和劳务增值税优惠目录》的通知	2015-06	财税 [2015] 78 号	财政部、国家税务总局

PI-B₃: 融资租保

序号	名称	颁布时间	政策文号	颁布机构
1	关于支持循环经济发展的投融资政策措施意见的通知	2010-04	发改环资 [2010] 801 号	国家发展和改革委员会、人民银行、中国银行业监督管理委员会、中国证券监督管理委员会
2	关于进一步做好支持节能减排和淘汰落后产能金融服务工作的意见	2010-05	银发 [2010] 170 号	人民银行、中国银行业监督管理委员会

续表

PI-B₄：第三方贷款

序号	名称	颁布时间	政策文号	颁布机构
1	财政部住房、城乡建设部《关于进一步深入开展北方采暖地区既有居住建筑供热计量及节能改造工作的通知》	2011-01	财建 [2011] 12 号	财政部、住房和城乡建设部
2	关于印发绿色信贷指引的通知	2012-02	银监发 [2012] 4 号	中国银行业监督管理委员会
3	关于创新重点领域投融资机制鼓励社会投资的指导意见	2014-11	国发 [2014] 60 号	国务院
4	关于印发能效信贷指引的通知	2015-01	银监发 [2015] 2 号	中国人民银行
5	关于在公共服务领域推广政府和社会资本合作模式指导意见的通知	2015-05	国办发 [2015] 42 号	国务院办公厅
6	关于进一步做好政府和社会资本合作项目示范工作的通知	2015-06	财金 [2015] 57 号	财政部
7	绿色债券支持项目	2015-12	中国人民银行公告 [2015] 第 39 号	中国人民银行

PI-B₆：大宗产品采购

序号	名称	颁布时间	政策文号	颁布机构
1	关于建立政府强制采购节能产品制度的通知	2007-07	国办发 [2007] 51 号	国务院办公厅
2	关于在政府投资公益性建筑及大型公共建设中全面推进绿色建筑行动的通知	2014-10	建办科 [2014] 39 号	住房和城乡建设部、国家发展和改革委员会、国家机关事务管理局

PI-B₇：专项资金

序号	名称	颁布时间	政策文号	颁布机构
1	关于印发《可再生能源建筑应用专项资金管理暂行办法》的通知	2006-09	财建 [2006] 460 号	财政部、住房和城乡建设部
2	关于加强国家机关办公建筑和大型公共建筑节能管理工作的实施意见	2007-10	建科 [2007] 245 号	财政部
3	关于推进北方采暖地区既有居住建筑供热计量及节能改造工作的实施意见	2008-05	建科 [2008] 95 号	财政部、住房和城乡建设部

续表

PI-B₇：专项资金

序号	名称	颁布时间	政策文号	颁布机构
4	关于进一步推进供热计量改革工作的意见	2010-02	建城 [2010] 14 号	住房和城乡建设部、国家发展和改革委员会、财政部、质量监督检验检疫总局

PI-B₈：技术采购

序号	名称	颁布时间	政策文号	颁布机构
	关于印发《企业绿色采购指南（试行）》的通知	2014-12	商流通函 [2014] 973 号	商务部、环境保护部、工业和信息化部

PI-B₉：可交易性节能证书制度

序号	名称	颁布时间	政策文号	颁布机构
	关于进一步推进公共建筑节能工作的通知	2011-05	财建 [2011] 207 号	财政部、住房和城乡建设部

附表 A3　PI-C：信息型政策工具

PI-C₁：一般信息政策

序号	名称	颁布时间	政策文号	颁布机构
1	关于 2007 年全国节能宣传周活动安排意见的通知	2007-05		国家发展和改革委员会、教育部、科技部、国有资产监督管理委员会、环保总局、广电总局、中华全国总工会、共青团中央
2	关于 2008 年全国节能宣传周活动安排意见的通知	2008-05	发改环资[2008]1223 号	国家发展和改革委员会、教育部、科技部、工业和信息化部、环境保护部、住房和城乡建设部、农业部、商务部、国资委、广电总局、国管局、全国总工会、共青团中央
3	关于 2009 年全国节能宣传周活动安排意见的通知	2009-04	发改环资[2009]989 号	国家发展和改革委员会、教育部、科技部、工业和信息化部、环境保护部、住房和城乡建设部、农业部、商务部、国有资产监督管理委员会、广电总局、国管局、全国总工会、共青团中央
4	关于加强工业和通信业能源资源节约宣传工作的通知	2009-06	工信部节[2009]263 号	工信部
5	关于 2010 年全国节能宣传周活动安排意见的通知	2010-05	发改环资[2010]989 号	国家发展和改革委员会、教育部、科技部、工业和信息化部、环境保护部、住房和城乡建设部、农业部、商务部、国有资产监督管理委员会、广电总局、国管局、全国总工会、共青团中央

PI-C₁：一般信息政策

序号	名称	颁布时间	政策文号	颁布机构
6	关于 2011 年全国节能宣传周活动安排意见的通知	2011-05	发改环资〔2011〕911 号	国家发展和改革委员会、教育部、科技部、工业和信息化部、环境保护部、住房城乡建设部、交通运输部、农业部、商务部、国有资产监督管理委员会、广电总局、国管局、全国总工会、共青团中央
7	关于 2012 年全国节能宣传周活动安排的通知	2012-05	发改环资〔2012〕1320 号	国家发展和改革委员会、教育部、科技部、工业和信息化部、环境保护部、住房城乡建设部、交通运输部、农业部、商务部、国有资产监督管理委员会、广电总局、国管局、全国总工会、共青团中央
8	关于 2013 年全国节能宣传周和全国低碳日活动安排的通知	2013-04	发改环资〔2013〕827 号	国家发展和改革委员会、教育部、科技部、工业和信息化部、环境保护部、住房城乡建设部、交通运输部、农业部、商务部、国管局、国有资产监督管理委员会、广电总局、全国总工会、共青团中央
9	关于 2014 年全国节能宣传周和全国低碳日活动安排的通知	2014-05	发改环资〔2014〕926 号	国家发展和改革委员会、教育部、科技部、工业和信息化部、环境保护部、住房城乡建设部、交通运输部、农业部、商务部、国管局、国有资产监督管理委员会、广电总局、全国总工会、共青团中央
10	关于 2015 年全国节能宣传周和全国低碳日活动的通知	2015-05	发改环资〔2015〕973 号	国家发展和改革委员会、教育部、科技部、工业和信息化部、环境保护部、住房城乡建设部、交通运输部、农业部、商务部、国管局、国有资产监督管理委员会、广电总局、全国总工会、共青团中央

续表

PI-C₂：建筑节能性能标识认证

序号	名称	颁布时间	政策文号	颁布机构
1	关于印发《建筑门窗节能性能标识试点工作管理办法》的通知	2006-12	建科 [2006] 319 号	建设部
2	关于印发《绿色建筑评价标识管理办法》（试行）的通知	2007-08	建科 [2007] 206 号	建设部
3	关于试行《民用建筑能效测评标识制度》的通知	2008-04	建科 [2008] 80 号	住房和城乡建设部
4	关于印发《民用建筑能效测评标识技术导则》（试行）的通知	2008-06	建科 [2008] 118 号	住房和城乡建设部
5	绿色建筑评价标识实施细则（试行修订）	2008-10	建科综 [2008] 61 号	住房和城乡建设部
6	关于推进一二三星级绿色建筑评价标识工作的通知	2009-06	建科 [2009] 109 号	住房和城乡建设部
7	关于进一步加强建筑门窗节能性能标识工作的通知	2010-06	建科 [2010] 93 号	住房和城乡建设部
8	关于加强绿色建筑评价标识管理和备案工作的通知	2012-12	建办科 [2012] 47 号	住房和城乡建设部
9	关于印发《绿色建材评价标识管理办法》的通知	2014-05	建科 [2014] 75 号	工业和信息化部、住房和城乡建设部
10	关于印发能效"领跑者"制度实施方案的通知	2014-12	发改环资 [2014] 3001 号	国家发展和改革委员会、财政部、工业和信息化部、国务院机关事务管理局、国家能源局、国家质量监督检验检疫总局、国家标准化委员会
11	关于印发《环保"领跑者"制度实施方案》的通知	2015-06	财建 [2015] 501 号	财政部、国家发展和改革委员会、工业和信息化部、环境保护部

续表

PI-C₂：建筑节能性能标识认证

序号	名称	颁布时间	政策文号	颁布机构
12	关于绿色建筑评价标识管理有关工作的通知	2015-10	建办科〔2015〕53 号	住房和城乡建设部
13	关于印发《绿色建材评价标识管理办法实施细则》和《绿色建材评价技术导则（试行）》的通知	2015-10	建科〔2015〕162 号	工业和信息化部、住房和城乡建设部

PI-C₃：信息中心

序号	名称	颁布时间	政策文号	颁布机构
1	关于印发《民用建筑能耗统计报表制度》（试行）的通知	2007-08	建科函〔2007〕271 号	建设部
2	关于印发建筑节能信息公示办法》的通知	2008-06	建科〔2008〕116 号	住房和城乡建设部
3	关于印发《民用建筑能耗和节能信息统计报表制度》的通知	2010-03	建科〔2010〕31 号	住房和城乡建设部
4	关于印发《民用建筑能耗和节能信息统计报表制度》的通知	2012-05	建办科〔2012〕19 号	住房和城乡建设部
5	关于印发《民用建筑能耗和节能信息统计暂行办法》的通知	2012-09	建科〔2012〕141 号	住房和城乡建设部
6	关于印发《民用建筑能耗和节能信息统计报表制度》的通知	2013-10	建科〔2013〕147 号	住房和城乡建设部
7	关于印发《民用建筑能耗统计报表制度》的通知	2015-12	建科〔2015〕205 号	住房和城乡建设部

续表

PI-C₄：能耗审计

序号	名称	颁布时间	政策文号	颁布机构
1	关于印发《国家机关办公建筑和大型公共建筑能源审计导则》的通知	2007-10	建科 [2007] 249 号	建设部
2	关于印发《国家机关办公建筑和大型公共建筑能耗监测系统建设相关技术导则》的通知	2008-06	建科 [2008] 114 号	住房和城乡建设部
3	关于印发《高等学校校园建筑节能监管系统建设技术导则》及有关管理办法的通知	2009-10	建科 [2009] 163 号	住房和城乡建设部、教育部
4	关于印发《可再生能源建筑应用示范项目数据监测系统技术导则》（试行）的通知	2009-11	建科节函 [2009] 146 号	住房和城乡建设部
5	关于钢铁、建材企业能源审计指南的通知	2013-01	工信部节 [2013] 15 号	工业和信息化部
6	关于印发《节约型校园节能监管体系建设示范项目验收管理办法》（试行）的通知	2014-06	建科 [2014] 85 号	住房和城乡建设部、教育部
7	关于印发《建设项目主要污染物排放总量指标审核及管理暂行办法》通知	2014-12	环发 [2014] 197 号	环境保护部

PI-C₅：教育与培训

序号	名称	颁布时间	政策文号	颁布机构
1	关于举办《民用建筑节能条例》宣贯培训班的通知	2009-06	建科节函 [2009] 67 号	住房和城乡建设部
2	关于举办《民用建筑节能条例》宣贯培训班的通知	2009-07	建科节函 [2009] 92 号	住房和城乡建设部
3	关于举办《民用建筑节能条例》宣贯培训班的通知	2009-09	建科节函 [2009] 120 号	住房和城乡建设部

续表

PI-C₅：教育与培训

序号	名称	颁布时间	政策文号	颁布机构
4	关于举办《民用建筑节能条例》宣贯培训班的通知	2009-11	建科节函 [2009] 148 号	住房和城乡建设部
5	关于举办《民用建筑节能条例》宣贯培训班的通知	2010-02	建科节函 [2010] 22 号	住房和城乡建设部
6	关于举办绿色建筑评价标识专家培训会的通知	2011-07	建科综函 [2011] 158 号	住房和城乡建设部
7	关于举办绿色建筑评价标识专家培训会的通知	2011-10	建科综函 [2011] 214 号	住房和城乡建设部
8	关于举办供热计量收费工作宣贯培训班的通知	2011-10	建城市函 [2011] 231 号	住房和城乡建设部
9	关于举办绿色建筑评价标识专家培训会的通知	2012-10	建科综函 [2012] 191 号	住房和城乡建设部
10	关于举办绿色建筑评价标识工作培训班（第一期）的通知	2013-06	建科综函 [2013] 102 号	住房和城乡建设部
11	关于举办新型建筑工业化技术培训班的通知	2014-10	建科研函 [2014] 147 号	住房和城乡建设部
12	关于召开新修订的《绿色建筑评价标准》宣贯培训会议的通知	2014-11	建科综函 [2014] 156 号	住房和城乡建设部

PI-C₆：建筑节能试点项目

序号	名称	颁布时间	政策文号	颁布机构
1	关于印发《2000 年小康住宅示范小区验收办法》《2000 年小康住宅示范小区综合成果验收量化指标体系》的通知	1998-12	建科 [1998] 259 号	建设部
2	关于申报节能环保重点示范项目的通知	2000-06	建办科 [2000] 22 号	建设部

续表

PI-C₆：建筑节能试点项目

序号	名称	颁布时间	政策文号	颁布机构
3	关于印发《建设部建筑节能试点示范工程（小区）管理办法》的通知	2004-02	建科 [2004] 25 号	建设部
4	关于实施《节约能源——城市绿色照明示范工程》的通知	2004-06	建城 [2004] 97 号	建设部
5	关于印发《可再生能源建筑应用示范项目评审办法》的通知	2006-09	财建 [2006] 459 号	财政部、建设部
6	《关于加强可再生能源建筑应用示范管理的通知》	2007-02	财建 [2007] 38 号	财政部、建设部
7	关于印发太阳能光电建筑应用示范项目申报指南的通知	2009-04	财办建 [2009] 34 号	财政部、住房和城乡建设部
8	《关于印发加快推进农村地区可再生能源建筑应用的实施方案的通知》	2009-07	财建 [2009] 306 号	住房和城乡建设部
9	关于加强金太阳示范工程和太阳能光电建筑应用示范工程建设管理的通知	2010-09	财建 [2010] 662 号	财政部、科技部、住房和城乡建设部
10	关于组织实施太阳能光电建筑应用一体化示范的通知	2011-01	财办建 [2011] 9 号	财政部、住房和城乡建设部
11	关于印发《农村危房改造试点建筑节能示范工作省级年度考核评价指标（试行）》的通知	2011-07	建村 [2011] 106 号	住房和城乡建设部
12	关于申报中德技术合作——公共建筑（中小学校和医院）节能项目试点城市的通知	2011-09	建科合函 [2011] 205 号	住房和城乡建设部

202

PI-C₆：建筑节能试点项目

序号	名称	颁布时间	政策文号	颁布机构
13	关于组织 2012 年度可再生能源建筑应用相关示范工作的通知	2011-11	财办建 [2011] 167 号	财政部、住房和城乡建设部
14	关于组织实施 2012 年度太阳能光电建筑应用示范的通知	2011-12	财办建 [2011] 187 号	财政部、住房和城乡建设部
15	关于开展国家智慧城市试点工作的通知	2012-11	建办科 [2012] 42 号	住房和城乡建设部
16	关于做好国家智慧城市试点工作的通知	2013-01	建办科 [2013] 5 号	住房和城乡建设部
17	关于印发"十二五"绿色建筑和绿色生态城区发展规划的通知	2013-04	建科 [2013] 53 号	住房和城乡建设部
18	可再生能源建筑应用示范市县验收评估办法的通知	2014-09	建科 [2014] 138 号	住房和城乡建设部
19	关于印发低碳社区试点建设指南的通知	2015-02	发改办气候 [2015] 362 号	国家发展和改革委员会
20	关于印发国家绿色数据中心试点工作方案的通知	2015-03	工信部联节 [2015] 82 号	工业和信息化部、国家机关事务管理局、国家能源局
21	关于开展国家资源再生利用重大示范工程建设的通知	2015-05	工信厅节函 [2015] 322 号	工业和信息化部
22	关于开展循环经济示范城市（县）建设的通知	2015-09	发改环资 [2015] 2154 号	国家发展和改革委员会、财政部、住房和城乡建设部
23	关于公布国家绿色数据中心试点地区名单的通知	2015-09	工信部联节函 [2015] 475 号	工业和信息化部、国家机关事务管理局、国家能源局

PI-C₇：建筑节能产品技术及服务推广

序号	名称	颁布时间	政策文号	颁布机构
1	关于印发《全国住宅小区智能化技术示范工程工作大纲》的通知	1999-04	[99] 建设技字第 23 号	建设部

续表

PI-C₇：建筑节能产品技术及服务推广

序号	名称	颁布时间	政策文号	颁布机构
2	关于印发《建设部关于加强技术创新工作的指导意见》的通知	1999-04	[99] 建设技字第 23 号	建设部
3	建设领域推广应用新技术管理规定	2001-11	建设部令第 109 号	建设部
4	关于印发《城镇住宅供热计量技术指南》的通知	2004-01	建科 [2004] 10 号	建设部、发展和改革委员会、财政部
5	关于贯彻《国务院办公厅关于开展资源节约活动的通知》的意见	2004-05	建科 [2004] 87 号	建设部
6	关于加强城市照明管理促进节约用电工作的意见	2004-11	建城 [2004] 204 号	建设部、发展和改革委员会
7	关于推进墙体材料革新和推广节能建筑的通知	2005-06	国办发 [2005] 33 号	国务院
8	关于印发《建设部节能省地型建筑推广应用技术目录》的通知	2006-03	建科 [2006] 38 号	建设部
9	关于印发"十一五"十大重点节能工程实施意见的通知	2006-07	发改环资 [2006] 1457 号	国家发展和改革委员会
10	关于推进可再生能源在建筑中应用的实施意见	2006-08	建科 [2006] 213 号	建设部、财政部
11	建设事业"十一五"重点推广应用和限制禁止使用的技术	2007-06	建设部公告 650 号	建设部
12	《关于加快推进太阳能光电建筑应用的实施意见》	2009-03	财建 [2009] 128 号	财政部、住房和城乡建设部
13	关于印发《村镇宜居型住宅技术推广目录》和《既有建筑节能改造技术推广目录》的通知	2010-05	建科研函 [2010] 74 号	住房和城乡建设部

续表

P1-C₇：建筑节能产品技术及服务推广

序号	名称	颁布时间	政策文号	颁布机构
14	关于加大工作力度确保完成北方采暖地区既有居住建筑供热计量及节能改造工作任务的通知	2010-06	建科 [2010] 84 号	住房和城乡建设部、财政部
15	关于做好《建筑业 10 项新技术（2010）》推广应用的通知	2010-10	建质 [2010] 170 号	住房和城乡建设部
16	关于进一步推进可再生能源建筑应用的通知	2011-03	财建 [2011] 61 号	财政部、住房和城乡建设部
17	关于印发《建筑遮阳推广技术目录》的通知	2011-07	建科 [2011] 112 号	住房和城乡建设部
18	关于印发《农村住房建设技术政策（试行）》的通知	2011-09	建科研函 [2011] 199 号	住房和城乡建设部
19	关于印发既有居住建筑节能改造指南的通知	2012-01	建办科函 [2012] 75 号	住房和城乡建设部
20	关于发布墙体保温系统与墙体材料应用和限制、禁止使用技术的公告	2012-03	建设部公告第 1338 号	住房和城乡建设部
21	关于印发《节能低碳技术推广管理暂行办法》的通知	2014-01	发改环资 [2014] 19 号	国家发展和改革委员会
22	关于印发《智慧社区建设指南（试行）》的通知	2014-05	建办科 [2014] 22 号	住房和城乡建设部
23	关于推广应用高性能混凝土的若干意见	2014-08	建标 [2014] 117 号	住房和城乡建设部、工业和信息化部
24	国家重点节能低碳技术推广目录	2014-12	国家发改委令 24 号	国家发展和改革委员会
25	关于促进先进光伏技术产品应用和产业升级的意见	2015-06	国能新能 [2015] 194 号	国家能源局、工业和信息化部、国家认证认可监督管理委员会
26	关于开展风电清洁供暖工作的通知	2015-06	国能综新能 [2015] 306 号	国家能源局
27	关于印发《促进绿色建材生产和应用行动方案》的通知	2015-08	工信部联原 [2015] 309 号	工业和信息化部、住房和城乡建设部

附表 A4 PI-D: 自愿协议型政策工具

PI-D₄: 政府与建筑材料生产商之间

序号	名称	颁布时间	政策文号	颁布机构
1	关于进一步加强中小企业节能减排工作的指导意见	2010-04	工信部办 [2010] 173 号	工业和信息化部
2	关于钢铁工业节能减排的指导意见	2010-04	工信部节 [2010] 176 号	工业和信息化部

附录 B 宏观建筑全生命周期能耗数据及计算结果

附表 B1 1995～2014 年中国建筑材料生产阶段能源消耗统计

年份	建筑 钢材 （10^4tce）	建筑 铝材 （10^4tce）	建筑 用铜 （10^4tce）	建筑使用 非金属材料 （10^4tce）	合计 （10^4tce）	建筑业房屋 施工面积 （10^4m²）	单位面积 能源消耗量 （kgce/m²）
1995	3067.50	159.00	3.24	10051.65	13281.38	89862.80	147.80
1996	3189.87	147.85	3.36	10380.98	13722.06	129087.00	106.30
1997	3408.80	160.83	3.54	10756.81	14329.98	128680.30	111.36
1998	3668.03	134.29	3.63	11266.81	15072.76	137593.60	109.55
1999	4136.70	161.12	3.52	11979.09	16280.43	147262.50	110.55
2000	4620.16	198.17	3.70	12412.63	17234.67	160141.10	107.62
2001	5596.35	211.66	4.93	15462.15	21275.09	188328.70	112.97
2002	6610.03	270.08	5.29	16865.04	23750.43	215608.70	110.16
2003	8169.00	346.69	5.96	19943.04	28464.69	259377.10	109.74
2004	10676.69	457.05	6.97	22241.77	33382.47	310985.70	107.34
2005	12441.81	493.09	5.72	24451.56	37392.18	352744.70	106.00
2006	17092.63	721.64	7.15	27339.23	45160.65	410154.40	110.11
2007	20305.35	974.02	6.80	29389.57	50675.74	482005.50	105.14
2008	21433.17	1232.15	6.74	29455.85	52127.91	530518.60	98.26
2009	24187.78	1170.79	6.55	31270.04	56635.16	588593.90	96.22
2010	27334.18	1463.08	7.24	34586.45	63390.95	708023.50	89.53
2011	32900.02	2303.87	10.51	37231.95	72446.34	851828.10	85.05
2012	35430.70	2581.74	10.08	38625.19	76647.71	986427.50	77.70
2013	39576.75	3328.50	11.36	42200.55	85117.16	1129967.69	75.33
2014	41724.95	4070.47	12.19	41689.45	87497.07	1250248.50	69.98

附表 B2 1995~2014 年中国建筑建造阶段能源消耗统计

年份	建筑业能源消费量 （10^4tce）	建筑业房屋施工面积 （$10^4 m^2$）	单位面积能源消费量 （kgce/m^2）
1995	1335.00	89862.80	14.86
1996	1449.00	129087.00	11.22
1997	1179.00	128680.30	9.16
1998	1612.09	137593.60	11.72
1999	2133.00	147262.50	14.48
2000	2179.00	160141.10	13.61
2001	2255.02	188328.70	11.97
2002	2409.57	215608.70	11.18
2003	2720.66	259377.10	10.49
2004	3114.6	310985.70	10.02
2005	3403.31	352744.70	9.65
2006	3760.76	410154.40	9.17
2007	4127.52	482005.50	8.56
2008	3812.53	530518.60	7.19
2009	4562.02	588593.90	7.75
2010	6226.30	708023.50	8.79
2011	5872.16	851828.10	6.89
2012	6167.36	986427.50	6.25
2013	7016.98	1129967.69	6.21
2014	7519.59	1250248.50	6.01

附表 B3　1995~2014 年中国北方城镇集中采暖能源消耗统计

年份	蒸汽供热总量（万吉焦）	热水供热总量（万吉焦）	城镇供热能力（合计）	城镇供热能力（折算成标准煤）（万 tce）	城镇集中供热面积（亿 m²）	集中供暖单位面积能耗量（kgce/m²）
1995	16414	75161	91575	3124.55	6.46	48.33
1996	17615	56307	73922	2522.23	7.34	34.35
1997	20604	62661	83265	2841.01	8.08	35.18
1998	17463	64684	82147	2802.87	8.65	32.39
1999	22169	69771	91940	3137.01	9.68	32.42
2000	23828	83321	107149	3655.94	11.08	33.01
2001	37655	100192	137847	4703.36	14.63	32.14
2002	57438	122728	180166	6147.29	15.56	39.52
2003	59136	128950	188086	6417.52	18.90	33.96
2004	69447	125194	194641	6641.18	21.63	30.71
2005	71493	139542	211035	7200.54	25.21	28.57
2006	67794	148011	215805	7363.30	26.59	27.70
2007	66374	158641	225015	7677.54	30.06	25.54
2008	69082	187467	256549	8753.49	34.89	25.09
2009	63137	200051	263188	8980.01	37.96	23.66
2010	66397	224716	291113	9932.82	43.57	22.80
2011	51777	229245	281022	9588.51	47.38	20.24
2012	51609	243818	295427	10080.01	51.84	19.45
2013	53242	266262	319504	10901.52	57.20	19.06
2014	55614	276546	332160	11333.35	61.10	18.55

附表 B4　1995～2014 年中国公共建筑能源消耗统计

年份	批发、零售业和住宿、餐饮业（万 tce）	其他行业（万 tce）	批发、零售业和住宿、餐饮业（汽油）（万 tce）	批发、零售业和住宿、餐饮业（柴油）（万 tce）	其他行业（汽油）（万 tce）	其他行业（柴油）（万 tce）	公共建筑能耗总量（万 tce）	公共建筑面积（亿 m²）	公共建筑单位面积能耗（kgce/m²）
1995	2017.83	4519.01	290.21	150.21	839.66	936.27	5083.20	28.00	18.15
1996	2726.06	5261.39	89.4	131.21	980.99	840.24	6630.57	28.00	23.68
1997	2746.87	5282.75	98.13	125.92	1023.80	865.52	6616.78	29.00	22.82
1998	2778.78	5312.94	105.25	119.02	1038.41	748.6	6701.58	31.00	21.62
1999	2878.53	5539.84	97.58	132.46	1132.02	888.35	6892.97	32.00	21.54
2000	3047.63	5761.58	102.76	139.79	1166.33	930.65	7228.92	32.00	22.59
2001	3170.23	5931.57	101.59	142.9	1183.45	981.93	7487.32	44.00	17.02
2002	3373.17	6240.93	109.21	161.43	1274.66	1078.25	7865.54	50.00	15.73
2003	3914.93	7152.84	114.9	153.77	1290.42	1151.11	9276.01	52.00	17.84
2004	4484.09	8242.82	176.28	158.81	1452.18	1337.62	10656.12	53.00	20.11
2005	4847.75	9254.56	190.38	169.06	1468.75	1304.2	12010.50	57.00	21.07
2006	5314.05	10275.98	181.48	189.09	1565.73	1359.42	13388.20	62.00	21.59
2007	5689.38	11158.19	193.83	195.16	1647.48	1468	14516.22	73.00	19.89
2008	5733.58	11771.34	199.05	222.53	1650.81	1678.29	15082.27	86.00	17.54
2009	6412.26	12689.81	217.07	264.81	1574.3	1649.15	16730.38	99.00	16.90
2010	6826.82	13680.50	247.45	286.47	1715.98	1875.56	17885.35	121.00	14.78
2011	7795.38	15189.15	260.64	309.36	1932.2	2080.85	20064.76	134.00	14.97
2012	8545.86	16580.77	294.37	333.67	2148.99	2105.1	21951.87	147.40	14.89
2013	10598.16	19762.59	324.97	340.25	2676	1952.16	26707.49	162.14	16.47
2014	10873.01	20084.01	320.46	335.31	2557.39	1848.69	27458.66	178.35	15.40

附表 B5　1995~2014 年中国城镇居住建筑能源消耗统计

年份	城镇生活能源消费总量（万 tce）	汽油（万 tce）	柴油（万 tce）	城镇居住建筑能源消耗总量（万 tce）	城镇居住建筑面积（亿 m²）	城镇居住建筑单位面积能耗量（kgce/m²）
1995	8405.46	75.31	6.92	8323.58	57.33	14.52
1996	8635.91	223.87	127.40	8291.00	63.42	13.07
1997	8676.04	238.47	133.68	8310.57	70.22	11.84
1998	8815.16	253.15	161.58	8408.51	77.81	10.81
1999	9100.51	265.98	186.07	8657.76	84.87	10.20
2000	9394.51	272.46	199.31	8932.70	93.19	9.59
2001	9740.68	294.16	218.33	9239.11	107.62	8.58
2002	10317.22	323.56	246.75	9759.25	122.99	7.93
2003	11888.11	211.71	98.01	11583.30	130.88	8.85
2004	13678.68	506.04	423.47	12770.34	138.47	9.22
2005	15392.21	573.24	464.84	14377.37	146.75	9.80
2006	17034.87	648.20	543.12	15870.71	156.20	10.16
2007	19021.61	810.20	622.06	17620.46	166.71	10.57
2008	19615.20	895.54	679.69	18073.96	176.61	10.23
2009	20629.50	1035.69	759.94	18871.87	193.59	9.75
2010	20706.84	1242.83	887.17	18621.20	211.54	8.80
2011	22241.56	1456.60	1002.71	19832.39	225.83	8.78
2012	23800.89	1678.87	989.24	21182.24	234.08	9.05
2013	25725.57	1901.20	862.00	23005.47	241.22	9.54
2014	26946.49	2158.15	803.62	24024.90	252.23	9.53

附表 B6　1995~2014 年中国农村居住建筑能源消耗统计

年份	农村生活能源消费总量（万 tce）	汽油（万 tce）	柴油（万 tce）	农村居住建筑能源消耗总量（万 tce）	农村居住建筑面积（亿 m²）	农村居住建筑单位面积能耗量（kgce/m²）
1995	7339.35	18.42	17.00	7304.77	180.49	4.05
1996	6036.31	40.13	38.90	5959.23	184.63	3.23
1997	6001.11	47.31	47.75	5908.44	189.40	3.12
1998	5964.66	51.53	60.41	5855.74	193.75	3.02
1999	6157.59	59.39	69.05	6032.60	198.53	3.04
2000	6219.4	62.40	72.17	6088.44	200.48	3.04
2001	6442.39	65.74	84.58	6296.29	204.44	3.08
2002	6845.24	79.31	79.31	6690.59	207.38	3.23
2003	7876.55	80.74	35.76	7761.84	208.97	3.71
2004	9089.73	165.71	145.64	8785.67	211.18	4.16
2005	9913.22	197.51	154.37	9569.07	221.33	4.32
2006	10730.29	257.80	172.71	10308.41	224.56	4.59
2007	11792.29	335.14	208.70	11258.88	225.90	4.98
2008	12283.12	362.71	222.57	11708.96	228.05	5.13
2009	13213.38	434.36	235.63	12555.18	231.56	5.42
2010	13851.10	542.95	287.47	13035.06	228.90	5.69
2011	15168.38	689.54	359.34	14137.47	237.62	5.95
2012	15865.19	773.25	415.54	14697.18	238.27	6.17
2013	19805.27	889.24	569.56	18374.95	239.36	7.68
2014	20265.84	959.49	630.75	18707.14	240.84	7.77

附表 B7　1995~2014 年中国建筑运行阶段能源消耗统计

年份	北方城镇集中采暖能源消耗总量（万 tce）	公共建筑能耗总量（万 tce）	居住建筑能耗总量		建筑运行阶段能耗总量（万 tce）
			城镇居住建筑（万 tce）	农村居住建筑（万 tce）	
1995	3124.55	5083.20	8323.58	7304.77	23836.10
1996	2522.23	6630.57	8291.00	5959.23	23403.03
1997	2841.01	6616.78	8310.57	5908.44	23676.80
1998	2802.87	6701.58	8408.51	5855.74	23768.70
1999	3137.01	6892.97	8657.76	6032.60	24720.34
2000	3655.94	7228.92	8932.70	6088.44	25906.00
2001	4703.36	7487.32	9239.11	6296.29	27726.08
2002	6147.29	7865.54	9759.25	6690.59	30462.67
2003	6417.52	9276.01	11583.30	7761.84	35038.67
2004	6641.18	10656.12	12770.34	8785.67	38853.31
2005	7200.54	12010.50	14377.37	9569.07	43157.48
2006	7363.30	13388.20	15870.71	10308.41	46930.62
2007	7677.54	14516.22	17620.46	11258.88	51073.10
2008	8753.49	15082.27	18073.96	11708.96	53618.68
2009	8980.01	16730.38	18871.87	12555.18	57137.44
2010	9932.82	17885.35	18621.20	13035.06	59474.43
2011	9588.51	20064.76	19832.39	14137.47	63623.13
2012	10080.01	21951.87	21182.24	14697.18	67911.30
2013	10901.52	26707.49	23005.47	18374.95	78989.43
2014	11333.35	27458.66	24024.90	18707.14	81524.05

附表 B8　1995~2014 年中国建筑拆除处置阶段能源节约量统计

年份	建筑废弃物节约能源总量 （10^4tce）
1995	664.07
1996	686.10
1997	716.50
1998	753.64
1999	814.02
2000	861.73
2001	1063.75
2002	1187.52
2003	1423.23
2004	1669.12
2005	1869.61
2006	2258.03
2007	2533.79
2008	2606.40
2009	2831.76
2010	3169.55
2011	3622.32
2012	3832.39
2013	4255.86
2014	4374.85

附表 B9 1995~2014 年中国宏观建筑全生命周期能源消耗统计

年份	建筑材料生产阶段能源消耗总量（万 tce）	建筑建造阶段能源消耗总量（万 tce）	建筑运行阶段能源消耗总量（万 tce）	拆除处置阶段能源节约量（万 tce）	宏观建筑生命周期能耗消耗总量（万 tce）
1995	13281.38	1335.00	23836.10	664.07	37788.41
1996	13722.06	1449.00	23403.03	686.10	37887.99
1997	14329.98	1179.00	23676.80	716.50	38469.28
1998	15072.76	1612.09	23768.70	753.64	39699.91
1999	16280.43	2133.00	24720.34	814.02	42319.75
2000	17234.67	2179.00	25906.00	861.73	44457.94
2001	21275.09	2255.02	27726.08	1063.75	50192.44
2002	23750.43	2409.57	30462.67	1187.52	55435.15
2003	28464.69	2720.66	35038.67	1423.23	64800.79
2004	33382.47	3114.60	38853.31	1669.12	73681.26
2005	37392.18	3403.31	43157.48	1869.61	82083.36
2006	45160.65	3760.76	46930.62	2258.03	93594.00
2007	50675.74	4127.52	51073.10	2533.79	103342.57
2008	52127.91	3812.53	53618.68	2606.40	106952.72
2009	56635.16	4562.02	57137.44	2831.76	115502.86
2010	63390.95	6226.30	59474.43	3169.55	125922.13
2011	72446.34	5872.16	63623.13	3622.32	138319.31
2012	76647.71	6167.36	67911.30	3832.39	146893.98
2013	85117.16	7016.98	78989.43	4255.86	166867.71
2014	87497.07	7519.59	81524.05	4374.85	172165.86

后 记

在成书之际，我谨向教导我学习的各位师长、陪伴我成长的同学朋友、包容呵护我的家人表示深深的谢意及最美好真挚的祝福。

感谢我的博士导师申立银教授。申老师待人和蔼可亲、育人因材施教、治学严谨认真，在我学业上遇到诸多困难和感到沮丧失落时，申老师都会悉心指导我、鼓励我、支持我，给予我充分的学术自由度。

感谢我的硕士导师竹隰生副教授。竹老师一直与行业保持密切联系，具有扎实的专业实践能力，为我的研究提供了多次宝贵的访谈及调研机会。

感谢重庆大学管理科学与房地产学院全体老师对我的培养及帮助。在学习期间，我有幸聆听了多位老师的专业课程，受到学院老师的诸多关怀。感谢任宏教授、刘贵文教授、曹晓琳教授、叶堃辉教授、叶贵教授、王林教授、向鹏成教授、周滔教授等，他们严谨治学的态度及深厚的学术积淀，令我获益匪浅。

感谢河南财经政法大学，感谢工程管理与房地产学院。入职以来，作为青年教师，一直受到学校及学院各位领导、老师的无私帮助和耐心指导，让我在教学和科研上有了长足的进步。

感谢我的父亲何晓东先生和母亲陆长平女士。他们含辛茹苦把我抚养成人，对我倾注太多无私的爱与呵护。感谢他们为我创造了一个非常自由、轻松的家庭环境，一直鼓励和支持我追求我热爱的生活。

感谢我的爱人贾占标博士。我们相识多年，一起走过漫长的求学岁月，一起见证彼此的青春成长。他为人坦荡、处事乐观，在对待学业和工作上，刻苦努力、勤奋上进，始终是我学习的榜样和追求的目标。

感谢经济管理出版社，感谢本书的责任编辑杨雪女士，在本书出版过程中，杨编辑付出大量的时间和心血，她的认真、细致让我感动。感谢她的辛勤劳动和缜密工作，使得本书能够按时且高质量地顺利出版。

感谢重庆大学这个美丽的校园。"嘉陵与长江相汇而生重庆，人文与科学相济而衍重大"，是这充满人文气息的美丽校园，给予我非常良好的学习、生活、成长的环境。感谢在这里结识的朋友、同学！参加工作以后，时常想起在重庆的求学岁月，历历在目、无法忘怀。

多年的校园生活使我习惯了象牙塔的独立与自由，也给我了岁月静好的安宁与快乐。希望未来的我继续保持初心，"心中有海，不赶浪潮"，做一个踏实的教书匠，一个本分的科研工作者。

谨以此书献给所有关心与帮助过我的人。

何　贝

2020 年 7 月